# 古代歷史文化研究輯刊

## 三二編

王明蓀 主編

# 第 10 冊

## 唐代藩鎮歷史地理研究
### （第四冊）

向傳君 著

國家圖書館出版品預行編目資料

唐代藩鎮歷史地理研究（第四冊）／向傳君 著 -- 初版 -- 新
北市：花木蘭文化事業有限公司，2024〔民 113〕
目 8+210 面；19×26 公分
（古代歷史文化研究輯刊 三二編；第 10 冊）
ISBN 978-626-344-873-5（精裝）

1.CST：藩鎮 2.CST：區域研究 3.CST：歷史地理 4.CST：唐代

618                                               113009406

ISBN-978-626-344-873-5

9 786263 448735

古代歷史文化研究輯刊
三二編　第十冊　　　　　　ISBN：978-626-344-873-5

## 唐代藩鎮歷史地理研究
### （第四冊）

作　　者　向傳君
主　　編　王明蓀
總 編 輯　杜潔祥
副總編輯　楊嘉樂
編輯主任　許郁翎
編　　輯　潘玟靜、蔡正宣　美術編輯　陳逸婷
出　　版　花木蘭文化事業有限公司
發 行 人　高小娟
聯絡地址　235 新北市中和區中安街七二號十三樓
　　　　　電話：02-2923-1455 ／傳真：02-2923-1452
網　　址　http://www.huamulan.tw 信箱 service@huamulans.com
印　　刷　普羅文化出版廣告事業
初　　版　2024 年 9 月
定　　價　三二編 28 冊（精裝）新台幣 84,000 元　　　版權所有 · 請勿翻印

# 唐代藩鎮歷史地理研究
## （第四冊）

向傳君　著

# 目

# 次

　　轄有普安、梓潼、黃安、永歸、陰平、武連、臨津、劍門八縣，治於普安縣。

　　龍州：717 年～761 年、764 年～766 年屬劍南鎮，761 年～764 年、862 年前～約 888 年屬西川鎮。開元五年（717 年），龍州始隸於劍南鎮，天寶元年（742 年）改為江油郡，乾元元年（758 年）復為龍州。上元二年（761 年），劍南鎮分為西川、東川二鎮，龍州隸屬於西川鎮。廣德二年（764 年），西川、東川二鎮合併，龍州隸屬於劍南鎮。大曆元年（766 年），龍州改隸於東川鎮。咸通三年（862 年）前，復隸於西川鎮。約文德元年（888 年），置龍劍節度使，治於龍州。景福元年（892 年），龍劍鎮被廢除。其後，龍州為西川節度使王建所取。

　　轄有江油、清川二縣，治於江油縣。

　　昌州：759 年～761 年、764 年～766 年屬劍南鎮，766 年～771 年、775 年～806 年屬西川鎮。乾元二年（759 年），置昌州，隸於劍南鎮，上元二年（761 年）改隸於東川鎮。廣德二年（764 年），西川、東川二鎮合併，昌州復隸於劍南鎮。大曆元年（766 年），昌州隸於西川鎮。六年（771 年），昌州廢除，十年（775 年）復置，仍隸於西川鎮。元和元年（806 年），改隸於東川鎮。

　　轄有昌元、靜南、永川、大足四縣，原治於昌元縣，大曆十年（775 年）徙治靜南縣〔註181〕。

　　昌元、靜南、大足三縣：乾元二年（759），置昌元、靜南、大足三縣，隸於昌州；大曆六年（771 年），三縣與昌州同時廢除〔註182〕；十年（775 年），復置三縣，仍隸於昌州〔註183〕。

　　永川縣：大曆十一年（776 年），析瀘州瀘川縣、渝州璧山縣置永川縣，隸於昌州〔註184〕。

　　乾州：大曆三年（768 年）開西山置，隸於西川鎮，後沒於吐蕃，改置行州，大約在元和初期廢除〔註185〕。

　　轄有招武、寧遠二縣，治於招武縣。

〔註181〕郭聲波：《中國行政區劃通史・唐代卷》上編第十四章《劍南道》，第 919 頁。
〔註182〕《新唐書》卷四十二《地理志六》，第 717 頁。
〔註183〕郭聲波：《中國行政區劃通史・唐代卷》上編第十三章《山南西道》、第十四章《劍南道》，第 859～860 頁、第 919 頁。
〔註184〕郭聲波：《中國行政區劃通史・唐代卷》上編第十四章《劍南道》，第 919 頁。
〔註185〕詳見前文《西川鎮早期的轄區沿革》。

北嶲州：769 年～789 年屬西川鎮。至德二載（757 年），原嶲州被吐蕃侵佔，置行嶲州於邛州臨溪縣，隸屬於劍南鎮。上元二年（761 年），劍南鎮分置，行嶲州隸屬於西川鎮。廣德二年（764 年），西川、東川二鎮合併，行嶲州隸屬於劍南鎮。大曆元年（766 年），行嶲州改隸於邛南鎮，三年（768 年）復隸於西川鎮。四年（769 年），割邛州的蒲江、臨溪二縣復置嶲州，治於臨溪縣。為與原嶲州區分，在此稱之為北嶲州。貞元五年（789 年），西川節度使韋皋收復原嶲州邛部、臺登二縣，置嶲州於臺登縣，廢臨溪之嶲州，蒲江、臨溪二縣復隸於邛州〔註 186〕。

轄有臨溪、蒲江二縣，治於臨溪縣。

臨溪縣：原隸於邛州，至德二載（757 年）置行嶲州於臨溪縣，大曆四年（769 年）置嶲州，貞元五年（789 年）復隸於邛州〔註 187〕。

蒲江縣：原隸於邛州，大曆四年（769 年）改隸於嶲州，貞元五年（789年）復隸於邛州。

### （四）西川鎮下轄的西山諸州

西山諸州是指西川鎮下轄的茂、松、當、翼、真、悉、柘、靜、維、保、恭等州。安史之亂期間，西山諸州中除茂州外，其餘諸州均被吐蕃侵佔。

松州：天寶元年（742 年），松州改為交川郡，乾元元年（758 年）復為松州。約寶應元年（762 年），松州隸屬於西川鎮，廣德元年（763 年）沒於吐蕃，置行州。

轄有嘉誠、交川二縣，治於嘉誠縣。

翼州：天寶元年（742 年），翼州改為臨翼郡，乾元元年（758 年）復為翼州。約寶應元年（762 年），翼州隸屬於西川鎮，不久沒於吐蕃，置行州。

轄有衛山、翼水、峨和三縣，治於衛山縣。

當州：天寶元年（742 年），當州改為江源郡，乾元元年（758 年）復為當州。約寶應元年（762 年），當州隸屬於西川鎮，不久沒於吐蕃，置行州。

轄有通軌、利和、谷和、平康四縣，治於通軌縣。

悉州：天寶元年（742 年），悉州改為歸誠郡，乾元元年（758 年）復為悉州。約寶應元年（762 年），悉州隸屬於西川鎮，不久沒於吐蕃，置行州。

轄有左封、歸誠二縣，治於左封縣。

---

〔註 186〕詳見前文《西川鎮早期的轄區沿革》。
〔註 187〕臨溪、蒲江二縣的沿革情況，詳見上文「北嶲州」的沿革。

真州：天寶五載（746年），分臨翼郡的昭德、雞川二縣置昭德郡。乾元元年（758年），昭德郡改為真州，約寶應元年（762年）隸屬於西川鎮，不久沒於吐蕃，置行州。

轄有真符、昭德、昭遠、雞川四縣，治於真符縣。

維州：717年～761年屬劍南鎮，761年～763年、849年～約886年屬西川鎮。開元五年（717年），維州始隸於劍南鎮，天寶元年（742年）改為維川郡，乾元元年（758年）復為維州。上元二年（761年），劍南鎮分置，維州隸屬於西川鎮。廣德元年（763年），維州沒於吐蕃，改置行州。大和五年（831年），收復維州，尋棄其地。大中三年（849年），維州首領以州內附，維州復隸於西川鎮。唐末，約光啟二年（886年）之後，維州脫離西川鎮管轄，後為王建所攻取。

轄有薛城、小封二縣，治於薛城縣。

靜州：天寶元年（742年），靜州改為靜川郡，乾元元年（758年）復為靜州。約寶應元年（762年），靜州隸屬於西川鎮，不久沒於吐蕃，置行州。

轄有悉唐、靜居、清道三縣，治於悉唐縣。

柘州：天寶元年（742年），柘州改為蓬山郡，乾元元年（758年）復為柘州。約寶應元年（762年），柘州隸屬於西川鎮，不久沒於吐蕃，置行州。

轄有柘、喬珠二縣，治於柘縣。

恭州：天寶元年（742年），恭州改為恭化郡，乾元元年（758年）復為恭州。約寶應元年（762年），翼州隸屬於西川鎮，不久沒於吐蕃，置行州。

轄有和集、博恭、烈山三縣，治於和集縣。

保州（奉州）：740年～749年、758年～761年屬劍南鎮，761年～763年屬西川鎮。開元二十八年（740年），奉州始隸於劍南鎮。天寶元年（742年），奉州改為雲山郡，八載（749年）徙治於天保軍，改為天保郡，同年沒於吐蕃。乾元元年（758年），蠻酋董嘉俊以奉州內附。同年，奉州改為保州，隸屬於劍南鎮，上元二年（761年）改隸於西川鎮。廣德元年（763年），保州又沒於吐蕃，置行州。貞元九年（793年），保州再次內附，更名為古州，不久復稱保州。但是，西川鎮並未實際控制保州。

轄有定廉、歸順、雲山三縣，治於定廉縣。

定廉縣：原隸於維州，開元二十八年（740年）改隸於奉州〔註188〕。

---

〔註188〕《新唐書》卷四十二《地理志六》，第714頁。

歸順縣：天寶八載（749年），分定廉縣置〔註189〕。

雲山縣：天寶八載（749年），分定廉縣置〔註190〕。

### 圖 12-2　西川鎮轄區圖（786年）

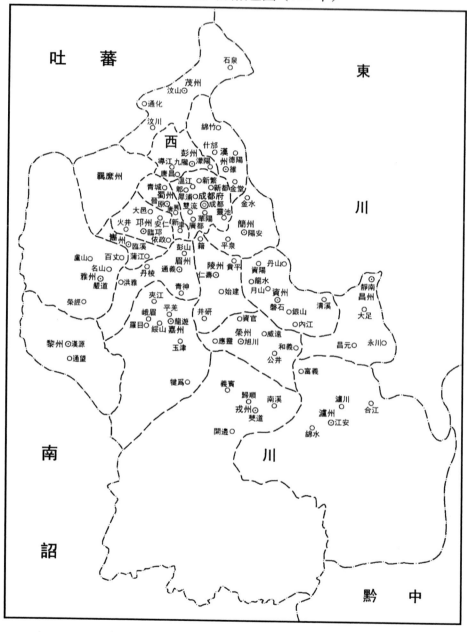

〔註189〕《新唐書》卷四十二《地理志六》，第715頁。

〔註190〕《新唐書》卷四十二《地理志六》，第715頁。

圖 12-3　西川鎮轄區圖（809 年）

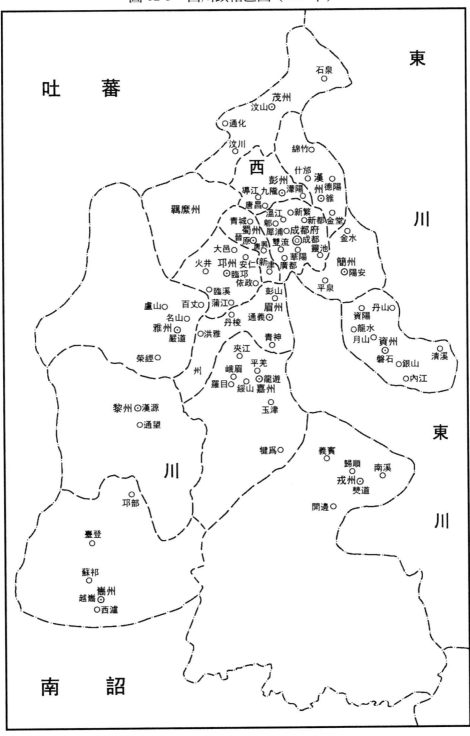

## 第三節　東川鎮

東川鎮，全稱劍南東川節度使，長期轄有梓、遂、綿、劍、龍、普、陵、瀘、榮、渝、合、昌十二州。唐末，顧彥朗、顧彥暉兄弟先後割據於東川鎮，後為西川節度使王建所滅。

### 一、東川鎮的轄區沿革

東川鎮的建置沿革為：劍南東川節度使（761～764、766～767）—劍南東川都防禦觀察使（767）—劍南東川節度使（767～897）。

東川鎮始置於上元二年（761 年），最初轄有綿、梓、遂、果、閬、渝、合、昌八州，治於綿州，後徙治於梓州，不久即被廢除。大曆元年（766 年），東川鎮復置，改轄有梓、遂、綿、劍、龍、普、渝、合八州，曾經治於遂州，不久徙治於梓州。元和初期，東川鎮增領、資、簡、陵、榮、昌、瀘六州，繼而罷領資、簡二州，因而轄有梓、遂、綿、劍、龍、普、陵、瀘、榮、渝、合、昌十二州。大約在大中至咸通年間，東川鎮罷領綿、龍、榮、陵四州。咸通後，轄有梓、遂、劍、普、瀘、渝、合、昌八州。

#### （一）東川鎮初次建置的時間和轄區

對於東川鎮的始置時間、轄區和治所，史籍的記載都存在很大的分歧。

首先，對東川鎮的始置時間進行討論。《方鎮表五》《資治通鑒》都將東川鎮的始置時間記為至德二載（757 年），詳細可見於下文。而《唐會要》記載：「劍南節度使……至上元二年二月，分為兩川。」〔註191〕《全唐文》也記載：「上元二年，（劍南節度使）始分為東西川。」〔註192〕張熊的《唐代西川鎮研究》一文中推論，東川鎮始置於上元二年（761 年）〔註193〕。除了上述依據外，還有兩點依據。其一，史籍沒有明確記載上元二年之前何人曾經擔任過東川節度使。其二，與東川節度使對應的西川節度使的職銜也在上元二年出現。筆者認為，張熊的說法可取，東川鎮實際始置於上元二年（761 年）二月。

其次，筆者再論證東川鎮建置初期的轄區情況。《方鎮表五》記載：至德二載（757 年），「置劍南東川節度使，領梓、遂、綿、劍、龍、閬、普、陵、

---

〔註191〕（宋）王溥撰，牛繼清校證：《唐會要校證》卷七十八《諸使中》，第 1226 頁。
〔註192〕（清）董誥等編：《全唐文》卷七百四十四《成都記序》，第 7702 頁。
〔註193〕張熊：《唐代西川鎮研究》，碩士學位論文，上海師範大學歷史系，2012 年，第 14～16 頁。

瀘、榮、資、簡十二州，治梓州」；乾元二年（759 年），「劍南東川增領昌、渝、合三州。」〔註194〕《資治通鑑》也記載：至德二載十二月，「分劍南為東、西川節度，東川領梓、遂等十二州。」〔註195〕由此兩處記載來看，東川鎮建置時轄有十二州，兩年後增領三州，共有十五州之地。上一段已經論及，《方鎮表五》《資治通鑑》所記載東川鎮的始置時間是錯誤的，因此兩者記載的轄區也很可能是錯誤的。《舊唐書》卻記載為：「蜀中亂，（高適）出為蜀州刺史，遷彭州。劍南自玄宗還京後，於梓（綿）、益二州各置一節度，百姓勞敝，適因出西山三城置戍，論之曰……今梓、遂、果、閬等八州分為東川節度，歲月之計，西川不可得而參也。」〔註196〕這裡記載東川鎮當時僅僅轄有八州，而不是十二州。

　　筆者認為，東川鎮建置初期正是轄有八州，而非十二州或十五州，主要有以下幾點原因。其一，根據《方鎮表五》的記載，至德二載，西川、東川二鎮的轄區中沒有提及果州的歸屬問題，而《舊唐書》則反映出其具體的情況。其二，《方鎮表五》的記載無法解釋很多相關記載。筆者認為，東川鎮當時除了轄有上文提及的梓、遂、果、閬四州，還轄有綿、昌、渝、合四州。對於四州的考證，下文逐一進行論述。

　　張熊在《唐代西川鎮研究》中考證，《舊唐書》中關於「梓、益二州各置一節度」的記載中，「梓」字原書作「綿」，是後人校勘之時誤改為「梓」〔註197〕。另外，上元二年（761 年），段子璋叛亂之時的職務是梓州刺史，不是東川節度使，由此可知梓州不是東川鎮治所。而段子璋進攻的目標是綿州，其攻陷綿州後又在此分置百官，可見綿州的重要性。《資治通鑑》記載：本年四月，「梓州刺史段子璋反，子璋驍勇，從上皇在蜀有功，東川節度使李奐奏替之，子璋舉兵，襲奐於綿州。」〔註198〕因此張熊先生認為，東川鎮建置初期的治所在綿州。筆者認為此說可取，東川鎮建置初期轄有綿州。

　　對於東川鎮建置初期轄有合、渝二州，也可找到間接的記載。《舊唐書》記載：「東川節度判官韋收薦（嚴）震才用於節度使嚴武，遂授合州長史。及

〔註194〕　《新唐書》卷六十八《方鎮表五》，第 1292～1315 頁。下同，不再引注。
〔註195〕　《資治通鑑》卷二百二十《至德二載》，第 7051 頁。
〔註196〕　《舊唐書》卷一百一十一《高適傳》，第 3329～3330 頁。
〔註197〕　張熊：《唐代西川鎮研究》，碩士學位論文，上海師範大學歷史系，2012 年，第 17～18 頁。
〔註198〕　《資治通鑑》卷二百二十二《上元二年》，第 7113 頁。

嚴武移西川，署為押衙，改恆王府司馬……嚴武卒，乃罷歸。東川節度使又奏為渝州刺史，以疾免。」〔註199〕嚴震於上元二年（761年）出任合州長史，是出於東川節度使嚴武的任命，間接說明東川鎮當時轄有合州。此後，嚴震又被東川節度使任命為渝州刺史，從而也說明東川鎮轄有渝州。

另外，昌州是乾元二年（759年）新建置的州。《新唐書》記載：「昌州，下都督府。乾元二年析資、瀘、普、合四州之地置，治昌元。」〔註200〕《唐會要》也記載：「昌州，乾元二年五月二十一日，分資，普二州置。」〔註201〕前文又提及，《方鎮表五》記載：乾元二年，「劍南東川增領昌、渝、合三州。」儘管這條記載存在錯誤，但是由此記載亦可以看出，昌州當時也是隸屬於東川鎮的。

通過上述考證，東川鎮始置上元二年（761年）二月，轄有綿、梓、遂、果、閬、渝、合、昌八州，治於綿州。至於劍南鎮此時分置的原因，應該是朝廷為了分化劍南鎮、防止劍南鎮發生動亂而實行的。

## （二）東川鎮初期的轄區沿革

上元二年（761年）四月，梓州刺史段子璋叛亂，攻破遂州。《舊唐書》記載：「梓州刺史段子璋叛，襲破遂州，殺刺史嗣虢王（李）巨。」〔註202〕接著，段子璋又進攻綿州，打敗東川節度使李奐，李奐逃往成都。至此，段子璋佔據綿州，改綿州為龍安府，自稱梁王，改年號為黃龍，分封百官，建立政權。隨後，段子璋又派兵攻佔劍州。《資治通鑒》記載：「（段）子璋自稱梁王，改元黃龍，以綿州為龍安府，置百官，又陷劍州。」〔註203〕同年五月，李奐聯合西川節度使崔光遠進攻綿州，斬殺段子璋。至此，段子璋之亂被平定。

寶應元年（762年），東川鎮曾經增領通、巴、蓬、渠四州，不久罷領。《方鎮表四》記載：本年，「劍南節度增領通、巴、蓬、渠四州，尋以四州隸山南西道。」〔註204〕按此時劍南已經分置兩川，山南西道與西川鎮之間相隔有東川鎮，四州不可能隸屬於西川鎮。此條記載中的「劍南節度」當為「劍南

〔註199〕《舊唐書》卷一百一十七《嚴震傳》，第3405頁。

〔註200〕《新唐書》卷四十二《地理志六》，第717頁。

〔註201〕（宋）王溥撰，牛繼清校證：《唐會要校證》卷七十一《州縣改置下》，第1097頁。

〔註202〕《舊唐書》卷十《肅宗本紀》，第261頁。

〔註203〕《資治通鑒》卷二百二十二《上元二年》，第7113頁。

〔註204〕《新唐書》卷六十七《方鎮表四》，第1264頁。

御史中丞，服佩視三品，管有嶺外十三州之地。」〔註114〕

　　據《方鎮表六》記載：元和元年（806年），「辯州隸嶺南節度。嚴州隸桂管觀察。省湯州。」這條記載的信息基本都是錯誤的。首先，如前文所述，辯州改隸於嶺南鎮的時間是在建中二年（781年）。其次，嚴、湯二州此前並非隸屬於容管鎮。

　　元和十一年（816年），容管鎮所轄的嚴州被黃洞蠻攻佔。《舊唐書》記載：本年十二月「己未，邕管奏黃洞賊屠嚴州。」〔註115〕直至元和十三年（818年），嚴州被廢除，朝廷分廉州合浦縣建置行嚴州〔註116〕。

　　元和十五年（820年）二月，朝廷廢除邕管鎮，其所轄州併入容管鎮。《資治通鑒》記載：本年二月，「廢邕管，命容管經略使陽旻兼領之。」〔註117〕此前，邕管鎮轄有邕、澄、賓、貴、潯、橫、巒、欽八州。至此，容管鎮增領這些州。

　　兩年之後，朝廷復置邕管經略使，容管鎮因而罷領邕管八州。《資治通鑒》記載：長慶二年（822年）六月「戊子，復置邕管經略使。」〔註118〕此後，容管鎮長期轄有十三州。

## （四）咸通年至唐末的轄區沿革

　　咸通年前後，南詔屢屢入侵嶺南道的西部地區。為了防禦南詔，朝廷對嶺南道各藩鎮的轄區進行了一系列的劃分。

　　咸通三年（862年），朝廷升邕管經略使為嶺南西道節度使，容管鎮所轄的藤州、行嚴州改隸於嶺南西道。《資治通鑒》記載：本年「五月，敕以廣州為東道，邕州為西道，又割桂管龔、象二州，容管藤、嚴二州隸邕管。」〔註119〕《全唐文》也記載：「宜割桂州管內龔州、象州，容州管內藤州、嚴州，並隸嶺南西道收管。」〔註120〕

　　次年（863年），容管鎮被廢除，其轄區併入嶺南西道。《資治通鑒》記載：

〔註114〕（清）董誥等編：《全唐文》卷五百六十三《清河郡公房公（啟）墓碣銘》，第5697頁。

〔註115〕《舊唐書》卷十五《憲宗本紀下》，第458頁。

〔註116〕郭聲波：《試解嚴州失蹤之謎——唐五代嶺南嚴州、常樂州地理考》，《中國邊疆史地研究》2000年第3期，第17～24頁。

〔註117〕《資治通鑒》卷二百四十一《元和十五年》，第7779頁。

〔註118〕《資治通鑒》卷二百四十二《長慶二年》，第7818頁。

〔註119〕《資治通鑒》卷二百五十《咸通三年》，第8098頁。

〔註120〕（清）董誥等編：《全唐文》卷八十四《分嶺南為東西道敕》，第882頁。

咸通四年五月「乙亥，廢容管，隸嶺南西道，以供軍食，復以龔、象二州隸桂管。」〔註121〕《方鎮表六》記載：咸通元年（860年），「邕管經略使增領容管十一州，尋皆罷領」。在這個記載中，咸通元年當為咸通四年之誤。

　　咸通五年（864年），朝廷復置容管經略觀察使，轄有容、白、禺、牢、繡、黨、竇、義、鬱林、藤、順、廉、行巖十三州〔註122〕，仍治於容州。

　　此後的三十餘年，容管鎮長期轄有上述十三州，轄區基本沒有變化，直至唐末。

　　乾寧四年（897年）六月，朝廷升容管經略觀察使為寧遠軍節度使。《方鎮表六》記載：本年，「升容管觀察使為寧遠軍節度使。」《資治通鑑》也記載：本年六月，「置寧遠軍於容州，以李克用大將蓋寓領節度使。」〔註123〕

　　唐末，龐巨昭據有容管鎮，後梁開平四年（910年）歸降於武安軍節度使馬殷。至此，容管鎮併入五代十國時期的南楚政權。

　　綜上所述，容管鎮的轄區沿革可總結如表13-3所示。

表13-3　容管鎮轄區統計表

| 時　　期 | 轄區總計 | 會　府 | 詳細轄區 |
|---|---|---|---|
| 755年～756年 | 15郡 | 普寧郡 | 普寧、南昌、溫水、定川、常林、寧仁、懷德、合浦、連城、鬱林、安樂、陵水、平琴、感義、蒼梧 |
| 757年～758年 | 15郡 | 感義郡<br>蒼梧郡 | 普寧、南昌、溫水、定川、常林、寧仁、懷德、合浦、連城、鬱林、常樂、陵水、平琴、感義、蒼梧 |
| 758年～771年 | 14州 | 藤州<br>梧州 | 容、白、禺、牢、繡、黨、竇、義、鬱林、巖、辯、平琴、藤、梧 |
| 771年～773年 | 14州 | 容州 | 容、白、禺、牢、繡、黨、竇、義、鬱林、巖、辯、平琴、藤、梧 |
| 773年～約781年 | 15州 | 容州 | 容、白、禺、牢、繡、黨、竇、義、鬱林、巖、辯、平琴、藤、梧、順 |

〔註121〕《資治通鑑》卷二百五十《咸通四年》，第8104頁。
〔註122〕郭聲波、郭姝伶：《唐朝嶺南道容管地區行政區劃沿革》，《暨南史學》第六輯，廣州：暨南大學出版社，2009年，第156頁。文中認為，咸通五年，容管鎮復置之後仍然轄有前述十三州。
〔註123〕《資治通鑑》卷二百六十一《乾寧四年》，第8505頁。

| 約781年～788年 | 12州 | 容州 | 容、白、禺、牢、繡、黨、竇、義、鬱林、巖、藤、順 |
|---|---|---|---|
| 約788年～818年 | 13州 | 容州 | 容、白、禺、牢、繡、黨、竇、義、鬱林、巖、藤、順、廉 |
| 818年～820年 | 13州 | 容州 | 容、白、禺、牢、繡、黨、竇、義、鬱林、藤、順、廉、行巖 |
| 820年～822年 | 21州 | 容州 | 容、白、禺、牢、繡、黨、竇、義、鬱林、藤、順、廉、行巖、邕、澄、賓、貴、潯、橫、巒、欽 |
| 822年～862年 | 13州 | 容州 | 容、白、禺、牢、繡、黨、竇、義、鬱林、藤、順、廉、行巖 |
| 862年～863年 | 11州 | 容州 | 容、白、禺、牢、繡、黨、竇、義、鬱林、順、廉 |
| 864年～910年 | 13州 | 容州 | 容、白、禺、牢、繡、黨、竇、義、鬱林、藤、順、廉、行巖 |

## 二、容管鎮下轄州縣沿革

　　容管鎮長期轄有容、白、禺、牢、繡、黨、竇、義、鬱林、藤、順、廉、巖（行巖）等十三州。另外，也曾經短期轄有梧州和平琴州。

### （一）容管鎮長期轄有的州

　　**容州**：755年～863年、864年～910年屬容管鎮，為會府。天寶元年（742年），容州改為普寧郡。十四載（755年），置容州管內經略使，治於普寧郡。至德元載（756年），普寧郡被嶺南蠻酋梁崇牽佔據。此後，容管經略使寄治於梧州或藤州〔註124〕。乾元元年（758年），普寧郡復為容州。二年（759年），容管經略使增領都防禦使，上元元年（760年）改為容管經略觀察使。大曆六年（771年），容管經略觀察使王翃收復容州，容管鎮復治於容州。咸通四年（863年），容管經略觀察使被廢除，容州改隸於嶺南西道。五年（864年），復置容管經略觀察使，治於容州。乾寧四年（897年），升為寧遠軍節度使。

　　轄有普寧、北流、羅竇、陵城、渭龍、欣道六縣，原治於北流縣，元和中（806年～820年）徙治於普寧縣〔註125〕。

〔註124〕對於容管經略使寄治於梧州或藤州之事，詳見本節前文《容管鎮的轄區沿革》。

〔註125〕《新唐書》卷四十三上《地理志七上》，第728頁。

　　羅竇縣：上元元年（760年），併入渭龍縣〔註126〕。

　　白州：755年～863年、864年～910年屬容管鎮。天寶元年（742年），白州改為南昌郡，十四載（755年）始隸於容管鎮，乾元元年（758年）復為白州。咸通四年（863年），白州改隸於嶺南西道，五年（864年）復隸於容管鎮。

　　轄有博白、建寧、周羅、南昌四縣，治於博白縣。

　　禺州：755年～863年、864年～910年屬容管鎮。天寶元年（742年），禺州改為溫水郡，十四載（755年）始隸於容管鎮，乾元元年（758年）復為禺州。咸通四年（863年），禺州改隸於嶺南西道，五年（864年）復隸於容管鎮。

　　轄有峨石、陸川、扶桑、宕昌四縣，治於峨石縣。

　　宕昌縣：原屬容州，元和中（806～820年）改隸於禺州，唐末省入容州北流縣〔註127〕。

　　牢州：755年～863年、864年～910年屬容管鎮。天寶元年（742年），牢州改為定川郡，十四載（755年）始隸於容管鎮，乾元元年（758年）復為牢州。咸通四年（863年），牢州改隸於嶺南西道，五年（864年）復隸於容管鎮。

　　轄有南流、定川、宕川三縣，治於南流縣。

　　繡州：755年～863年、864年～910年屬容管鎮。天寶元年（742年），繡州改為常林郡，十四載（755年）始隸於容管鎮，乾元元年（758年）復為繡州。咸通四年（863年），繡州改隸於嶺南西道，五年（864年）復隸於容管鎮。

　　轄有常林、阿林、羅繡三縣，治於常林縣。

　　黨州：755年～863年、864年～910年屬容管鎮。天寶元年（742年），黨州改為寧仁郡，十四載（755年）始隸於容管鎮，乾元元年（758年）復為黨州。咸通四年（863年），黨州改隸於嶺南西道，五年（864年）復隸於容管鎮。

　　轄有撫康、善勞、善文、寧仁、容山、懷義、福陽、古符八縣，原治於善勞縣，建中二年（781年）徙治於撫康縣〔註128〕。

　　撫康縣：原為撫安縣，至德二載（757年）改為撫康縣〔註129〕。

　　善文縣：建中二年（781年）省入撫康縣。

〔註126〕郭聲波：《中國行政區劃通史・唐代卷》上編第十章《嶺南道》，第624頁。

〔註127〕郭聲波：《中國行政區劃通史・唐代卷》上編第十章《嶺南道》，第624頁，第623頁。

〔註128〕郭聲波：《中國行政區劃通史・唐代卷》上編第十章《嶺南道》，第624頁，第643頁。

〔註129〕郭聲波：《中國行政區劃通史・唐代卷》上編第十章《嶺南道》，第624頁，第644頁。下文，善文、寧仁二縣的沿革，也可見於此處的考證。

寧仁縣：建中二年（781 年）省入善勞縣。

容山縣：原為安仁縣，屬平琴州，至德二載（757 年）改為容山縣，建中二年（781 年），平琴州廢，改隸於黨州〔註130〕。

懷義縣：原屬平琴州，建中二年（781 年），平琴州廢，改隸於黨州。

福陽縣：原屬平琴州，建中二年（781 年），平琴州廢，省入懷義縣。

古符縣：原屬平琴州，建中二年（781 年），平琴州廢，省入容山縣。

**竇州**：755 年～863 年、864 年～910 年屬容管鎮。天寶元年（742 年），竇州改為懷德郡，十四載（755 年）始隸於容管鎮，乾元元年（758 年）復為竇州。咸通四年（863 年），竇州改隸於嶺南西道，五年（864 年）復隸於容管鎮。

轄有信義、懷德、潭峨、特亮四縣，治於信義縣。

**廉州**：755 年～758 年、約 788 年～863 年、864 年～910 年屬容管鎮。天寶元年（742 年），廉州改為合浦郡，十四載（755 年）始隸於容管鎮。乾元元年（758 年），合浦郡復為廉州，改隸於邕管鎮。約貞元四年（788 年），廉州復隸於容管鎮。咸通四年（863 年），廉州改隸於嶺南西道，五年（864 年）復隸於容管鎮。

轄有合浦、封山、蔡龍、大廉四縣，治於合浦縣。

**義州**：755 年～863 年、864 年～910 年屬容管鎮。天寶元年（742 年），義州改為連城郡，十四載（755 年）始隸於容管鎮，乾元元年（758 年）復為義州。咸通四年（863 年），義州改隸於嶺南西道，五年（864 年）復隸於容管鎮。

轄有岑溪、永業、連城三縣，治於岑溪縣。

岑溪縣：原為龍城縣，至德中（756～758 年）改為岑溪縣〔註131〕。

永業縣：原為安義縣，至德二載（757 年）改為永業縣〔註132〕。

**鬱林州**：755 年～863 年、864 年～910 年屬容管鎮。天寶元年（742 年），鬱林州改為鬱林郡，十四載（755 年）始隸於容管鎮，乾元元年（758 年）復為鬱林州。咸通四年（863 年），鬱林州改隸於嶺南西道，五年（864 年）復隸於容管鎮。

轄有鬱林、石南、興業、潭栗、興德五縣，原治於石南縣，建中二年（781 年）徙治於鬱林縣。

---

〔註130〕《新唐書》卷四十三上《地理志七上》，第 729 頁。下文懷義、福陽、古符三縣的沿革，也見於此處記載。

〔註131〕《新唐書》卷四十三上《地理志七上》，第 730 頁。

〔註132〕《新唐書》卷四十三上《地理志七上》，第 730 頁。

　　石南縣：建中二年（781 年），省入興業縣〔註 133〕。

　　藤州：755 年～862 年、864 年～910 年屬容管鎮。天寶元年（742 年），藤州改為感義郡，十四載（755 年）始隸於容管鎮，乾元元年（758 年）復為藤州。咸通三年（862 年），藤州改隸於嶺南西道，五年（864 年）復隸於容管鎮。

　　轄有鐔津、感義、義昌、寧風四縣，治於鐔津縣，乾元元年（758 年）徙治於寧風縣，二年（759 年）還治於鐔津縣〔註 134〕。

圖 13-3　容管鎮轄區圖（773 年）

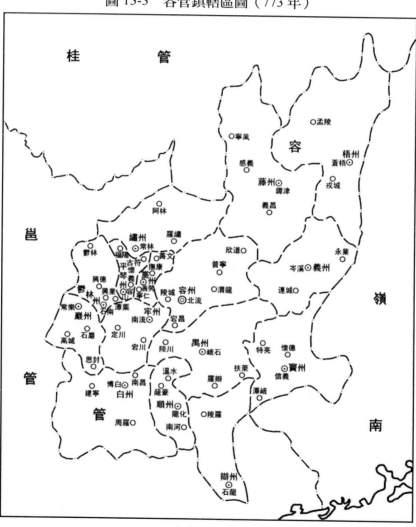

〔註 133〕《新唐書》卷四十三上《地理志七上》，第 729 頁。
〔註 134〕郭聲波：《中國行政區劃通史・唐代卷》上編第十章《嶺南道》，第 625 頁。
　　　　　下文鐔津、寧風二縣的沿革，也可見於此處考證。

鐔津縣：乾元元年（758 年）為夷獠所陷，徙藤州治於寧風縣，二年（759年），藤州還治於鐔津縣。

寧風縣：原屬於龔州，乾元元年（758 年）改隸於藤州，為州治；二年（759年），藤州還治於鐔津縣。

義昌縣：原為安昌縣，至德二載（757 年）九月改為義昌縣〔註 135〕。

順州：773 年～863 年、864 年～910 年屬容管鎮。大曆八年（773 年），容管經略使王翃分禺、羅、辯、白四州建置順州，隸屬於容管鎮。咸通四年（863年），改隸於嶺南西道，五年（864 年）復隸於容管鎮。

轄有龍化、溫水、南河、龍豪四縣，治於龍化縣。

巖州（行巖州）：755 年～863 年、864 年～910 年屬容管鎮。天寶元年（742年），巖州改為安樂郡，十四載（755 年）始隸於容管鎮，至德二載（757 年）改為常樂郡，乾元元年（758 年）復為巖州。元和十一年（816 年），巖州被黃洞蠻佔據。十三年（818 年），分廉州合浦縣建置行巖州〔註 136〕，仍隸於容管鎮。咸通四年（863 年），行巖州改隸於嶺南西道，五年（864 年）復隸於容管鎮。

轄有常樂、思封、石巖、高城四縣，治於常樂縣。

常樂縣：原為安樂縣，至德二載（757 年）改為常樂縣〔註 137〕；元和十一年（816 年），常樂縣被黃洞蠻佔據；十三年（818 年），朝廷以廉州合浦縣建置行常樂縣〔註 138〕。

思封縣：元和十三年（818 年），省入白州博白縣〔註 139〕。

石巖縣：元和十三年（818 年），省入鬱林州興業縣。

高城縣：元和十三年（818 年），省入廉州蔡龍縣。

### （二）容管鎮短期轄有的州

梧州：約 755 年～約 781 年屬容管鎮。天寶元年（742 年），梧州改為蒼梧郡，乾元元年（758 年）復為梧州。約天寶十四載（755 年），梧州隸於容管鎮。自至德元載（756 年）起，容管鎮長期寄治於梧州或藤州。大曆六年（771 年），容州收復，容管鎮復治於容州。約建中二年（781 年），梧州改隸於桂管鎮。

〔註 135〕《舊唐書》卷四十一《地理志四》，第 1722 頁。
〔註 136〕郭聲波：《中國行政區劃通史·唐代卷》上編第十章《嶺南道》，第 639 頁。
〔註 137〕《新唐書》卷四十三上《地理志七上》，第 725 頁。
〔註 138〕郭聲波：《中國行政區劃通史·唐代卷》上編第十章《嶺南道》，第 638 頁。
〔註 139〕郭聲波：《中國行政區劃通史·唐代卷》上編第十章《嶺南道》，第 641 頁。下文石巖、高城二縣的沿革，也可見於此處記載。

轄有蒼梧、戎城、孟陵三縣，治於蒼梧縣。

平琴州：755 年～781 年屬容管鎮。天寶元年（742 年），平琴州改為平琴郡，十四載（755 年）始隸於容管鎮，乾元元年（758 年）復為平琴州。建中二年（781 年），平琴州廢，轄區併入黨州。

轄有容山、懷義、古符、福陽四縣，治於容山縣。

容山縣：原為安仁縣，至德二載（757 年）改為容山縣；建中二年（781 年），平琴州廢，容山縣改隸於黨州〔註140〕。

懷義縣：建中二年（781 年），平琴州廢，改隸於黨州。

古符縣：建中二年（781 年），平琴州廢，省入容山縣。

福陽縣：建中二年（781 年），平琴州廢，省入懷義縣。

圖 13-4　容管鎮轄區圖（822 年）

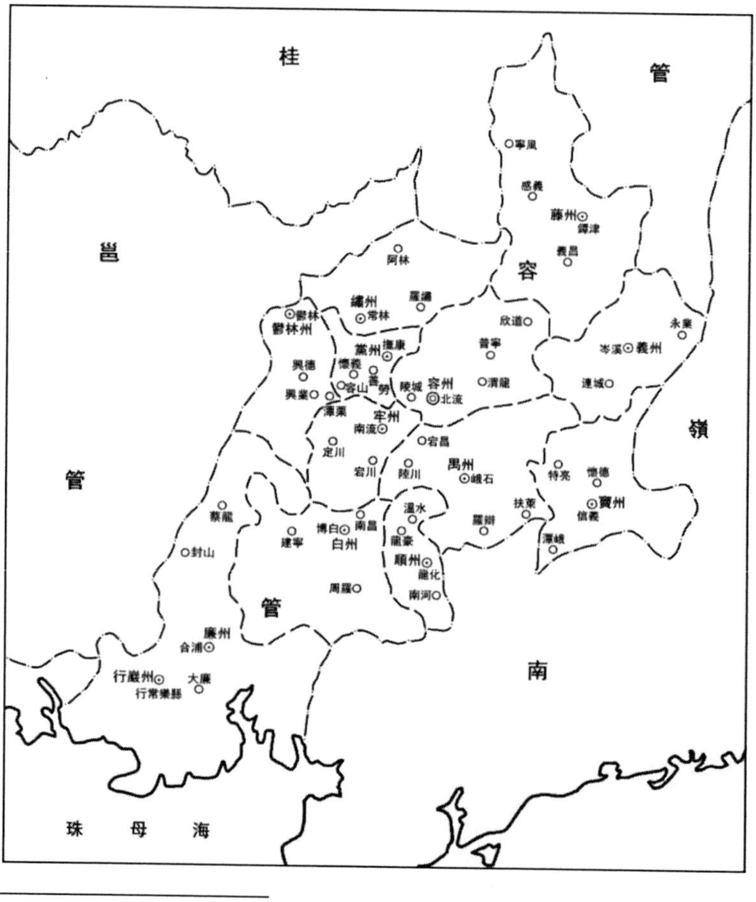

〔註140〕《新唐書》卷四十三上《地理志七上》，第 729 頁。下文懷義、福陽、古符三縣的沿革，也見於此處記載。

## 第三節　桂管鎮

桂管鎮，是建置於桂州的一個藩鎮，長期保持著桂州管內經略觀察使的建置，主要轄有桂、賀、柳、富、昭、蒙、融、龔、象、梧、思唐、嚴、宜等州。唐末，桂管鎮為劉士政所據，升為靜江軍節度使，後為武安軍節度使馬殷所併。

### 一、桂管鎮的轄區沿革

桂管鎮的建置沿革為：桂州管內經略使（755～758）—桂州管內經略都防禦使（758～764）—桂邕都防禦觀察使（764～770）—桂州管內都防禦經略觀察使（770～892）—靜江軍節度使（892～900）。

桂管鎮的轄區變化主要發生在元和之前，羈縻州與正州之間的變換是桂管鎮轄區變化的主要體現。元和八年（813 年）之後，桂管鎮長期轄有桂、賀、柳、富、昭、蒙、融、龔、象、梧、思唐、嚴、宜等州。

#### （一）桂管鎮經略使的建置

桂管經略使的建置時間較早，大約在開元（713～741 年）初期。據《方鎮表六》記載：景雲元年（710 年），「桂州，開耀後置管內經略使，領桂、梧、賀、連、柳、富、昭、蒙、嚴、環、融、古、思唐、龔十四州，治桂州。」〔註 141〕對於桂管經略使的建置時間，這裡記載為開耀年（681～682 年）之後，其實有誤。賴青壽先生在《唐後期方鎮建置沿革研究》一文中推斷，桂管經略使應該是建置於開元初期〔註 142〕。郭聲波先生在《中國行政區劃通史・唐代卷》中也斷言，《方鎮表六》所言「開耀」為「開元」之誤，並將桂管經略使的建置時間大致定為開元二年（714 年）〔註 143〕。

根據《唐朝嶺南道桂管地區行政區劃沿革》一文考證，開元二年，桂管經略使轄有桂、昭、賀、富、梧、蒙、思唐、龔、潯、象、嚴、柳、芝、宜、環、融、古、連十八州〔註 144〕。

開元十六年（728 年），桂管經略使罷領嚴州，二十一年（733 年）又罷領連州。二十四年（736 年），桂管經略使所轄的宜州改為粵州，思唐州降為

〔註 141〕《新唐書》卷六十九《方鎮表六》，第 1317～1340 頁。下同，不再引注。
〔註 142〕賴青壽：《唐後期方鎮建置沿革研究》第十四章第三節《桂管經略使沿革》，第 176～177 頁。
〔註 143〕郭聲波：《中國行政區劃通史・唐代卷》上編第十章《嶺南道》，第 714 頁。
〔註 144〕郭聲波、許燕：《唐朝嶺南道桂管地區行政區劃沿革》，《暨南史學》第七輯，廣州：暨南大學出版社，2012 年，第 398 頁。

羈縻州〔註 145〕。

天寶元年（742 年），改桂州為始安郡，昭州為平樂郡，賀州為臨賀郡，富州為開江郡，梧州為蒼梧郡，蒙州為蒙山郡，龔州為臨江郡，潯州為潯江郡，象州為象郡，柳州為龍城郡，芝州為忻城郡，粵州為龍水郡，環州為正平郡，融州為融水郡，古州為樂興郡。

此後，直至安史之亂爆發之前，桂管經略使長期轄有以上十五郡。

## （二）桂管鎮建置時的轄區

桂管經略使雖然建置較早，但桂管真正形成藩鎮是在安史之亂期間。邕管、容管二個經略使都建置於天寶十四載（755 年），因此以天寶十四載作為桂管鎮的建置時間。此前，嶺南道地區僅建置有嶺南一個藩鎮，桂管經略使也在嶺南節度使管轄之下。

對於桂管鎮建置初期的轄區，筆者先根據《方鎮表六》的記載來論述，再與前文所提及《唐朝嶺南道桂管地區行政區劃沿革》一文的結論進行對比。

據《方鎮表六》記載：景雲元年（710 年），「桂州，開耀後置管內經略使，領桂、梧、賀、連、柳、富、昭、蒙、嚴、環、融、古、思唐、龔十四州，治桂州。」〔註 146〕這十四州當時分別為始安郡、蒼梧郡、臨賀郡、連山郡、龍城郡、開江郡、平樂郡、蒙山郡、修德郡、正平郡、融水郡、樂興郡、武郎郡、臨江郡。

天寶十四載（755 年），桂管鎮應該未轄有修德、蒼梧、武郎三郡。首先，桂管鎮當時不可能轄有修德郡（嚴州），因為邕管經略使當時的轄區中含有修德郡〔註 147〕。其次，容管經略使後來曾經寄治於蒼梧郡（梧州），故蒼梧郡也應在容管經略使的管轄下〔註 148〕。因而，桂管鎮當時應該未轄有蒼梧郡。再次，思唐州（武郎郡）當時為羈縻州，不是正州〔註 149〕。

對於桂管鎮是否轄有連山郡（連州）的問題，需要特別說明。根據郭聲波、許燕《唐朝嶺南道桂管地區行政區劃沿革》和郭聲波《唐朝嶺南東道行政區沿革》考證，連山郡（連州）在開元二十一年（733 年）由桂管經略使改隸於嶺

〔註 145〕郭聲波：《中國行政區劃通史‧唐代卷》上編第十章《嶺南道》，第 714 頁。

〔註 146〕《新唐書》卷六十九《方鎮表六》，第 1317～1340 頁。下文同，不再引注。

〔註 147〕詳見本章第四節《邕管鎮的轄區沿革》。

〔註 148〕詳見本章第二節《邕管鎮的轄區沿革》。

〔註 149〕郭聲波、許燕：《唐朝嶺南道桂管地區行政區劃沿革》，《暨南史學》第七輯，第 415 頁。

南節度經略使，天寶元年（742年）又改隸於長沙郡都督府〔註150〕。但《方鎮表六》記載：至德二載（757年），「置衡州防禦使，領衡、涪、岳、潭、郴、邵、永、道八州，治衡州。」這條記載有誤，至德元載，連州（連山郡）應該是隸屬於衡陽鎮的〔註151〕。

另外，桂管鎮當時還應該轄有象、潯江、龍水、忻城四郡。對於象郡，《新唐書》記載：「象州象郡，下。本桂林郡。武德四年以始安郡之陽壽、桂林置，以象山為州名。貞觀十三年徙治武化，大曆十一年復治陽壽。」〔註152〕對於潯江郡，《舊唐書》記載：「潯州……天寶元年，改為潯江郡。乾元元年，復為潯州也。」〔註153〕由此可知，象、潯江二郡當時仍然存在。史籍並沒有記載象、潯江二郡當時隸屬於哪個藩鎮，根據地理位置來看，應該隸屬於桂管鎮。至於龍水郡，《新唐書》記載：「宜州龍水郡，下。唐開置，本粵州，乾封中更名。」「邕管所領，又有顯州、武州、沈州，後皆廢省。」〔註154〕此條記載意為，龍水郡（宜州）隸屬於邕管，其實有誤。另外，據《唐朝嶺南道桂管地區行政區劃沿革》考證，象（象州）、潯江（潯州）、龍水（宜州）三郡當時都是隸屬於桂管鎮的。此文還考證，桂管鎮當時還轄有忻城郡（芝州）〔註155〕。

基於以上考述，桂管鎮當時轄有始安、臨賀、龍城、開江、平樂、蒙山、正平、融水、樂興、臨江、象、潯江、龍水、忻城十四郡。

前文提及，《唐朝嶺南道桂管地區行政區劃沿革》一文推論，桂管經略使至天寶十四載（755年）還轄有始安、平樂、臨賀、開江、蒼梧、蒙山、臨江、潯江、象、龍城、忻城、龍水、正平、融水、樂興十五郡〔註156〕。與筆者所作結論相比，該文推論的轄區中多了蒼梧郡。對於蒼梧郡隸屬的問題，前文已經推論。

---

〔註150〕郭聲波、許燕：《唐朝嶺南道桂管地區行政區劃沿革》，《暨南史學》第七輯，第399頁。又見郭聲波：《唐朝嶺南東道行政區沿革》，《暨南史學》第四輯，第79頁。
〔註151〕詳見第十一章第四節《湖南鎮的轄區沿革》。
〔註152〕《新唐書》卷四十三上《地理志七上》，第724頁。
〔註153〕《舊唐書》卷四十一《地理志四》，第1730頁。
〔註154〕《新唐書》卷四十三上《地理志七上》，第725頁。
〔註155〕郭聲波、許燕：《唐朝嶺南道桂管地區行政區劃沿革》，《暨南史學》第七輯，第399頁。
〔註156〕郭聲波、許燕：《唐朝嶺南道桂管地區行政區劃沿革》，《暨南史學》第七輯，第399頁。

### （三）至德至貞元年間的轄區沿革

至德至貞元年間，桂管鎮的轄區變革較為頻繁，《方鎮表六》對此卻涉及較少。通過其他史料的記載，可以大致還原桂管鎮的轄區變化。

至德二載（757 年）九月，桂管的會府始安郡改為建陵郡。《新唐書》記載：「桂州始安郡，中都督府，至德二載更郡曰建陵，後復故名。」〔註157〕

乾元元年（758 年），朝廷將郡改為州，桂管鎮所轄郡也恢復為州。至此，桂管鎮轄有桂、賀、柳、富、昭、蒙、環、融、古、龔、象、潯、宜、芝十四州。

乾元二年（759 年），芝州降為羈縻州，改稱為芝忻州〔註158〕。

廣德二年（764 年），邕管經略使被廢除，所轄諸州併入桂管鎮，桂管經略使改置為桂邕都防禦觀察使。《方鎮表六》記載：本年，「置桂邕都防禦、觀察、招討、處置等使，增領邕管諸州」。此前，邕管鎮轄有邕、貴、橫、欽、澄、賓、嚴、淳、瀼、田、籠、廉、羅、潘十四州〔註159〕。至此，桂管鎮增領這十四州。

大曆五年（770 年），朝廷復置邕管經略使，桂管鎮因而罷領邕管十四州，復稱為桂管都防禦經略觀察使。《方鎮表六》記載：本年，「桂管觀察使罷領邕管諸州」。

大曆七年（772 年），蘇汗知桂管留務之時，桂管鎮下轄僅有十州。據《全唐文》記載：「（蘇）汗統其留務，凜其正色，操持紀綱，而十州之地晏如也。」〔註160〕《唐刺史考全編》推斷，蘇汗知桂管留務大約在大曆七年（772 年）至八年（773 年）〔註161〕。可知，在大曆七年（772 年）之前，桂管鎮又減少了三個州。

其實，桂管鎮所轄的環、古、宜三州降為了羈縻州。根據《元和郡縣圖志》記載，桂管鎮下轄十二州中並沒有環、古、宜三州。《讀史方輿紀要》記載：「唐貞觀十二年，李弘節招撫降附，置環州……天寶初，曰正平郡。乾元初（758 年），復故，後仍沒於蠻。」〔註162〕由此可知，桂管鎮沒有轄有環州，是因為

---

〔註157〕《新唐書》卷四十三上《地理志七上》，第 726 頁。

〔註158〕郭聲波：《中國行政區劃通史·唐代卷》上編第十章《嶺南道》，第 739 頁。

〔註159〕詳見本章第四節《邕管鎮的轄區沿革》。

〔註160〕（清）董誥等編：《全唐文》卷三百七十六《桂林送前使判官蘇侍御歸上都序》，第 3821 頁。

〔註161〕郁賢皓：《唐刺史考全編》卷二七五《桂州（始安郡、建陵郡）》，第 3246 頁。

〔註162〕（清）顧祖禹：《讀史方輿紀要》卷一百九《廣西四》，第 4927 頁。

環州被少數民族侵佔了。至於其具體時間，無從考證。郭聲波、許燕在《唐朝嶺南道桂管地區行政區劃沿革》中考證，環、古、宜三州降為羈縻州，將其時間置於大曆十二年（777年）或貞元元年（785年）〔註163〕。三州降為羈縻州的說法應該是正確的，但其時間應該較大曆十二年更早。因為在大曆七年（772年）蘇汗知桂管留務之時，桂管鎮下轄僅有十州，可知三州降為羈縻州應該在此之前，不然桂管鎮不會僅轄有十州之地。因此，綜合上文論述，環、古、宜三州在大曆七年（772年）前，因為被當地少數民族佔據而降為羈縻州。

基於以上理由，蘇汗在大曆七年（772年）知桂管留務之時，桂管鎮所轄十州是指桂、賀、柳、富、昭、蒙、融、思唐、龔、象、潯十州。

據《方鎮表六》記載：大曆八年（773年），「罷桂管觀察使，以諸州隸邕管」；貞元元年（785年），「復置桂管經略招討使」。其實，這兩條記載有誤。《舊唐書》記載：大曆八年九月，「以辰錦觀察使李昌巙為桂州刺史、桂管防禦觀察使」；建中二年（781年）二月，「乙未……以桂管觀察使李昌巙為江陵尹、兼御史大夫、荊南節度等使……甲辰，以容州刺史盧嶽為桂州防禦觀察使。」〔註164〕《全唐文》也記載：「建中初（780年），今上嗣位……授（盧岳）容管經略招討等使，未一年……轉桂府觀察經略等使。」〔註165〕由這幾處記載可知，李昌巙自大曆八年（773年）至建中二年（781年）的職銜都是桂管觀察經略使，建中二年又有桂管防禦觀察使的記載。因而，桂管鎮在大曆八年（773年）至貞元元年（785年）期間並沒有廢除，《方鎮表六》記載有誤。

建中元年（780年），思唐州由羈縻州升為正州，隸屬於桂管鎮〔註166〕。《新唐書》記載：「思唐州武郎郡……開元二十四年為羈縻州，建中元年為正州。」〔註167〕

另外，桂管鎮還增領了梧州。關於桂管鎮增領梧州的具體時間，無法考證，但可推斷在大曆八年（773年）至建中二年（781年）期間。這是因為，容管

〔註163〕郭聲波、許燕：《唐朝嶺南道桂管地區行政區劃沿革》，《暨南史學》第七輯，第425、426、430頁。

〔註164〕《舊唐書》卷十一《代宗本紀》、卷十二《德宗本紀上》，第303、328頁。

〔註165〕（清）董誥等編：《全唐文》卷七百八十四《陝虢觀察使盧公墓誌銘》，第8197頁。

〔註166〕郭聲波《中國行政區劃通史・唐代卷》上編第十章《嶺南道》第732頁認為，建中元年（780年）至元和十五年（820年），思唐州隸屬於邕管經略使，不知所據。

〔註167〕《新唐書》卷四十三上《地理志七上》，第728頁。

經略使在建中二年（781年）之時僅轄有十二州，可知梧州由容管改隸於桂管是在建中二年（781年）之前〔註168〕。

貞元元年（785年），桂管鎮所轄的潯州改隸於邕管鎮。《方鎮表六》記載：本年，「邕州都防禦使罷領桂管諸州，增領潯州」。

至此，桂管鎮轄有桂、賀、柳、富、昭、蒙、融、龔、象、梧、思唐十一州。

### （四）元和至咸通年間的轄區沿革

元和年間，桂管鎮的轄區也發生過變化，其後直至咸通年間，由於南詔的入侵，唐朝廷對嶺南道的轄區進行過劃分，使得桂管鎮的轄區發生變化。

元和元年（806年），桂管鎮增領嚴州。對此，《方鎮表六》邕管欄記載：本年，「嚴州隸容管觀察使」。而容管欄記載為：「嚴州隸桂管觀察」。桂管欄又記載為：「桂管經略使增領巖州」。桂管欄的「巖州」當為「嚴州」之誤，如若桂管增領的是巖州，則巖州為飛地，似不可能。因此，綜合上述幾條記載來看，事實是嚴州由邕管鎮改隸於桂管鎮。

至此，桂管鎮轄有桂、賀、柳、富、昭、蒙、融、龔、象、梧、思唐、嚴十二州。《元和郡縣圖志》也記載桂管鎮轄有此十二州〔註169〕。

元和八年（813年），宜州由羈縻州升為正州，仍然隸屬於桂管鎮。大中年（847年～860年）前，環州也由羈縻州升為正州，仍隸於桂管鎮〔註170〕。

咸通三年（862年），朝廷為了抵抗南詔侵入嶺南道，升邕管經略使為嶺南西道節度使，同時將桂管鎮下轄的龔、象二州劃歸嶺南西道管轄。《資治通鑒》記載：本年「五月，敕以廣州為東道，邕州為西道，又割桂管龔、象二州，容管藤、巖二州隸邕管。」〔註171〕

次年（863年），朝廷廢除容管鎮，將其轄區併入嶺南西道，又以龔、象二州復隸於桂管鎮。《資治通鑒》記載：咸通四年（863年）五月，「廢容管，隸嶺南西道，以供軍食，復以龔、象二州隸桂管。」〔註172〕

此後，桂管鎮長期轄有桂、賀、柳、富、昭、蒙、融、梧、思唐、嚴、宜、環、龔、象十四州，直至唐末。

---

〔註168〕詳見本章第二節《容管鎮的轄區沿革》。
〔註169〕（唐）李吉甫：《元和郡縣圖志》卷三十七《嶺南道四》，第917頁。
〔註170〕郭聲波、許燕：《唐朝嶺南道桂管地區行政區劃沿革》，《暨南史學》第七輯，第426頁。
〔註171〕《資治通鑒》卷二百五十《咸通三年》，第8098頁。
〔註172〕《資治通鑒》卷二百五十《咸通四年》，第8104頁。

### （五）唐末桂管鎮的割據

唐末，桂管鎮先後為陳可瓛、宣晟、劉士政等人所割據，最終為馬楚政權所取。

根據《唐刺史考全編》的考證，陳可瓛大約在光啟元年（885 年）至乾寧元年（894 年）任桂州觀察使、靜江軍節度使〔註173〕。

對於桂管經略觀察使升為靜江軍節度使的時間，《方鎮表六》記載為光化三年（900 年），《資治通鑒》記載為光化三年九月〔註174〕，其實應該都是錯誤的。據《新唐書》記載：乾寧二年（895 年），「是歲，安州防禦使宣晟陷桂州，靜江軍節度使周元靜部將劉士政死之，晟自稱知軍府事。」〔註175〕由此記載來看，似乎乾寧二年之前已有靜江軍節度使的建置。《全唐文》卷八百二十八《桂州新修堯舜祠祭器碑》記載：「皇帝御宇，大順壬子季冬十二月，故府司空穎川陳公自桂州觀察使膺制命，建靜江軍號，仍降龍節。」〔註176〕這裡的「陳公」當指陳可瓛，「大順壬子季」當指大順三年，即為景福元年（892 年）。由此記載來看，桂管經略觀察使升為靜江軍節度使發生於景福元年十二月〔註177〕。

乾寧二年（895 年），安州防禦使宣晟與指揮使劉士政、兵馬監押陳可瓛率兵三千攻取桂州，殺桂管經略使周元靜。宣晟佔據桂州後不久，陳可瓛又殺宣晟，擁立劉士政為桂管經略使。《資治通鑒》記載：本年，「安州防禦使家〔宣〕晟與朱全忠親吏蔣玄暉有隙，恐及禍，與指揮使劉士政、兵馬監押陳可瓛將兵三千襲桂州，殺經略使周元靜而代之。晟醉侮可瓛，可瓛手刃之，推士政知軍府事，可瓛自為副使。詔即以士政為桂管經略使。」〔註178〕

光化三年（900 年）十月，武安軍節度使馬殷派部將秦彥暉、李瓊等人率兵進攻桂管鎮，劉士政投降。《資治通鑒》記載：本年九月，「升桂管為靜江軍，以經略使劉士政為節度使。」十月，「（馬）殷遣其將秦彥暉、李瓊等將兵七千

---

〔註173〕郁賢皓：《唐刺史考全編》卷二七五《桂州（始安郡、建陵郡）》，第 3258 頁。
〔註174〕詳見下文引述《資治通鑒》卷二百六十二《光化三年》第 8534 頁的記載。
〔註175〕《新唐書》卷十《昭宗本紀》，第 187 頁。
〔註176〕（清）董誥等編：《全唐文》八百二十八《桂州新修堯舜祠祭器碑》，第 8721 頁。
〔註177〕對於桂管經略觀察使升為靜江軍節度使的時間，賴青壽《唐後期方鎮建置沿革研究》第十四章第三節《桂管經略使沿革》第 176 頁、郭聲波《中國行政區劃通史・唐代卷》上編第十章《嶺南道》第 715 頁均沿用《資治通鑒》《方鎮表六》的記載，作光化三年（900 年），當誤。
〔註178〕《資治通鑒》卷二百六十《乾寧二年》，第 8482 頁。

擊（劉）士政……士政出降，桂、宜、巖、柳、象五州皆降於湖南。」〔註179〕
至此，桂管鎮被馬殷兼併。

綜上所述，桂管鎮的轄區沿革可總結如表 13-4 所示。

### 表 13-4　桂管鎮轄區統計表

| 時　　期 | 轄區總計 | 會　府 | 詳細轄區 |
|---|---|---|---|
| 755 年～757 年 | 14 郡 | 始安郡 | 始安、臨賀、龍城、開江、平樂、蒙山、正平、融水、樂興、臨江、象、潯江、龍水、忻城 |
| 757 年～758 年 | 14 郡 | 建陵郡 | 建陵、臨賀、龍城、開江、平樂、蒙山、正平、融水、樂興、臨江、象、潯江、龍水、忻城 |
| 758 年～759 年 | 14 州 | 桂州 | 桂、賀、柳、富、昭、蒙、環、融、古、龔、象、潯、宜、芝 |
| 759 年～764 年 | 13 州 | 桂州 | 桂、賀、柳、富、昭、蒙、環、融、古、龔、象、潯、宜 |
| 764 年～770 年 | 27 州 | 桂州 | 桂、賀、柳、富、昭、蒙、環、融、古、龔、象、潯、宜、邕、貴、橫、欽、澄、賓、嚴、淳、瀼、田、籠、廉、羅、潘 |
| 770 年～780 年 | 10 州 | 桂州 | 桂、賀、柳、富、昭、蒙、融、龔、象、潯 |
| 780 年～785 年 | 12 州 | 桂州 | 桂、賀、柳、富、昭、蒙、融、龔、象、潯、梧、思唐 |
| 785 年～806 年 | 11 州 | 桂州 | 桂、賀、柳、富、昭、蒙、融、龔、象、梧、思唐 |
| 806 年～813 年 | 12 州 | 桂州 | 桂、賀、柳、富、昭、蒙、融、龔、象、梧、思唐、嚴 |
| 813 年～847 年前 | 13 州 | 桂州 | 桂、賀、柳、富、昭、蒙、融、龔、象、梧、思唐、嚴、宜 |
| 847 年前～862 年 | 14 州 | 桂州 | 桂、賀、柳、富、昭、蒙、融、龔、象、梧、思唐、嚴、宜、環 |
| 862 年～863 年 | 12 州 | 桂州 | 桂、賀、柳、富、昭、蒙、融、梧、思唐、嚴、宜、環 |
| 863 年～900 年 | 14 州 | 桂州 | 桂、賀、柳、富、昭、蒙、融、梧、思唐、嚴、宜、環、龔、象 |

〔註179〕《資治通鑒》卷二百六十二《光化三年》，第 8534～8536 頁。

## 二、桂管鎮下轄州縣沿革

桂管鎮長期轄有桂、賀、柳、富、昭、蒙、融、龔、象、梧、思唐、嚴、宜、環等十四州，又曾經短期轄有古、潯、芝三州。

### （一）桂管鎮長期轄有的州

桂州：755 年～900 年屬桂管鎮。開元二年（714 年），桂州始置桂管經略使。天寶元年（742 年），桂州改為始安郡。天寶十四載（755 年），桂管經略使成為藩鎮。至德二載（757 年），始安郡改為建陵郡，乾元元年（758年）復為桂州。廣德二年（764 年），邕管經略使被廢除，轄區併入桂管鎮，改稱為桂邕都防禦觀察使。大曆五年（770 年），桂邕都防禦觀察使分置為桂管、邕管二經略使，桂管鎮仍治於桂州。景福元年（892 年），桂管經略觀察使升為靜江軍節度使。光化三年（900 年），桂管鎮被武安軍節度使馬殷攻取。

轄有臨桂、全義、修仁、理定、慕化、豐水、靈川、陽朔、永福、荔浦十縣，治臨桂縣。

臨桂縣：原為始安縣，至德二載（757 年）改為臨桂縣〔註 180〕。

全義縣：原為臨源縣，大曆三年（768 年）改為全義縣〔註 181〕。

修仁縣：原為建陵縣，長慶三年（823 年）改為修仁縣。

理定縣：原為興安縣，至德二載（757 年）改為理定縣。

慕化縣：原為純化縣，永貞元年（805 年）改為慕化縣〔註 182〕。

豐水縣：原為永豐縣，長慶三年（823 年）改為豐水縣。

梧州：約 781 年～900 年屬桂管鎮。開元二年（714 年），梧州始隸於桂管經略使，天寶元年（742 年）改為蒼梧郡。約天寶十四載（755 年），蒼梧郡改隸於容管鎮。乾元元年（758 年），復為梧州。約建中二年（781 年），復隸於桂管鎮〔註 183〕。

轄有蒼梧、戎城、孟陵三縣，治於蒼梧縣。

---

〔註 180〕　（唐）李吉甫：《元和郡縣圖志》卷三十七《嶺南道四》，第 918 頁。

〔註 181〕　《新唐書》卷四十三上《地理志七上》，第 726 頁。下文修仁、理定、慕化、豐水四縣的沿革，也可見於此處記載。

〔註 182〕　慕化縣，《舊唐書》卷四十一《地理志四》第 1726 頁、《新唐書》卷四十三上《地理志七上》第 726 頁皆誤作恭化縣，《元和郡縣圖志》卷三十七《嶺南道四》第 919 頁作慕化縣，據此改。

〔註 183〕　詳見本節前文《桂管鎮的轄區沿革》。

賀州：755 年～900 年屬桂管鎮。開元二年（714 年），賀州始隸於桂管經略使，天寶元年（742 年）改為臨賀郡，十四載（755 年）隸於桂管鎮，乾元元年（758 年）復為賀州。

轄有臨賀、封陽、馮乘、桂嶺、蕩山、富川六縣，治於臨賀縣。

昭州：755 年～900 年屬桂管鎮。開元二年（714 年），昭州始隸於桂管經略使，天寶元年（742 年）改為平樂郡，十四載（755 年）隸於桂管鎮，乾元元年（758 年）復為昭州。

轄有平樂、恭城、永平三縣，治於平樂縣。

象州：755 年～862 年、863 年～900 年屬桂管鎮。開元二年（714 年），象州始隸於桂管經略使，天寶元年（742 年）改為象郡〔註 184〕，十四載（755 年）隸於桂管鎮，乾元元年（758 年）復為象州。咸通三年（862 年），象州改隸於嶺南西道，四年（863 年）復隸於桂管鎮。

轄有陽壽、武仙、武化、長風四縣，原治武化縣，大曆十一年（776 年）徙治陽壽縣〔註 185〕。

長風縣：乾元（758～760 年）後〔註 186〕析武化縣置，大曆十一年（776 年）省入武化縣〔註 187〕。

柳州：755 年～900 年屬桂管鎮。開元二年（714 年），柳州始隸於桂管經略使，天寶元年（742 年）改為龍城郡，十四載（755 年）隸於桂管鎮，乾元元年（758 年）復為柳州。

轄有馬平、龍城、洛容、象、洛曹五縣，治於馬平縣。

洛曹縣：原為洛封縣，元和十三年（818 年）改為洛曹縣〔註 188〕。

嚴州：764 年～770 年、806 年～900 年屬桂管鎮。開元二年（714 年），嚴州始隸於桂管經略使，十六年（728 年）改隸於邕州都督府。天寶元年（742 年），嚴州改為修德郡，十四載（755 年）隸屬於邕管經略使，乾元元年（758 年）復為嚴州。廣德二年（764 年），嚴州隨邕管鎮廢除而併入桂管鎮。大曆五年（770 年），朝廷復置邕管經略使，嚴州復隸於邕管鎮。元和元年（806 年），

<hr />

〔註 184〕象郡：《舊唐書》作象山郡，今依《本錢薄》《新唐志》《元和志》《州郡典》等。

〔註 185〕《新唐書》卷四十三上《地理志七上》，第 724 頁。

〔註 186〕郭聲波：《中國行政區劃通史・唐代卷》上編第十章《嶺南道》，第 735 頁。

〔註 187〕《新唐書》卷四十三上《地理志七上》，第 725 頁。

〔註 188〕《新唐書》卷四十三上《地理志七上》，第 727 頁。

嚴州改隸於桂管鎮。

轄有循德、來賓二縣，治於循德縣。

融州：755 年～900 年屬桂管鎮。開元二年（714 年），融州始隸於桂管經略使，天寶元年（742 年）改為融水郡，十四載（755 年）隸於桂管鎮，乾元元年（758 年）復為融州。

轄有融水、武陽二縣，治於融水縣。

龔州：755 年～862 年、863 年～900 年屬桂管鎮。開元二年（714 年），龔州始隸於桂管經略使，天寶元年（742 年）改為臨江郡，十四載（755 年）隸於桂管鎮，乾元元年（758 年）復為龔州。咸通三年（862 年），龔州改隸於嶺南西道，四年（863 年）復隸於桂管鎮。

轄有平南、武林、隋建、大同、陽川五縣，治於平南縣。

富州：755 年～900 年屬桂管鎮。開元二年（714 年），富州始隸於桂管經略使，天寶元年（742 年）改為開江郡，十四載（755 年）隸於桂管鎮，乾元元年（758 年）復為富州。

轄有龍平、思勤、馬江三縣，治於龍平縣。

馬江縣：原為開江縣，長慶三年（823 年）改為馬江縣〔註 189〕。

蒙州：755 年～900 年屬桂管鎮。開元二年（714 年），蒙州始隸於桂管經略使，天寶元年（742 年）改為蒙山郡，十四載（755 年）隸於桂管鎮，乾元元年（758 年）復為蒙州。

轄有立山、東區、正義三縣，治於立山縣。

正義縣：原為純義縣，永貞元年（805 年）改為正義縣〔註 190〕。

思唐州：780 年～900 年屬桂管鎮。開元二年（714 年），思唐州始隸於桂管經略使，二十四年（736 年）降為羈縻州，建中元年（780 年）升為正州，隸於桂管鎮〔註 191〕。

轄有武郎、思和二縣，治於武郎縣。

武郎縣：原為羈縻縣，建中元年（780 年）升為正縣〔註 192〕。

〔註 189〕《新唐書》卷四十三上《地理志七上》，第 727 頁。
〔註 190〕《新唐書》卷四十三上《地理志七上》，第 727 頁。
〔註 191〕郭聲波《中國行政區劃通史・唐代卷》上編第十章《嶺南道》第 732 頁認為，建中元年（780 年）至元和十五年（820 年），思唐州隸屬於邕管經略使，不知所據。
〔註 192〕《新唐書》卷四十三上《地理志七上》，第 728 頁。

思和縣：原為羈縻縣平原縣，建中元年（780年）升為正縣，長慶三年（823年）改為思和縣〔註193〕。

宜州：755年～772年前、813年～900年屬桂管鎮。開元二年（714年），宜州始隸於桂管經略使，二十四年（736年）改為粵州。天寶元年（742年），粵州改為龍水郡，十四載（755年）隸於桂管鎮，乾元元年（758年）復為宜州。大曆七年（772年）前〔註194〕，宜州因被少數民族佔據而降為羈縻州。元和八年（813年），宜州升為正州〔註195〕，仍隸於桂管鎮。

轄有龍水、崖山、東璽、天河四縣，治於龍水縣。

環州：755年～772年前、847年前～900年屬桂管鎮。開元二年（714年），環州始隸於桂管經略使，天寶元年（742年）改為正平郡，十四載（755年）隸於桂管鎮，乾元元年（758年）復為環州。大曆七年（772年）前〔註196〕，環州因被少數民族佔據而降為羈縻州。大中（847～860年）前，環州又升為正州〔註197〕，仍隸於桂管鎮。

轄有正平、思恩、都蒙、歌良、福零、龍源、武石、繞勉八縣，治於正平縣。

### （二）桂管鎮短期轄有的州

古州：755年～772年前屬桂管鎮。開元二年（714年），古州始隸於桂管經略使，天寶元年（742年）改為樂興郡〔註198〕，十四載（755年）隸於桂管鎮，乾元元年（758年）復為古州。大曆七年（772年）前〔註199〕，古州被少數民族佔據而降為羈縻州〔註200〕。

轄有樂古、古書、樂興三縣，治於樂古縣。

〔註193〕《新唐書》卷四十三上《地理志七上》，第728頁。
〔註194〕郭聲波《中國行政區劃通史·唐代卷》上編第十章《嶺南道》第741頁作大曆十二年，當誤，詳見前文《桂管鎮的轄區沿革》。
〔註195〕郭聲波：《中國行政區劃通史·唐代卷》上編第十章《嶺南道》，第741頁。
〔註196〕郭聲波《中國行政區劃通史·唐代卷》上編第十章《嶺南道》第743頁作大曆十二年，當誤，詳見前文《桂管鎮的轄區沿革》。
〔註197〕郭聲波：《中國行政區劃通史·唐代卷》上編第十章《嶺南道》，第743頁。
〔註198〕樂興郡：據郭聲波《中國行政區劃通史·唐代卷》上編第十章《嶺南道》第746頁考述，《舊唐書》《州郡典》《太平寰宇記》皆作樂古郡，今依《本錢簿》《太平御覽》《新唐書》作樂興郡。
〔註199〕郭聲波《中國行政區劃通史·唐代卷》上編第十章《嶺南道》第747頁作大曆十二年，當誤，詳見前文《桂管鎮的轄區沿革》。
〔註200〕賴青壽《唐後期方鎮建置沿革研究》第十四章第三節《桂管經略使沿革》第178頁認為，古州永貞元年（805年）改隸於西川節度使，當誤。

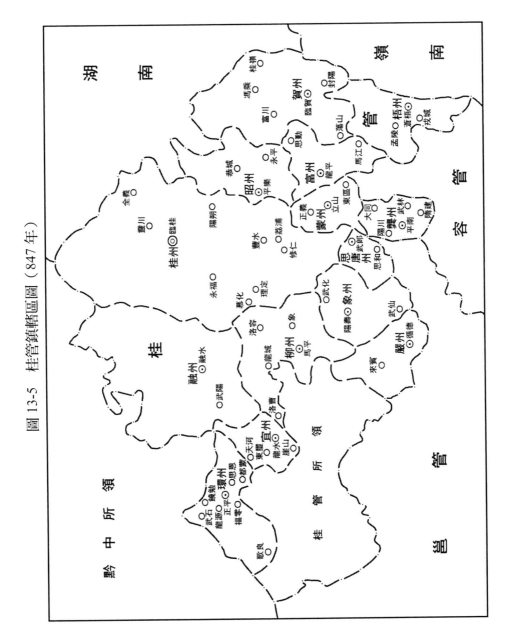

圖 13-5　桂管鎮轄區圖（847 年）

樂古縣：原為樂預縣，寶應元年（762 年），避唐代宗諱，改為樂古縣〔註201〕。

潯州：755 年～785 年屬桂管鎮。開元二年（714 年），潯州始隸於桂管經略使，天寶元年（742 年）改為潯江郡，十四載（755 年）隸於桂管鎮，乾元元年（758 年）復為潯州。貞元元年（785 年），潯州改隸於邕管鎮。

轄有桂平、皇化、大賓三縣，治於桂平縣。

芝州：755 年～759 年前屬桂管鎮。開元二年（714 年），芝州始隸於桂管經略使，天寶元年（742 年）改為忻城郡，十四載（755 年）隸於桂管鎮，乾元元年（758 年）復為芝州，二年（759 年）降為羈縻州，改稱芝忻州〔註202〕。

轄有忻城、富錄、思龍、平西、樂光、多雲、樂豔七縣，治於忻城縣。

忻城縣：乾元二年（759 年）降為羈縻縣。

富錄縣：乾元元年（758 年）改為富川縣，乾元二年（759 年）降為羈縻縣。

思龍縣：乾元二年（759 年）降為羈縻縣。

平西縣：乾元二年（759 年）降為羈縻縣。

樂光縣：乾元二年（759 年）降為羈縻縣。

多雲縣：乾元二年（759 年）降為羈縻縣。

樂豔縣：乾元二年（759 年）降為羈縻縣。

# 第四節　邕管鎮

邕管鎮，是建置於邕州的一個藩鎮，長期保持著邕州管內經略使的建置，主要轄有邕、澄、賓、巒、欽、橫、潯、貴等州。咸通三年（862 年），邕管經略使升為嶺南西道節度使。此後，邕管鎮改稱為嶺南西道。唐末，葉廣略據有嶺南西道，軍號建武軍，後併入南漢。

## 一、邕管鎮的轄區沿革

邕管鎮的建置沿革為：邕州管內經略使（755～758）——邕州管內都防禦經略使（758～759）——邕州管內節度使（759～760）——邕州管內都防禦經略使（760～764）——邕州管內經略使（770～820、822～862）——嶺南西道節度使（862～

---

〔註201〕郭聲波：《中國行政區劃通史·唐代卷》上編第十章《嶺南道》，第 747 頁。
〔註202〕郭聲波：《中國行政區劃通史·唐代卷》上編第十章《嶺南道》，第 739 頁。芝州下轄諸縣的沿革情況，也可見於此處的考述。

904）—建武軍節度使（904～915）。

邕管鎮建置前期主要轄有邕、貴、橫、欽、澄、賓、嚴、淳、瀼、田、籠、廉、羅、潘十四州，治於邕州。大約在建中初，罷領羅、潘二州，貞元前期增領潯州，罷領廉州。永貞元年，罷領瀼、田二州，所轄的淳州改稱為巒州。元和初，又罷領嚴、籠二州。此後，邕管鎮長期轄有邕、澄、賓、巒、欽、橫、潯、貴八州。

### （一）邕管鎮初置時期的轄區沿革

邕管鎮建置於天寶十四載（755年），治於朗寧郡（邕州）。至於邕管鎮當時的轄區，據《方鎮表六》記載為：本年，「置邕州管內經略使，領邕、貴、橫、欽、澄、賓、嚴、羅、淳、瀼、山、田、籠十三州，治邕州。」〔註203〕當時各州皆稱為郡，邕、貴、橫、欽、澄、賓、嚴、羅、淳、瀼、山、田、籠十三州當時分別為朗寧郡、懷澤郡、寧浦郡、寧越郡、賀水郡、安城郡、修德郡、招義郡、永定郡、臨潭郡、龍池郡、橫山郡、扶南郡。

其中，龍池郡（山州）屬於誤載，並不隸屬於邕管鎮，而是隸屬於安南鎮。對於龍池郡的隸屬問題，羅凱先生《唐代山州地望與性質考——兼論嶺南附貢州的沿革》一文認為，山州位於安南都護府，隸屬於安南經略使〔註204〕。而賴青壽先生《唐後期方鎮建置沿革研究》〔註205〕則認為，山州隸屬於邕管經略使。對此，筆者贊同羅凱先生的觀點。《元和郡縣圖志》記載：「垂拱二年，於此置龍池縣，仍於縣理立山州，廣德二年廢山州，以縣隸演州」〔註206〕。從地理位置來看，山州位於愛州與驩州之間，必然隸屬於安南鎮。

至德元載（756年），邕管鎮所轄的招義郡（羅州）改隸於嶺南鎮〔註207〕。

至德二載（757年）九月，安城郡改為嶺方郡。《舊唐書》記載：「天寶元年，（賓州）改為安城郡。至德二年九月，改為嶺方郡。乾元元年，復為賓州。」〔註208〕

---

〔註203〕《新唐書》卷六十九《方鎮表六》，第1322～1340頁。下同，不再引注。

〔註204〕羅凱：《唐代山州地望與性質考——兼論嶺南附貢州的沿革》，《歷史地理》第二十六輯，上海：上海人民出版社，2012年，第97～108頁。

〔註205〕賴青壽：《唐後期方鎮建置沿革研究》第十四章第四節《邕管經略使沿革》，第179頁。

〔註206〕（唐）李吉甫：《元和郡縣圖志》卷三十八《嶺南道五》，第964頁。

〔註207〕詳見本章第一節《嶺南鎮的轄區沿革》。

〔註208〕《舊唐書》卷四十一《地理志四》，第1732頁。

　　乾元元年（758年），朝廷恢復州的建置，邕管鎮所轄諸郡皆改為州。

　　同年，邕管經略使兼都防禦使，增領羅、潘、廉三州。《方鎮表六》邕管欄記載為：乾元元年（758年），「邕州管內經略使兼都防禦使，增領羅州。」而同表衡州欄卻記載為：上元二年（761年），「羅、潘二州隸邕管觀察使」。後一處記載應該列入嶺南欄，卻誤列入衡州欄，所列年代欄也很可能是錯誤的。羅、潘二州與邕管鎮之間原本有廉州的阻隔，若廉州仍然在容管鎮的管轄內，羅、潘二州則為飛地，似乎不可能。因此，邕管鎮增領羅、潘二州之時還增領了廉州。

　　基於以上考述，邕管鎮建置初期轄有邕、貴、橫、欽、澄、賓、嚴、淳、瀼、田、籠、廉、羅、潘十四州，治於邕州。

　　乾元二年（759年），邕管都防禦經略使曾升為節度使，次年又降為都防禦經略使。《方鎮表六》記載：乾元二年，「升邕州管內都防禦經略使為節度使」；上元元年（760年），「廢邕州管內節度使，置都防禦經略使」。

　　廣德二年（764年），邕管鎮被廢除，轄區併入桂管鎮。《方鎮表六》記載：廣德二年，「廢邕州管內都防禦使，以所管州隸桂管經略使」。

## （二）邕管鎮復置後的轄區沿革

　　大曆五年（770年），復置邕管經略使。《方鎮表六》記載：大曆五年，「復置邕州管內都防禦使」。復置之後，邕管鎮仍然轄有邕、貴、橫、欽、澄、賓、嚴、淳、瀼、田、籠、廉、羅、潘十四州，治於邕州。

　　其後，在建中二年（781年）之前，邕管鎮罷領了潘、羅二州〔註209〕。貞元元年（785年），邕管鎮增領潯州。《方鎮表六》記載：貞元元年，「邕州都防禦使罷領桂管諸州，增領潯州」。接著，大約在貞元四年（788年），邕管鎮罷領廉州〔註210〕。

　　貞元十年（794年），黃洞蠻首領黃少卿攻佔邕管鎮下轄的欽、橫、潯、貴四州。《新唐書》記載：「貞元十年，黃洞首領黃少卿者，攻邕管，圍經略使孫公器……俄陷欽、橫、潯、貴四州。」〔註211〕《舊唐書》也記載：本年七月，「欽州守鎮黃少卿叛，攻邕管經略使孫公器，又陷欽、橫、潯、貴等州。」〔註212〕《資治通鑑》也記載：本年七月，「黃少卿陷欽、橫、潯、貴等州，攻

---

〔註209〕 詳見本章第一節《嶺南鎮的轄區沿革》。
〔註210〕 詳見本章第二節《容管鎮的轄區沿革》。
〔註211〕 《新唐書》卷二百二十二下《南蠻傳下》，第4796頁。
〔註212〕 《舊唐書》卷十三《德宗本紀下》，第380頁。

孫公器於邕州。」〔註213〕此後二十多年間，欽、橫、潯、貴四州一直被黃洞蠻佔據，不在邕管鎮的實際控制之下。

永貞元年（805年），淳州改為巒州。《舊唐書》記載：「乾元元年（758年），復為淳州。永貞元年，改為巒州也。」〔註214〕

據《方鎮表六》記載：永貞元年（805年），「省瀼、田、山三州」。前文已經提及，邕管鎮並沒有轄有山州。至於瀼、田二州，《全唐文》卷六百五十七有白居易《康昇讓可試太子司議郎知欽州事兼充本州鎮遏使……馮緒可試太子通事舍人知田州事充左江都知兵馬使滕股晉可試右衛率府長史知瀼州事兼充左江都知兵馬使五人同制》，其中提及田、瀼二州〔註215〕。而據《白氏長慶集》所言，該制當作於長慶元年（821年），可知田、瀼二州長慶元年尚存。對於田州，《讀史方輿紀要》記載：「唐開元初，置田州。天寶初，曰橫山郡。乾元初，復故，後為羈縻蠻洞地。」〔註216〕《新唐書》也有記載：「田州橫山郡，下。開元中開蠻洞置，貞元二十一年廢，後復置。」〔註217〕由以上記載來看，田州在貞元二十一年（805年）曾經廢除，後又復置，但又廢為羈縻州，不在邕管鎮的實際管轄之下。對於瀼州，《讀史方輿紀要》也有記載：「乾元初，復曰瀼州，以縣界有瀼水而名也，唐末廢。」〔註218〕此處提到，瀼州在唐末才被廢除，可知瀼州在貞元二十一年（805年）廢除之後又復置。元和、咸通年間，邕管鎮的轄區都只有八州，可知瀼州也降為了羈縻州。

元和元年（806年），邕管鎮所轄的嚴州改隸於桂管鎮。《方鎮表六》邕管欄記載：本年，「嚴州隸容管觀察使」。其實這條記載是錯誤的，同書桂管欄記載：元和元年，「桂管經略使增領巖（嚴）州」。根據嚴州的地理位置來看，嚴州不可能隸屬於容管鎮，而是隸屬於桂管鎮，因此桂管欄的記載才是正確的。

《元和郡縣圖志》記載，邕管鎮轄有八州，其中不含籠州〔註219〕。《讀史

〔註213〕 《資治通鑒》卷二百三十五《貞元十年》，第7562頁。
〔註214〕 《舊唐書》卷四十一《地理志四》，第1741頁。
〔註215〕 （清）董誥等編：《全唐文》卷六百五十七《康昇讓可試太子司議郎知欽州事兼充本州鎮遏使……馮緒可試太子通事舍人知田州事充左江都知兵馬使滕股晉可試右衛率府長史知瀼州事兼充左江都知兵馬使五人同制》，第6688頁。
〔註216〕 （清）顧祖禹：《讀史方輿紀要》卷一百十一《廣西六》，第4975頁。
〔註217〕 《新唐書》卷四十三上《地理志七上》，第725頁。
〔註218〕 （清）顧祖禹：《讀史方輿紀要》卷一百十《廣西五》，第4937頁。
〔註219〕 （唐）李吉甫《元和郡縣圖志》卷三十八《嶺南道五》第945頁記載：邕管經略使「管州八：邕州、貴州、賓州、澄州、橫州、欽州、潯州、巒州」。

方輿紀要》記載：「唐貞觀十二年，清平公李弘節招撫降附，開置籠州。天寶初曰扶南郡，乾元初（758 年）仍為籠州，尋復荒塞。」「唐置籠州，治武勒縣……唐末，沒於蠻。」〔註220〕由此可以看出，籠州已經被少數民族佔據，沒有在邕管鎮的實際管轄下，因此在《元和郡縣圖志》的記載中，邕管鎮沒有轄有籠州。

元和十一年（816年）八月，邕管鎮下轄的賓、巒二州被西原蠻侵佔，直至同年十一月被收復。《新唐書》記載：本年八月，「西原蠻陷賓、巒二州」；「十一月乙丑，邕管經略使韋悅克賓、巒二州。」〔註221〕同書又記載：「又有黃少度、黃昌瓘二部，陷賓、巒二州，據之。（元和）十一年，攻欽、橫二州。邕管經略使韋悅破走之，取賓、巒二州。」〔註222〕《資治通鑒》也記載：元和十一年「十一月，壬戌朔，容管奏黃洞蠻為寇。乙丑，邕管奏擊黃洞蠻，卻之，復賓、蠻〔巒〕等州。」〔註223〕

欽、橫、潯、貴四州從貞元十年（794年）被黃洞蠻佔據，直至元和十二年（817年），容管經略使陽旻才收復四州，四州仍然隸屬於邕管鎮。《新唐書》記載：元和十二年，「是歲，容管經略使陽旻克欽、橫、潯、貴四州。」〔註224〕因此，到元和後期，邕管鎮轄有邕、貴、橫、欽、澄、賓、淳、潯八州。

元和十五年（820年），邕管鎮曾經廢除，其轄區併入容管鎮，直至長慶二年（822年）復置，轄區如故。《方鎮表六》記載：元和十五年，「廢邕管經略使」；長慶二年，「復置邕管經略使」。《資治通鑒》也記載：元和十五年二月，「廢邕管，命容管經略使陽旻兼領之。」長慶二年六月「戊子，復置邕管經略使。」〔註225〕

此後，邕管鎮長期轄有邕、貴、橫、欽、澄、賓、淳、潯八州。

（三）邕管鎮升為嶺南西道之後的轄區沿革

咸通年前後，南詔屢屢入侵邕管和安南地區，甚至一度攻陷邕州。為了防禦南詔，朝廷對嶺南道各藩鎮進行了一系列的調整。

〔註220〕（清）顧祖禹：《讀史方輿紀要》卷一百十《廣西五》，第 4947 頁。
〔註221〕《新唐書》卷七《憲宗本紀》，第 137 頁。
〔註222〕《新唐書》卷二百二十二下《南蠻傳下》，第 4797 頁。
〔註223〕《資治通鑒》卷二百三十九《元和十一年》，第 7725 頁。
〔註224〕《新唐書》卷七《憲宗本紀》，第 138 頁。
〔註225〕《資治通鑒》卷二百四十一《元和十五年》、卷二百四十二《長慶二年》，第 7779、7818 頁。

咸通二年（861 年）七月，南詔入侵邕管，曾經短暫佔據邕州。《資治通鑑》記載：本年「七月，南詔攻邕州，陷之……經略使李弘源至鎮才十日，無兵以御之，城陷，弘源與監軍脫身奔巒州，二十餘日，蠻去，乃還。」〔註226〕

次年五月，朝廷為了防禦南詔的入侵，將邕管經略使升為嶺南西道節度使，增領龔、象、藤、行巖四州。《資治通鑑》記載：咸通三年（862 年）「五月，敕以廣州為東道，邕州為西道，又割桂管龔、象二州，容管藤、巖二州隸邕管。」〔註227〕《新唐書》也記載：「即建析廣州為嶺南東道，邕州為西道，以龔、象、藤、巖為隸州。」〔註228〕《全唐文》也記載：「宜分嶺南為東、西道節度觀察處置等使，以廣州為嶺南東道，邕州為嶺南西道，別擇良吏，付以節旄，其所管八州，俗無耕桑，地極邊遠，近罹盜擾，尤甚凋殘。將盛藩垣，宜添州縣，宜割桂州管內龔州、象州，容州管內藤州、巖州，並隸嶺南西道收管。」〔註229〕《方鎮表六》記載：咸通三年，「升邕管經略使為嶺南西道節度使，增領蒙州。」這條記載存在錯誤，嶺南西道增領的並非蒙州。另外值得注意的是，嶺南西道此時增領的巖州是指行巖州。因為巖州在元和十一年（816 年）被黃洞蠻侵佔，其後朝廷於廉州合浦縣建置行巖州〔註230〕。

咸通四年（863 年）五月，容管鎮被廢除，其所轄的容、白、禺、牢、繡、黨、竇、義、鬱林、順、廉十一州併入嶺南西道。同時，嶺南西道罷領龔、象二州，二州復隸於桂管鎮。對此，《資治通鑑》記載：本年五月，「廢容管，隸嶺南西道，以供軍食，復以龔、象二州隸桂管。」〔註231〕《方鎮表六》將此事置於咸通元年（860 年），是錯誤的。

次年（864 年）七月，朝廷復置容管經略使。關於容管鎮復置之後的轄區，《方鎮表六》記載為：咸通元年，「廢容管觀察使，以所管十一州隸邕管經略使，未幾復置，領州如故」。咸通元年為咸通五年之誤，按此條記載，容管鎮復置之後應該是轄有之前十一州。而《資治通鑑》卻記載為：咸通五年（864 年）七月，「復以容管四州別為經略使」〔註232〕。容管復置之後僅轄有四州，

〔註226〕《資治通鑑》卷二百五十《咸通二年》，第 8095 頁。
〔註227〕《資治通鑑》卷二百五十《咸通三年》，第 8098 頁。
〔註228〕《新唐書》卷二百二十二中《南蠻傳中》，第 4764 頁。
〔註229〕（清）董誥等編：《全唐文》卷八十四《分嶺南為東西道敕》，第 882 頁。
〔註230〕詳見本章第二節《容管鎮的轄區沿革》。
〔註231〕《資治通鑑》卷二百五十《咸通四年》，第 8104 頁。
〔註232〕《資治通鑑》卷二百五十《咸通五年》，第 8110 頁。

這種說法似乎不太可能。但是若容管復置後領有十一州，則藤州對嶺南西道而言又為飛地。因此，在此暫且視容管鎮復置後仍然轄有此前的容、白、禺、牢、繡、黨、竇、義、鬱林、順、廉、藤、行巖十三州〔註233〕。基於以上考述，嶺南西道仍然轄有邕、貴、橫、欽、澄、賓、淳、潯八州。

此後，嶺南西道的轄區基本沒有什麼大的變動，直至唐末。

天復四年（904年），朝廷賜嶺南西道軍號建武軍。對於嶺南西道賜號建武軍的時間，兩《唐書》《方鎮表六》《資治通鑑》等書均無記載，而《讀史方輿紀要》記載：「天復末，亦曰建武軍，葉廣略有其地。五代梁貞明初，為劉巖所併。」〔註234〕

其後，葉廣略據有嶺南西道。後梁貞明初年（915年），嶺南節度使劉龑攻取嶺南西道。至此，嶺南西道成為南漢政權的控制區域。

綜上所述，邕管鎮的轄區沿革可總結如表13-5所示。

表13-5　邕管鎮轄區統計表

| 時　　期 | 轄區總計 | 會　府 | 詳細轄區 |
|---|---|---|---|
| 755年～756年 | 12郡 | 朗寧郡 | 朗寧、懷澤、寧浦、寧越、賀水、安城、修德、招義、永定、臨潭、橫山、扶南 |
| 756年～757年 | 11郡 | 朗寧郡 | 朗寧、懷澤、寧浦、寧越、賀水、安城、修德、永定、臨潭、橫山、扶南 |
| 757年～758年 | 11郡 | 朗寧郡 | 朗寧、懷澤、寧浦、寧越、賀水、嶺方、修德、永定、臨潭、橫山、扶南 |
| 758年～764年<br>770年～780年 | 14州 | 邕州 | 邕、貴、橫、欽、澄、賓、嚴、淳、瀼、田、籠、廉、羅、潘 |
| 780年～785年 | 12州 | 邕州 | 邕、貴、橫、欽、澄、賓、嚴、淳、瀼、田、籠、廉 |
| 785年～約788年 | 13州 | 邕州 | 邕、貴、橫、欽、澄、賓、嚴、淳、瀼、田、籠、廉、潯 |
| 約788年～794年 | 12州 | 邕州 | 邕、貴、橫、欽、澄、賓、嚴、淳、瀼、田、籠、潯 |

〔註233〕郭聲波、郭姝伶：《唐朝嶺南道容管地區行政區劃沿革》，《暨南史學》第六輯，第156頁。此文中認為，容管鎮復置之後仍然轄有前述十三州。

〔註234〕（清）顧祖禹：《讀史方輿紀要》卷六《歷代州域形勢六》，第257頁。

| 794 年～805 年 | 8 州 | 邕州 | 邕、澄、賓、嚴、淳、瀼、田、籠、〔貴、橫、欽、潯〕〔註 235〕 |
| 805 年～806 年 | 5 州 | 邕州 | 邕、澄、賓、嚴、巒、〔貴、橫、欽、潯〕 |
| 806 年～817 年 | 4 州 | 邕州 | 邕、澄、賓、巒、〔貴、橫、欽、潯〕 |
| 817 年～820 年<br>822 年～862 年 | 8 州 | 邕州 | 邕、澄、賓、巒、欽、橫、潯、貴 |
| 862 年～863 年 | 12 州 | 邕州 | 邕、澄、賓、巒、欽、橫、潯、貴、龔、象、藤、行巖 |
| 863 年～864 年 | 21 州 | 邕州 | 邕、澄、賓、巒、欽、橫、潯、貴、藤、行巖、容、白、禺、牢、繡、黨、寶、義、鬱林、順、廉 |
| 864 年～915 年 | 8 州 | 邕州 | 邕、澄、賓、巒、欽、橫、潯、貴 |

## 二、邕管鎮下轄州縣沿革

邕管鎮前期主要轄有邕、貴、橫、欽、澄、賓、嚴、淳、瀼、田、籠、廉、羅、潘十四州，元和之後長期轄有邕、澄、賓、巒、欽、橫、潯、貴八州。這裡對邕、貴、橫、欽、澄、賓、嚴、潯、巒、瀼、田、籠、廉、羅、潘等州的沿革情況進行總結。

### （一）邕管鎮長期轄有的州

邕州：755 年～764 年、770 年～820 年、822 年～915 年屬邕管鎮，為會府。天寶元年（742 年），邕州改為朗寧郡。十四載（755 年），建置邕州管內經略使，治於朗寧郡。乾元元年（758 年），朗寧郡復為邕州。二年（759 年），邕管都防禦經略使升為節度使，上元元年（760 年）降為都防禦經略使。廣德二年（764 年），邕管鎮廢，轄區併入桂管鎮。大曆五年（770 年），復置邕管經略使，仍治於邕州。元和十五年（820 年），邕管鎮又廢，轄區併入容管鎮。長慶二年（822 年），復置邕管經略使，仍治於邕州。咸通二年（861 年），邕州為南詔所陷，繼而收復。三年（862 年），邕管經略使升為嶺南西道節度使。天復四年（904 年），朝廷賜嶺南西道軍號建武軍。

轄有宣化、朗寧、武緣、晉興、如和、思籠、封陵七縣，治於宣化縣。

思籠縣：乾元（758～760 年）後開山洞置，隸於邕州〔註 236〕。

---

〔註 235〕貞元十年（794 年）至元和十二年（817 年）期間，貴、橫、欽、潯四州為黃洞蠻所據，脫離邕管鎮管轄。

〔註 236〕《新唐書》卷四十三上《地理志七上》，第 723 頁。

封陵縣：乾元（758～760 年）後開山洞置，隸於邕州〔註237〕。

貴州：755 年～764 年、770 年～794 年、817 年～820 年、822 年～915 年屬邕管鎮。天寶元年（742 年），貴州改為懷澤郡，十四載（755 年）始隸於邕管鎮，乾元元年（758 年）復為貴州。廣德二年（764 年），邕管鎮廢，貴州改隸於桂管鎮。大曆五年（770 年），復隸於邕管鎮。貞元十年（794 年），貴州被黃洞蠻首領黃少卿攻佔。元和十二年（817 年），收復。元和十五年（820 年），邕管鎮又廢，貴州改隸於容管鎮。長慶二年（822 年），復隸於邕管鎮。咸通三年（862 年），隸於嶺南西道。天復四年（904 年），隸於建武軍。

轄有郁平、懷澤、義山、潮水四縣，治於郁平縣。

賓州：755 年～764 年、770 年～820 年、822 年～915 年屬邕管鎮。天寶元年（742 年），賓州改為安城郡，十四載（755 年）始隸於邕管鎮。至德二載（757 年）九月，安城郡改為嶺方郡，乾元元年（758 年）復為賓州。廣德二年（764 年），邕管鎮廢，賓州改隸於桂管鎮。大曆五年（770 年），復置邕管鎮，賓州復隸於邕管鎮。元和十五年（820 年），邕管鎮又廢，賓州改隸於容管鎮。長慶二年（822 年），復隸於邕管鎮。咸通三年（862 年），隸於嶺南西道。天復四年（904 年），隸於建武軍。

轄有嶺方、琅琊、保城三縣，治於嶺方縣。

保城縣：原為安城縣，至德二載（757 年）改為保城縣〔註238〕。

澄州：755 年～764 年、770 年～820 年、822 年～915 年屬邕管鎮。天寶元年（742 年），澄州改為賀水郡，十四載（755 年）始隸於邕管鎮，乾元元年（758 年）復為澄州。廣德二年（764 年），邕管鎮廢，澄州改隸於桂管鎮。大曆五年（770 年），邕管鎮復置，澄州復隸於邕管鎮。元和十五年（820 年），邕管鎮又廢，澄州改隸於容管鎮，長慶二年（822 年）復隸於邕管鎮。咸通三年（862 年），隸於嶺南西道。天復四年（904 年），隸於建武軍。

轄有上林、無虞、止戈、賀水四縣，治於上林縣。

橫州：755 年～764 年、770 年～794 年、817 年～820 年、822 年～915 年屬邕管鎮。天寶元年（742 年），橫州改為寧浦郡，十四載（755 年）始隸於邕管鎮，乾元元年（758 年）復為橫州。廣德二年（764 年），邕管鎮廢，橫州改隸於桂管鎮。大曆五年（770 年），邕管鎮復置，橫州復隸於邕管鎮。貞元十年

〔註237〕《新唐書》卷四十三上《地理志七上》，第 723 頁。
〔註238〕《新唐書》卷四十三上《地理志七上》，第 723 頁。

（794年），橫州被黃洞蠻首領黃少卿攻佔。元和十二年（817年），收復。元和十五年（820年），邕管鎮又廢，橫州改隸於容管鎮，長慶二年（822年）復隸於邕管鎮。咸通三年（862年），隸於嶺南西道。天復四年（904年），隸於建武軍。

轄有寧浦、樂山、嶺山、從化四縣，治於寧浦縣。

從化縣：原為淳風縣，永貞元年（805年）十二月改為從化縣〔註239〕。

欽州：755年～764年、770年～794年、817年～820年、822年～915年屬邕管鎮。天寶元年（742年），欽州改為寧越郡，十四載（755年）始隸於邕管鎮，乾元元年（758年）復為欽州。廣德二年（764年），邕管鎮廢，欽州改隸於桂管鎮。大曆五年（770年），邕管鎮復置，欽州復隸於邕管鎮。貞元十年（794年），欽州被黃洞蠻首領黃少卿攻佔。元和十二年（817年），收復。元和十五年（820年），邕管鎮又廢，欽州改隸於容管鎮。長慶二年（822年），復隸於邕管鎮。咸通三年（862年），隸於嶺南西道。天復四年（904年），隸於建武軍。

轄有欽江、遵化、內亭、靈山、保京五縣，治於欽江縣。

保京縣：原為安京縣，至德二載（757年）改為保京縣〔註240〕。

潯州：785年～794年、817年～820年、822年～915年屬邕管鎮。潯州原隸於桂管鎮，貞元元年（785年）改隸於邕管鎮。貞元十年（794年），為黃洞蠻所佔據。元和十二年（817年），收復。元和十五年（820年），邕管鎮廢，潯州改隸於容管鎮，長慶二年（822年），復隸於邕管鎮。咸通三年（862年），隸於嶺南西道。天復四年（904年），隸於建武軍。

轄有桂平、皇化、大賓三縣，治於桂平縣。

巒州（淳州）：755年～764年、770年～820年、822年～915年屬邕管鎮。天寶元年（742年），淳州改為永定郡，十四載（755年）始隸於邕管鎮，乾元元年（758年）復為淳州。廣德二年（764年），邕管鎮廢，淳州改隸於桂管鎮。大曆五年（770年），邕管鎮復置，淳州復隸於邕管鎮。永貞元年（805年），淳州改為巒州。元和十五年（820年），邕管鎮又廢，巒州改隸於容管鎮。長慶二年（822年），復隸於邕管鎮。咸通三年（862年），隸於嶺南西道。天復四年（904年），隸於建武軍。

轄有永定、武羅、靈竹三縣，治於永定縣。

---

〔註239〕《新唐書》卷四十三上《地理志七上》，第724頁。
〔註240〕《新唐書》卷四十三上《地理志七上》，第724頁。

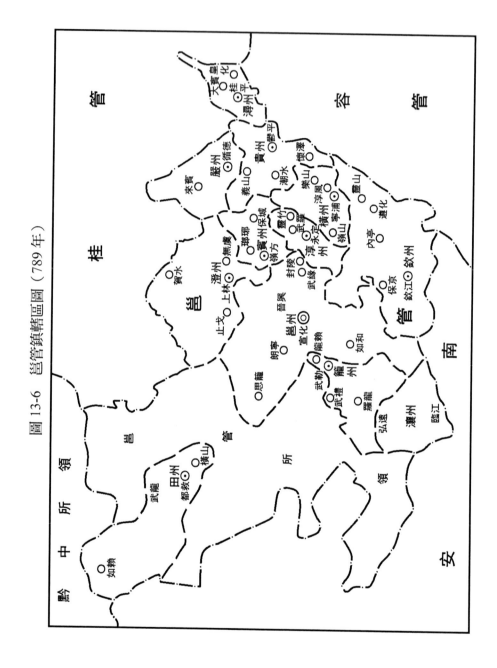

圖 13-6　邕管鎮轄區圖（789 年）

### （二）邕管鎮短期轄有的州

籠州：755 年～764 年、770 年～805 年前屬邕管鎮。天寶元年（742 年），籠州改為扶南郡，十四載（755 年）始隸於邕管鎮，乾元元年（758 年）復為籠州。廣德二年（764 年），邕管鎮廢，籠州改隸於桂管鎮。大曆五年（770 年），邕管鎮復置，籠州復隸於邕管鎮。大約在永貞元年（805 年）前，籠州被少數民族佔據〔註241〕。

轄有武勒、武禮、羅龍、扶南、龍賴、武觀、武江七縣，治於武勒縣。

瀼州：755 年～764 年、770 年～805 年屬邕管鎮。天寶元年（742 年），瀼州改為臨潭郡，十四載（755 年）始隸於邕管鎮，乾元元年（758 年）復為瀼州。廣德二年（764 年），邕管鎮廢，瀼州改隸於桂管鎮。大曆五年（770 年），邕管鎮復置，瀼州復隸於邕管鎮。永貞元年（805 年），瀼州因被少數民族佔據而廢除，後復置，又廢除〔註242〕。

轄有臨江〔註243〕、波零、弘遠、鵠山四縣，治於臨江縣。

田州：755 年～764 年、770 年～805 年屬邕管鎮。天寶元年（742 年），田州改為橫山郡，十四載（755 年）始隸於邕管鎮，乾元元年（758 年）復為田州。廣德二年（764 年），邕管鎮廢，田州改隸於桂管鎮。大曆五年（770 年），邕管鎮復置，田州復隸於邕管鎮。永貞元年（805 年），田州因被少數民族佔據而廢除，後復置，又廢除〔註244〕。

轄有都救、惠佳、武龍、橫山、如賴五縣，治於都救縣。

嚴州：755 年～764 年、770 年～806 年屬邕管鎮。天寶元年（742 年），嚴州改為修德郡，十四載（755 年）始隸於邕管鎮，乾元元年（758 年）復為嚴州。廣德二年（764 年），邕管鎮廢，嚴州改隸於桂管鎮。大曆五年（770 年），復隸於邕管鎮。元和元年（806 年），嚴州改隸於桂管鎮。

轄有循德、來賓二縣，治於循德縣。

廉州：758 年～764 年、770 年～約 788 年屬邕管鎮。廉州原本隸於容管鎮，乾元元年（758 年）改隸於邕管鎮。廣德二年（764 年），邕管鎮廢，廉州

---

〔註241〕詳見本節前文《邕管鎮的轄區沿革》。

〔註242〕詳見本節前文《邕管鎮的轄區沿革》。

〔註243〕臨江縣：郭聲波《中國行政區劃通史・唐代卷》上編第十章《嶺南道》第 708 頁考述，《新唐書》作瀼江，《州郡典》《舊唐書》《太平寰宇記》皆作臨江，據此改。

〔註244〕詳見本節前文《邕管鎮的轄區沿革》。

改隸於桂管鎮。大曆五年（770年），復隸於邕管鎮。大約在貞元四年（788年）之前，廉州改隸於容管鎮〔註245〕。

　　轄有合浦、封山、蔡龍、大廉四縣，治於合浦縣。

　　**潘州**：758年～764年、770年～781年前屬邕管鎮。潘州原隸於嶺南鎮，乾元元年（758年）改隸於邕管鎮。廣德二年（764年），邕管鎮廢，潘州改隸於桂管鎮。大曆五年（770年），復隸於邕管鎮。建中二年（781年）前，潘州改隸於嶺南鎮。

　　轄有茂名、南巴、潘水三縣，治於茂名縣。

　　**羅州**：758年～764年、770年～781年前屬邕管鎮。羅州原隸於嶺南鎮，乾元元年（758年）改隸於邕管鎮。廣德二年（764年），邕管鎮廢，羅州改隸於桂管鎮。大曆五年（770年），復隸於邕管鎮。建中二年（781年）前，羅州改隸於嶺南鎮。

　　轄有廉江、吳川、幹水三縣，治於廉江縣。

# 第五節　安南鎮

　　安南鎮，是建置於嶺南道安南都護府的一個藩鎮，長期保持著經略使的建置。咸通七年（866年），安南經略使升為靜海軍節度使。唐末，安南鎮為曲承裕所據。

　　對於安南鎮的轄區，史籍記載較少，故而很難準確考證。總體而言，安南鎮長期轄有安南都護府和陸、峰、愛、驩、長、武安、演、唐林、武定、諒、郡十一州。

## 一、安南鎮的轄區沿革

　　安南鎮的建置沿革為：安南管內經略使（755～757）─鎮南管內經略使（757～758）─鎮南管內節度使（758～764）─鎮南都防禦觀察經略使（764～766）─安南都防禦觀察經略使（766～790）─安南管內經略觀察使（790～866）─靜海軍節度使（866～905）。

　　安南鎮前期較長時間內轄有安南都護府和陸、峰、愛、驩、長、唐林、武峨、武安、湯、演十州。元和之後，安南鎮長期轄有安南都護府和陸、峰、愛、

---

〔註245〕詳見本節前文《邕管鎮的轄區沿革》。下文中，潘、羅二州沿革出處同此。

驩、長、武安、演、唐林、武定、諒、郡十一州。

## （一）安南鎮建置初期的沿革

安南管內經略使建置於天寶十載（751 年）。《方鎮表六》記載：本年，「置安南管內經略使，領交、陸、峰、愛、驩、長、福祿、芝、武峨、演、武安十一州，治交州。」〔註246〕其中，交州實際上應該稱為安南都護府。《新唐書》記載：「安南中都護府，本交趾郡，武德五年曰交州，治交趾。調露元年曰安南都護府，至德二載曰鎮南都護府，大曆三年復為安南。」〔註247〕由此可見，當時交州已經改為安南都護府。另外，當時全國實行郡縣制，陸、峰、愛、驩、長、福祿、芝、武峨、武安九州分別為玉山郡、承化郡、九真郡、日南郡、文陽郡、福祿郡、忻城郡、武峨郡、武曲郡。

天寶十四載（755 年），安史之亂爆發，此後朝廷逐漸在全國普遍建置藩鎮。本年，朝廷又在嶺南道建置邕管經略使、容管經略使。至此，嶺南道已經建置有桂管、邕管、容管、安南四個經略使。因此，將天寶十四載看作安南鎮成為藩鎮的開始。

至德二載（757 年），安南都護府因避安祿山之諱，改為鎮南都護府。《舊唐書》記載：「至德二年九月，改為鎮南都護府，後為安南府。」〔註248〕因此，安南管內經略使應當隨之改為鎮南管內經略使。

乾元元年（758 年），朝廷改郡為州，安南鎮所轄諸郡都恢復為州。

同年（758 年），朝廷升鎮南管內經略使為鎮南管內節度使。《方鎮表六》記載：乾元元年，「升安南管內經略使為節度使」。《資治通鑒》也記載：乾元元年，「是歲……安南經略使為節度使，領交、陸等十一州。」〔註249〕這兩處記載忽略了安南都護府改為鎮南都護府之事，故而記載為安南節度使。

廣德二年（764 年），鎮南管內節度使降為鎮南都防禦觀察經略使。《方鎮表六》記載：本年，「改安南節度使為鎮南大都護、都防禦、觀察、經略使。」

大曆元年（766 年），鎮南都護府復改為安南都護府。對此，史籍記載不一。《新唐書・地理志七上》記載：「至德二載（757 年）曰鎮南都護府，大曆三年

---

〔註246〕《新唐書》卷六十九《方鎮表六》，第1321～1340頁。下同，不再引注。
〔註247〕《新唐書》卷四十三上《地理志七上》，第730頁。
〔註248〕《舊唐書》卷四十一《地理志四》，第1749頁。
〔註249〕《資治通鑒》卷二百二十《乾元元年》，第7066頁。

復為安南。」〔註250〕《元和郡縣圖志》也記載:「至德二年,改為鎮南都護府,兼置節度,大曆三年,罷節度,置經略使,仍改鎮南為安南都護府。」〔註251〕而《方鎮表六》則記載:大曆元年,「更鎮南曰安南。」《舊唐書》也記載:永泰二年二月「壬辰,鎮南都護依舊為安南都護府」〔註252〕。永泰二年即為大曆元年。由此來看,《新唐書・地理志》《元和郡縣圖志》的記載均誤。鎮南都護府復為安南都護府後,鎮南都防禦觀察經略使也隨之改為安南都防禦觀察經略使。

### (二)安南鎮建置初期的轄區

對於安南鎮建置初期的轄區,史籍卻記載不一。《方鎮表六》《資治通鑒》都記載為十一州,而《舊唐書》卻記載:「安南都護節度使,治安南府,管交、武峨、粵、芝、愛、福祿、長、峰、陸、廉、雷、籠、環、崖、儋、振、瓊、萬安等州。」〔註253〕《方鎮表六》和《資治通鑒》的兩處記載相重合的有交、武峨、芝、愛、福祿、長、峰、陸八州。其中,芝州不可能隸屬於安南鎮。除此之外,不重合的有驩、演、武安、粵、廉、雷、籠、環、崖、儋、振、瓊、萬安十三州。在此,對這十四個州進行討論。

對於芝州,郭聲波、許燕的《唐朝嶺南道桂管地區行政區劃沿革》一文中認為,芝州是隸屬於桂管鎮的,並於乾元二年(759年)降為羈縻州,改稱為芝忻州〔註254〕。在譚其驤的《中國歷史地圖集》中,芝州也位於桂管地區。由此可見,芝州不可能隸屬於安南鎮。

對於驩州,《舊唐書》記載:「驩州,隋日南郡……貞觀初改為驩州……天寶元年改為日南郡,乾元元年復為驩州也。」〔註255〕由此可知,驩州在天寶十四載(755年)存在。《元和郡縣圖志》也記載安南鎮轄有驩州〔註256〕。因此,安南鎮當時轄有驩州。

對於演州,《新唐書》記載:「演州龍池郡……貞觀中廢,廣德二年(764

---

〔註250〕《新唐書》卷四十三上《地理志七上》,第 730 頁。

〔註251〕(唐)李吉甫:《元和郡縣圖志》卷三十八《嶺南道五》,第 956 頁。

〔註252〕《舊唐書》卷十一《代宗本紀》,第 282 頁。

〔註253〕《舊唐書》卷三十八《地理志一》,第 1392 頁。

〔註254〕郭聲波、許燕:《唐朝嶺南道桂管地區行政區劃沿革》,《暨南史學》第七輯,第 422～423 頁。

〔註255〕《舊唐書》卷四十一《地理志四》,第 1754 頁。

〔註256〕《元和郡縣圖志》卷三十八《嶺南道五》第 955 頁記載:「(安南經略使)管州十三:交州,愛州,驩州,峰州,陸州,演州,長州,郡州,諒州,武安州,唐林州,武定州,貢州。」下文未注處皆出於此。

年）析驩州復置。」〔註257〕《讀史方輿紀要》也記載：「又武德五年，置驩州
於咸驩縣。貞觀九年，改曰演州。十六年，省入驩州。廣德二年，復分置演州，
治懷驩縣，即故咸驩縣也。」〔註258〕《元和郡縣圖志》也記載安南鎮轄有演
州。因而，安南鎮當時轄有演州。

　　對於武安州，《舊唐書》記載：「大足元年（701年）四月，置武安州、南
登州，並隸安南府。」〔註259〕《元和郡縣圖志》也記載安南轄有武安州。因
此，安南當時轄有武安州。

　　對於粵州，《讀史方輿紀要》記載：「唐曰粵州，乾封初（666年）曰宜州，
亦曰龍水郡，領龍水等縣四。」〔註260〕同書也記載：「唐武德中，置粵州。乾封
中，改為宜州。天寶初，曰龍水郡。乾元初（758年），復為宜州。唐末，為馬氏
所據。」〔註261〕《新唐書》也記載：「宜州龍水郡，下。唐開置，本粵州，乾封
中更名。」〔註262〕《舊唐書》記載：「粵州下，土地與交州同。唐置粵州，失起
置年月。天寶元年（742年），改為龍水郡。乾元元年（758年），復為粵州。」
〔註263〕《讀史方輿紀要》和《新唐書》都記載，粵州即後來的宜州，而宜州實
則位於桂管境內，《舊唐書》的記載有誤。因此，安南鎮當時不可能轄有粵州。

　　至於籠、環二州，根據以往學者的研究和譚其驤《中國歷史地圖集》中的
地圖來看〔註264〕，環州位於桂管鎮境內，並且距離安南較遠，不可能在安南
鎮轄區內。而籠州則位於邕管境內，也並不隸屬於安南管轄。

　　再說廉、雷、崖、儋、振、瓊、萬安七州。根據《方鎮表六》容管欄記
載，天寶十四載（755年）建置容州管內經略使，其轄區內含有廉州。但是，
同表邕管欄卻記載：乾元元年（758年），「邕州管內經略使兼都防禦使，增
領羅州。」衡州欄記載：上元二年（761年），「羅、潘二州隸邕管觀察使。」
〔註265〕雖然兩處記載的時間不同，但都說明羅、潘二州改隸於邕管鎮。羅、

〔註257〕《新唐書》卷四十三上《地理志七上》，第732頁。
〔註258〕（清）顧祖禹：《讀史方輿紀要》卷五《歷代州域形勢五》，第229頁。
〔註259〕《舊唐書》卷四十一《地理志四》，第1749頁。
〔註260〕（清）顧祖禹：《讀史方輿紀要》卷五《歷代州域形勢五》，第228頁。
〔註261〕（清）顧祖禹：《讀史方輿紀要》卷一百九《廣西四》，第4921頁。
〔註262〕《新唐書》卷四十三上《地理志七上》，第725頁。
〔註263〕《舊唐書》卷四十一《地理志四》，第1751頁。
〔註264〕譚其驤主編：《中國歷史地圖集》第五冊《隋・唐・五代十國時期》，北京：
　　　　中國地圖出版社，1996年，第72～73頁。
〔註265〕《新唐書》卷六十九《方鎮表六》，第1322～1324頁。

潘二州與邕管鎮之間有廉州相隔，羅、潘二州改隸於邕管，若廉州仍然為容管所轄，則羅、潘二州對邕管而言即為飛地。因此，若羅、潘二州改隸於邕管，則廉州也很可能改隸於邕管。但是，《方鎮表六》又記載嶺南鎮轄有雷、崖、儋、振、瓊、萬安六州，若廉、羅、潘三州都隸屬於邕管，則雷、崖、儋、振、瓊、萬安六州對於嶺南鎮而言又是飛地。若以《舊唐書》的記載為確，安南鎮轄有上述六州，且廉、羅、潘三州改隸於安南鎮，而不是改隸於邕管鎮，這樣就可以解決飛地的問題。除了上面提及《舊唐書》的一處記載外，《舊唐書·地理志四》中，將廉、雷、崖、儋、瓊、振、萬安七州置於安南都督府之後，羅、潘二州置於邕州都督府之後〔註266〕。這也間接地說明了安南曾經領有上述七州。基於以上原因，安南鎮建置之初，很可能還轄有廉、羅、潘、雷、崖、儋、振、瓊、萬安九州，其後在建中二年（781年）之前，羅、潘、雷、崖、儋、振、瓊、萬安八州改隸於嶺南鎮，廉州改隸於邕管，在貞元四年（788年）之前廉州又改隸於容管。這只是根據目前所有的記載進行的推測，還有待相關文獻記載的證實。在此且從《方鎮表》所載，以安南鎮未轄有廉、羅、潘、雷、崖、儋、振、瓊、萬安九州。

此外，安南鎮建置之初還曾經轄有山州、湯州。《元和郡縣圖志》記載：「垂拱二年（686年），於此置龍池縣，仍於縣理立山州，廣德二年（764年）廢山州，以縣屬演州。」〔註267〕由此記載可知，山州在安南鎮建置之初依然存在。山州位於愛州與驩州之間，必然隸屬於安南鎮。直至廣德二年（764年），山州被廢除。對於湯州，《方鎮表六》記載，天寶十四載（755年）建置容管經略使，其轄區含有湯州，但湯州距離容管轄區較遠，不可能隸於容管。根據其地理位置來看，湯州當時應該隸屬於安南鎮。

基於以上考述，安南鎮在廣德二年（764年）之時，肯定轄有鎮南都護府、陸、峰、愛、驩、長、唐林、武峨、演、武安、湯十一州。

需要特別說明的是，其中的唐林州，原為福祿州，天寶元年（742年）改為福祿郡，至德二載（757年）因避諱安祿山而改為唐林郡，乾元元年（758年）改為唐林州〔註268〕。對此，《舊唐書》記載：「福祿州……天寶元年改為

〔註266〕《舊唐書》卷四十一《地理志四》，第1741～1742、1758～1765頁。
〔註267〕（唐）李吉甫：《元和郡縣圖志》卷三十八《嶺南道五》，第964頁。
〔註268〕郭聲波：《中國行政區劃通史·唐代卷》上編第十章《嶺南道》，第676～677頁。

福祿郡，至德二載改為唐林郡，乾元元年復為福祿州。」〔註269〕《新唐書》
也記載：「福祿州唐林郡……大足元年更名安武州，至德二載更郡曰唐林，乾
元元年復州故名。」〔註270〕《舊唐書》記載為「乾元元年復為福祿州」，當誤。
在《元和郡縣圖志》的記載中，無福祿州而有唐林州〔註271〕，可證實乾元元
年應改為唐林州。

### （三）安南鎮元和年間的轄區沿革

貞元十八年（802年）十二月，安南鎮下轄的驩、愛二州被環王國侵佔。
《新唐書》記載：本年「十二月，環王陷驩、愛二州。」〔註272〕大約在元和
二年（807年），二州被收復〔註273〕。

《元和郡縣圖志》記載：「（安南經略使）管州十三：交州，愛州，驩州，
峰州，陸州，演州，長州，郡州，諒州，武安州，唐林州，武定州，貢州。」
〔註274〕相比於建置初期，安南鎮的轄區減少了湯、武峨二州，增加了郡、諒、
貢、武定四州。這裡對此六州的情況進行考述。

其中，湯州於元和元年（806年）降為羈縻州，《方鎮表六》容管欄記載：
元和元年，「省湯州」。表中誤列入容管欄，當移入安南欄。

武峨州在元和年間（806年～820年）已經被廢除。《讀史方輿紀要》記
載：「武峨廢縣……天寶初，曰武峨郡。乾元初（758年），復故……後廢於蠻。」
〔註275〕可知武峨州因為被少數民族佔據而被廢除。

郡、諒、武定三州原本為羈縻州，且記載很少〔註276〕。郭聲波《中國
行政區劃通史・唐代卷》認為，貞元六年（790年），郡州由羈縻州升為正州
〔註277〕。該書引《青梅社鐘銘》的記載，貞元十四年有「使持節郡州諸軍
事、郡州刺史、充本州遊弈使、上柱國、賞紫魚袋杜懷碧」，但據此僅可知

〔註269〕《舊唐書》卷四十一《地理志四》，第1754頁。
〔註270〕《新唐書》卷四十三上《地理志七上》，第732頁。
〔註271〕（唐）李吉甫：《元和郡縣圖志》卷三十八《嶺南道五》，第955頁。
〔註272〕《新唐書》卷七《德宗本紀》，第130頁。
〔註273〕宋建瑩：《論唐代安南都護府及其屬州建制的演變》，《西安文理學院學報（社會科學版）》2010年第02期，第14～17頁。
〔註274〕（唐）李吉甫：《元和郡縣圖志》卷三十八《嶺南道五》，第955頁。
〔註275〕（清）顧祖禹：《讀史方輿紀要》卷一百十二《廣西七》，第5013頁。
〔註276〕宋建瑩：《論唐代安南都護府及其屬州建制的演變》，《西安文理學院學報（社會科學版）》2010年第02期，第14～17頁。
〔註277〕郭聲波：《中國行政區劃通史・唐代卷》上編第十章《嶺南道》，第660頁。

郡州升為正州在貞元十四年（798年）之前。對於瓊州、武定州升為正州的具體時間，史料沒有記載，無法進行考證，僅知在元和之前。

貢州僅見於《元和郡縣圖志》的記載，由此來看，貢州建置於元和之前，廢於元和之後。

元和十四年（819年）十月，安南牙將楊清攻陷安南都護府，殺安南都護李象古及其家屬、部眾一千多人。朝廷赦免了楊清，改任為瓊州刺史，又調唐州刺史桂仲武為安南都護。楊清陳兵阻止桂仲武進入安南，但他殘暴不仁，其部眾紛紛向桂仲武歸降。直至元和十五年（820年）三月，安南將士開城歸降，桂仲武入城斬殺楊清。楊清死後，其子楊志烈退往長州鑿溪，不久也力屈而降。

### （四）安南都護府的陷落與收復

咸通年間，南詔多次侵犯安南鎮，兩度攻陷安南都護府。南詔的入侵對安南鎮的轄區也造成了一系列的影響。

咸通元年（860年）十二月，安南都護府被南詔攻陷，直至第二年六月收復。《資治通鑑》記載：本年十二月，「安南土蠻引南詔兵合三萬餘人，乘虛攻交趾，陷之。」咸通二年（861年）六月，「時李鄠自武州收集土軍，攻群蠻，復取安南。」〔註278〕

咸通四年（863年）正月，南詔又一次攻陷安南都護府。《資治通鑑》記載：本年正月，「南詔陷交趾」。同年六月，朝廷廢除安南都護府，在廉州海門鎮建置行交州，七月又以行交州建置安南都護府〔註279〕。同書記載：「六月，廢安南都護府，置行交州於海門鎮；以右監門將軍宋戎為行交州刺史，以康承訓兼領安南及諸軍行營。」七月，「復置安南都護府於行交州，以宋戎為經略使。」〔註280〕

咸通五年（864年），高駢出任安南經略使，至咸通七年（866年）十月收復了安南都護府。《資治通鑑》記載：咸通七年十月，「（高）駢至，復督勵將士攻城，遂克之……南詔遁去。」〔註281〕安南都護府收復之後，海門鎮的行交州隨之被廢除。同年十一月，朝廷升安南經略使為靜海軍節度使。《資治通鑑》又記載：咸通七年十一月，「置靜海軍於安南，以高駢為節度使。」〔註282〕

---

〔註278〕《資治通鑑》卷二百五十《咸通元年》《咸通二年》，第8092、8094頁。

〔註279〕郭聲波、郭姝伶：《唐朝嶺南道容管地區行政區劃沿革》，《暨南史學》第六輯，第173頁。文中考證，行交州實則建置於廉州海門鎮。

〔註280〕《資治通鑑》卷二百五十《咸通四年》，第8102、8105頁。

〔註281〕《資治通鑑》卷二百五十《咸通七年》，第8116頁。

〔註282〕《資治通鑑》卷二百五十《咸通七年》，第8117頁。

　　高駢收復安南之後，安南鎮轄有一府十二州。根據《桂苑筆耕集》記載：
「安南之為府也，巡屬一十二郡（峰、驩、演、愛、陸、長、郡、諒、武定、
武安、蘇茂、虞林），羈縻五十八州。」〔註283〕與元和年間的轄區相比，安南
鎮所轄正州減少了貢州、唐林州，而增加了蘇茂、虞林二州。其中，貢州僅見
於《元和郡縣圖志》有記載，此時已經被廢除。關於虞林州的記載僅見於此，
其他文獻資料都沒有記載，虞林當為唐林之形誤。另外，蘇茂州原本為羈縻州，
升為正州的具體時間不可考，僅知咸通年間已為正州，唐末仍存〔註284〕。

　　從天祐二年（905年）開始，曲承裕開始據有安南鎮，次年被朝廷授為靜
海軍節度使。此後，曲氏長期割據於安南鎮，直至五代時期為南漢所滅。

　　綜上所述，安南鎮各個時期的轄區可總結如表13-6所示。

**表 13-6　安南鎮轄區統計表**

| 時　　間 | 轄區總計 | 會　府 | 詳細轄區 |
|---|---|---|---|
| 755 年～757 年 | 1 府 10 郡 | 安南都護府 | 安南都護府、玉山、承化、九真、日南、文陽、福祿、武峨、武曲、湯泉、龍池 |
| 757 年～758 年 | 1 府 10 郡 | 鎮南都護府 | 鎮南都護府、玉山、承化、九真、日南、文陽、唐林、武峨、武曲、湯泉、龍池 |
| 758 年～764 年 | 1 府 10 州 | 鎮南都護府 | 鎮南都護府、陸、峰、愛、驩、長、唐林、武峨、武安、湯、山 |
| 764 年～766 年 | 1 府 10 州 | 鎮南都護府 | 鎮南都護府、陸、峰、愛、驩、長、唐林、武峨、武安、湯、演 |
| 766 年～798 年前 | 1 府 10 州 | 安南都護府 | 安南都護府、陸、峰、愛、驩、長、唐林、武峨、武安、湯、演 |
| 798 年前～元和前 | 1 府 11 州 | 安南都護府 | 安南都護府、陸、峰、愛、驩、長、唐林、武峨、武安、湯、演、郡 |
| 806 年～元和後 | 1 府 12 州 | 安南都護府 | 安南都護府、陸、峰、愛、驩、長、武安、唐林、武定、演、諒、郡、貢 |
| 元和後～870 年前 | 1 府 11 州 | 安南都護府 | 安南都護府、陸、峰、愛、驩、長、武安、唐林、武定、演、諒、郡 |
| 870 年前～905 年 | 1 府 12 州 | 安南都護府 | 安南都護府、陸、峰、愛、驩、長、武安、唐林、武定、蘇茂、演、諒、郡 |

〔註283〕《桂苑筆耕集》卷十六《補安南錄異圖記》。
〔註284〕郭聲波：《中國行政區劃通史·唐代卷》上編第十章《嶺南道》，第 687 頁。

## 二、安南鎮下轄州縣沿革

安南鎮建置初期轄有安南都護府、陸、峰、愛、驩、長、唐林、武峨、武安、湯、山等州。廣德二年（764 年），罷領山州，增領演州。大約在貞元年間，增領郡州。元和之前，罷領武峨州、湯州，增領諒州、貢州。元和之後，罷領貢州。咸通之前，增領蘇茂州。

### （一）安南鎮長期轄有的州

**安南都護府**：755 年〔註285〕～905 年屬安南鎮，為會府。天寶十載（751年），置安南經略使，治於安南都護府。十四載（755 年），安南經略使成為藩鎮。至德二載（757 年），安南都護府改為鎮南都護府，安南經略使改稱鎮南經略使。乾元元年（758 年），鎮南經略使升為節度使，廣德二年（764 年）降為都防禦觀察經略使。大曆元年（766 年），鎮南都護府改為安南都護府，鎮南都防禦觀察經略使改稱為安南都防禦觀察經略使。貞元六年（790 年），改為安南經略觀察使。咸通元年（860 年）十二月，安南都護府被南詔攻陷，二年（861 年）收復。咸通四年（863 年）正月，安南都護府又為南詔所攻陷。同年六月，置行交州於廉州海門鎮，七月置行安南都護府於行交州。七年（866年）十月，收復安南都護府，廢行安南都護府。同年十一月，升安南經略觀察使為靜海軍節度使。

轄有宋平、交趾、武平、平道、太平、南定、朱鳶、龍編八縣，治於宋平縣。

**陸州**：755 年～905 年屬安南鎮。天寶元年（742 年），陸州改為玉山郡，十載（751 年）始隸於安南經略使，十四載（755 年），隸於安南鎮。乾元元年（758 年），復為陸州。

轄有寧海、烏雷、華清三縣，治於寧海縣。

**武安州**：755 年～905 年屬安南鎮。天寶元年（742 年），武安州改為武曲郡，十載（751 年）始隸於安南經略使，十四載（755 年），隸於安南鎮。乾元元年（758 年），武曲郡復為武安州。

轄有武安、臨江二縣，治於武安縣。

**峰州**：755 年～905 年屬安南鎮。天寶元年（742 年），峰州改為承化郡，十載（751 年）始隸於安南經略使，十四載（755 年），隸於安南鎮。乾元元年（758 年），復為峰州。

〔註285〕 安南經略使建置於天寶十載（751 年），循本書體例，將天寶十四載（755 年）作為安南鎮建置時間。

轄有嘉寧、承化、高山、珠綠四縣，治於嘉寧縣。

嵩山縣：貞元末，省入承化縣〔註286〕。

珠綠縣：貞元末，省入承化縣〔註287〕。

長州：755年～905年屬安南鎮。天寶元年（742年），長州改為文陽郡，十載（751年）始隸於安南經略使，十四載（755年），隸於安南鎮。乾元元年（758年），復為長州。

轄有文陽、銅蔡、長山、其常四縣，治於文陽縣。

愛州：755年～905年屬安南鎮。天寶元年（742年），愛州改為九真郡，十載（751年）始隸於安南經略使，十四載（755年），隸於安南鎮。乾元元年（758年），復為愛州。

轄有九真、安順、日南、無編、崇平、軍寧六縣，治於九真縣。

崇平縣：原為崇安縣，至德二載（757年）改為崇平縣〔註288〕。

軍寧縣：原為軍安縣，至德二載（757年）改為軍寧縣〔註289〕。

演州：764年～905年屬安南鎮。廣德二年（764年），析驩州置演州，隸於安南鎮。

轄有忠義、懷驩、龍池三縣，治於忠義縣。

忠義縣：廣德二年（764年）置，隸於演州〔註290〕。

龍池縣：原隸於山州，廣德二年（764年），山州廢，縣屬演州〔註291〕。

驩州：755年～905年屬安南鎮。天寶元年（742年），驩州改為日南郡，十載（751年）始隸於安南經略使，十四載（755年），隸於安南鎮。乾元元年（758年），復為驩州。

轄有九德、越裳二縣，治於九德縣。

唐林州：755年～905年屬安南鎮。原為福祿州，天寶元年（742年）改為福祿郡。十載（751年），始隸於安南經略使。十四載（755年），隸屬於安南鎮。至德二載（757年），改為唐林郡，乾元元年（758年）改為唐林州。

轄有唐林、柔遠二縣，治於唐林縣。

〔註286〕郭聲波：《中國行政區劃通史·唐代卷》上編第十章《嶺南道》，第681頁。

〔註287〕郭聲波：《中國行政區劃通史·唐代卷》上編第十章《嶺南道》，第681頁。

〔註288〕《新唐書》卷四十三上《地理志七上》，第731頁。

〔註289〕《新唐書》卷四十三上《地理志七上》，第731頁。

〔註290〕（唐）李吉甫：《元和郡縣圖志》卷三十八《嶺南道五》，第964頁。

〔註291〕（唐）李吉甫：《元和郡縣圖志》卷三十八《嶺南道五》，第964頁。

柔遠縣：原為安遠縣，至德二載（757年）改為柔遠縣〔註292〕。

諒州：元和前～905年屬安南鎮。諒州原為羈縻州，元和前升為正州，隸於安南鎮。

轄有文諒、長上二縣，治於文諒縣。

武定州：元和前～905年屬安南鎮。武定州原為羈縻州，元和前升為正州，隸於安南鎮。

轄有扶耶、潭湍二縣，治於扶耶縣。

郡州：798年前～905年屬安南鎮。郡州原為羈縻州，貞元十四年（798年）前〔註293〕，升為正州，隸於安南鎮。

轄有郡口、安樂二縣，治於郡口縣。

### （二）安南鎮短期轄有的州

湯州：755年～806年屬安南鎮。天寶元年（742年），湯州改為湯泉郡〔註294〕，十載（751年）始隸於安南經略使，十四載（755年）隸於安南鎮。乾元元年（758年），復為湯州。元和元年（806年），降為羈縻州。

轄有湯泉、綠水、羅韶三縣，治於湯泉縣。

武峨州：755年～元和前屬安南鎮。天寶元年（742年），武峨州改為武峨郡，十載（751年）始隸於安南經略使，十四載（755年）隸於安南鎮。乾元元年（758年），武峨郡復為武峨州。元和前，降為羈縻州。

轄有武峨、梁山、如馬、武勞、武緣五縣，治於武峨縣〔註295〕。

山州：755年～764年屬安南鎮。天寶元年（742年），山州改為龍池郡，十載（751年）始隸於安南經略使，十四載（755年）隸於安南鎮。乾元元年（758年），復為山州。廣德二年（764年），山州被廢除，轄區併入演州〔註296〕。

轄有龍池、盆山二縣，治於龍池縣。

龍池縣：廣德二年（764年）改隸於演州。

---

〔註292〕郭聲波：《中國行政區劃通史·唐代卷》上編第十章《嶺南道》，第677頁。

〔註293〕郡州由羈縻州升為正州的時間，詳見本節前文《安南鎮的轄區沿革》。

〔註294〕《舊唐書·地理志》作溫泉郡，郭聲波《中國行政區劃通史·唐代卷》上編第十章《嶺南道》第684頁考證為湯泉郡。

〔註295〕郭聲波：《中國行政區劃通史·唐代卷》上編第十章《嶺南道》，第682～683頁。

〔註296〕詳見本節前文《安南鎮的轄區沿革》。

盆山縣：廣德二年（764 年）廢〔註297〕。

貢州：元和年間屬安南鎮。

轄有武興、古都二縣，治於武興縣。

圖 13-7　安南鎮轄區圖（809 年）

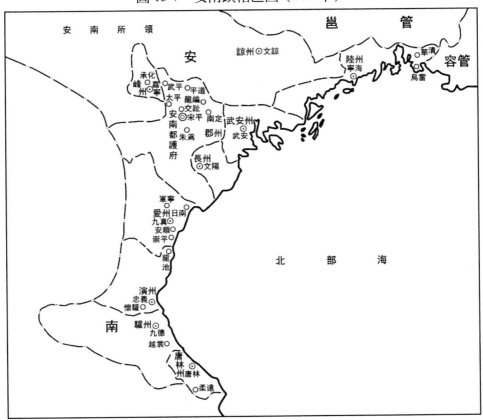

元和年間，安南鎮轄有安南都護府以及陸、峰、愛、長、演、武安、驩、郡、諒、唐
林、武定、貢十二州。（注：本圖主要依據譚其驤先生的《中國歷史地圖集》第五冊《隋
唐五代十國時期》第 72〜73 頁繪製，演、愛、驩等州州界根據羅凱先生的《唐代山州
地望與性質考──兼論嶺南附貢州的建置》（《歷史地理》第二十六輯第 97〜108 頁）一
文進行確定。）

---

〔註297〕龍池、盆山二縣沿革的出處，可參見前文「演州」的沿革。

# 第十四章 隴右道藩鎮

　　隴右道內建置過隴右、秦成、河西、歸義、安西、北庭六個藩鎮。其中，隴右、河西、安西、北庭四鎮均屬於天寶十節度使的範疇，建置時間較早。安史之亂後，隴右道逐漸被吐蕃侵佔，四鎮都因陷落而廢除。唐代後期，隴右道部分州被收復，朝廷以其地建置歸義、秦成（天雄）二鎮，又復置河西鎮。

　　隴右鎮又稱隴西鎮，始置於開元元年（713 年），長期轄有鄯、秦、河、渭、蘭、武、岷、疊、宕、洮、臨、成十二州，治於鄯州。廣德元年（763 年），隴右鎮因轄區被吐蕃侵佔而被廢除。

　　秦成鎮軍號為天雄軍，因而又稱天雄鎮，始置於大中三年（849 年），長期轄有秦、成二州，治於秦州。大約在大順元年（890 年），秦成鎮為鳳翔節度使李茂貞所併。

　　河西鎮是唐代建置最早的藩鎮，始置於景雲二年（711 年），長期轄有涼、甘、肅、瓜、沙五州，治於涼州。建中二年（781 年），河西鎮因陷於吐蕃而被廢除。咸通年間，歸義軍節度使張議潮收復涼州地區，朝廷復建河西鎮。

　　歸義鎮軍號為歸義軍，建置於大中五年（851 年）。歸義軍建立之後，長期受張議潮家族的統治，較長時間內轄有沙、瓜、甘、肅、伊五州，治於沙州。後梁乾化四年（914 年），曹議金家族取代張氏家族，成為歸義軍的統治者。

　　安西鎮又稱磧西鎮，始置於開元二年（714 年），轄區主要為安西都護府，長期轄有龜茲、于闐、疏勒、焉耆四鎮，治於龜茲鎮。大約在貞元年間，安西鎮最終陷落於吐蕃。

　　北庭鎮又稱伊西鎮，始置於先天元年（712 年），其後曾經數度廢置，直至開元二十九年（741 年）最終從安西鎮分出而建置。北庭鎮長期轄有北庭都

護府和伊、西二州，治於北庭都護府。貞元七年（791 年），北庭鎮最終因被吐蕃侵佔而廢除。

　　這一章主要研究隴右道內的隴右、秦成、河西、歸義、安西、北庭六個藩鎮。

# 第一節　隴右、秦成二鎮

　　隴右鎮，又稱隴西鎮，是朝廷建置在隴右道的一個藩鎮。隴右節度使是天寶十大節度使之一，其建置的目的主要是為了防禦吐蕃。安史之亂後，隴右鎮的轄區相繼被吐蕃侵佔。廣德元年（763 年），隴右鎮轄區全部失陷，隴右鎮因此廢除。

　　秦成鎮，軍號天雄軍，因而又稱為天雄鎮，是唐代後期建置於隴右地區的一個藩鎮。大中三年（849 年），朝廷收復秦州，在秦州建置秦成鎮，其後主要轄有秦、成、河、渭、武五州。唐末，秦州藩鎮最終為鳳翔節度使李茂貞所併。

## 一、隴右鎮的轄區沿革

　　隴右鎮建置於開元初期，長期轄有鄯、秦、河、渭、蘭、武、岷、疊、宕、洮、臨、成十二州，治於鄯州。安史之亂後，隴右鎮因為被吐蕃侵佔最終而被廢除。

### （一）隴右鎮的建置及轄區沿革

　　隴右鎮建置的時間較早，始置於開元元年（713 年）。對於隴右鎮的建置時間，史籍記載不一。《唐會要》記載：「隴右節度使，開元元年十二月，鄯州都督陽（楊）矩除隴右節度，自此始有節度之號。至十五年十二月，除張志亮，又兼經略、支度、營田等使，已後為定額。」〔註1〕《資治通鑒》記載：開元二年十二月，「置隴右節度大使，領鄯、奉〔秦〕、河、渭、蘭、臨、武、洮、岷、郭〔廓〕、疊、宕十二州，以隴右防禦副使郭知運為之。」〔註2〕《方鎮表四》則記載為：開元五年，「置隴右節度，亦曰隴西節度，兼隴右道經略大使，領秦、河、渭、鄯、蘭、臨、武、洮、岷、廓、疊、宕十二州，治鄯州。」〔註3〕

　　通過以上記載，隴右鎮的建置時間有開元元年、開元二年、開元五年三種

---

〔註1〕（宋）王溥撰，牛繼清校證：《唐會要校證》卷七十八《諸使中・黜陟使》，第1221～1222 頁。

〔註2〕《資治通鑒》卷二百一十一《開元二年》，第6706～6707 頁。

〔註3〕《新唐書》卷六十七《方鎮表四》，第1256 頁。

說法。王敏在其碩士論文《唐代開元天寶時期十道節度使與中央的關係研究》論證，隴右節度使建置於開元二年〔註4〕。而賴青壽在其博士論文《唐後期方鎮建置沿革研究》以為，開元元年已有楊矩為隴右節度使，可知隴右節度使建置於開元元年〔註5〕。筆者認為，當取開元元年之說。

另外，《資治通鑒》和《方鎮表四》中均記載隴右鎮當時轄有臨州，其實也是錯誤的。隴右道地區先後出現過兩個臨州，但都建置於此後。因此，隴右鎮當時的轄區不含臨州。所謂臨州，應為成州之誤〔註6〕。根據史料記載來看，成州後為隴右鎮轄區。

基於以上考述，隴右鎮建置於開元元年，當時實際上轄有秦、河、渭、鄯、蘭、武、洮、岷、廓、疊、宕、成十二州，治於鄯州。

開元十七年（729年），朝廷廢除洮州，所轄的臨潭等縣改隸於岷州。二十年（732年），朝廷又以臨潭縣建置臨州，仍然隸屬於隴右鎮，至二十七年（739年）復稱洮州。《新唐書》記載：「洮州臨洮郡……開元十七年州廢，以縣隸岷州，二十年復置，更名臨州，二十七年復故名。」〔註7〕

天寶元年（742年），朝廷改州為郡。隴右鎮所轄的鄯州改為西平郡，秦州改天水郡，河州改安鄉郡，渭州改隴西郡，蘭州改金城郡，武州改武都郡，岷州改和政郡，廓州改寧塞郡，疊州改合川郡，宕州改懷道郡，洮州改臨洮郡，成州改同谷郡。

天寶三載（744年），隴右鎮增領狄道郡（臨州）。狄道郡是由原金城郡（蘭州）分置而來。《舊唐書》記載：「臨州……天寶三載，分金城郡（蘭州）置狄道郡。乾元元年，改為臨州都督府」〔註8〕。至此，隴右鎮轄有十三郡。

天寶十三載（754年），隴右節度使哥舒翰上表割西平郡鄯城縣置鄯城郡，又以黃河九曲之地置澆河、洮陽二郡〔註9〕。因此，隴右鎮增領鄯城、澆河、

〔註4〕 王敏：《唐代開元天寶時期十道節度使與中央的關係研究》，碩士學位論文，廈門大學歷史系，2006年，第9～10頁。

〔註5〕 賴青壽：《唐後期方鎮建置沿革研究》第十五章第一節《隴右節度使沿革》，第181頁。

〔註6〕 賴青壽：《唐後期方鎮建置沿革研究》第十五章第一節《隴右節度使沿革》，第181～182頁。

〔註7〕 《新唐書》卷四十《地理志四》，第685頁。

〔註8〕 《舊唐書》卷四十《地理志三》，第1634頁。

〔註9〕 郭聲波：《中國行政區劃通史·唐代卷》上編第十五章《隴右道》，第999、1000、1016頁。

洮陽三郡。

至此，隴右鎮轄有西平、天水、安鄉、隴西、金城、武都、和政、寧塞、合川、懷道、臨洮、狄道、同谷、鄯城、澆河、洮陽十六郡。

### （二）隴右鎮轄區的陷落

安史之亂爆發後，朝廷為了對抗叛軍，將隴右鎮的精兵全部調往關內平叛，只留下老弱殘兵留守隴右地區，從而導致隴右鎮所轄州縣相繼被吐蕃侵佔。

至德元載（756 年），澆河、洮陽二郡和鄯城郡臨蕃縣被吐蕃侵佔。朝廷於是廢除鄯城郡，以鄯城縣復隸於西平郡〔註 10〕。

乾元元年（758 年），朝廷改郡為州，隴右鎮所轄諸郡恢復為州。

同年，廓州被吐蕃攻佔。《元和郡縣圖志》記載：「廓州……乾元元年陷於西蕃」〔註 11〕。

乾元二年（759 年）二月，朝廷建置鳳翔秦隴都防禦使，隴右鎮因此罷領秦州。對此，《舊唐書》記載：「（王）縉尋入拜國子祭酒，改鳳翔尹、秦隴州防禦使」〔註 12〕。《唐刺史考全編》推斷，王縉於乾元二年（759 年）至三年（760 年）間為鳳翔尹〔註 13〕。《舊唐書》又記載：乾元三年二月，「以太子少保崔光遠為鳳翔尹、秦隴節度使」〔註 14〕。由此可知，秦州已改隸於鳳翔鎮。上元元年（760 年），隴右鎮所轄的成州也改隸於鳳翔鎮〔註 15〕。

上元二年（761 年），岷州被吐蕃侵佔。《元和郡縣圖志》記載：「岷州……上元二年因羌叛，陷於西蕃」〔註 16〕。另外，疊、宕、武三州是岷州的屏障，岷州失陷，那麼疊、宕、武三州在此前就應該已經失陷。同年九月，隴右鎮的會府鄯州被吐蕃侵佔。《舊唐書》記載：「上元二年九月，（鄯）州為吐蕃所陷，遂廢。」〔註 17〕

鄯州被吐蕃侵佔之後，隴右鎮逐漸向內部遷移。據《元和郡縣圖志》的記

〔註 10〕郭聲波：《中國行政區劃通史·唐代卷》上編第十五章《隴右道》，第 1000、1016 頁。

〔註 11〕（唐）李吉甫：《元和郡縣圖志》卷三十九《隴右道上》，第 993 頁。

〔註 12〕《舊唐書》卷一百一十八《王縉傳》，第 3416 頁。

〔註 13〕郁賢皓：《唐刺史考全編》卷五《岐州（扶風郡、鳳翔府）》，第 158 頁。

〔註 14〕《舊唐書》卷十《肅宗本紀》，第 258 頁。

〔註 15〕詳見第一章第四節《鳳翔鎮的轄區沿革》。

〔註 16〕（唐）李吉甫：《元和郡縣圖志》卷三十九《隴右道上》，第 995 頁。

〔註 17〕《舊唐書》卷四十《地理志三》，第 1633 頁。

載，寶應元年（762 年），蘭、河、臨三州被吐蕃侵佔〔註18〕。廣德元年（763
年），洮、渭二州被吐蕃攻陷〔註19〕。至此，隴右鎮的轄區全部失陷，隴右鎮
實際已經覆滅。

　　上元二年，鄯州被吐蕃侵佔後，朝廷以鳳翔秦隴節度使李鼎兼領隴右節度
使。此後，隴右、鳳翔節度使實際已經合併。直至大曆十二年（777 年），分置
隴右節度使。大曆十四年（779 年），隴右節度使與鳳翔合併。貞元四年（788
年），又分置隴右節度使，治於涇州良原縣。貞元九年（793 年），隴右、鳳翔
節度使又合併。貞元十一年（795 年），建置隴右經略使，治於鳳翔府普潤縣，
元和元年（806 年）升為保義軍節度使。元和二年（807 年），廢除保義軍節度
使。此後，鳳翔節度使循例兼領隴右節度使〔註20〕。

　　儘管廣德元年之後仍存隴右節度使的建置，但隴右鎮實際已經名存實亡。
大曆十二年後，雖然幾度建置隴右鎮，但已不再是隴右道藩鎮，而是屬於京畿
道的範疇。

　　綜上所述，隴右鎮的轄區沿革可總結如表 14-1 所示。

## 表 14-1　隴右鎮轄區統計表

| 時　　期 | 轄區總計 | 會　府 | 詳細轄區 |
| --- | --- | --- | --- |
| 713 年～729 年 | 12 州 | 鄯州 | 鄯、秦、河、渭、蘭、武、洮、岷、廓、疊、宕、成 |
| 729 年～732 年 | 11 州 | 鄯州 | 鄯、秦、河、渭、蘭、武、岷、廓、疊、宕、成 |
| 732 年～739 年 | 12 州 | 鄯州 | 鄯、秦、河、渭、蘭、武、岷、廓、疊、宕、成、臨 |
| 739 年～742 年 | 12 州 | 鄯州 | 鄯、秦、河、渭、蘭、武、岷、廓、疊、宕、成、洮 |
| 742 年～744 年 | 12 郡 | 西平郡 | 西平、天水、安鄉、隴西、金城、武都、和政、寧塞、合川、懷道、同谷、臨洮 |
| 744 年～754 年 | 13 郡 | 西平郡 | 西平、天水、安鄉、隴西、金城、武都、和政、寧塞、合川、懷道、同谷、臨洮、狄道 |

〔註18〕　（唐）李吉甫：《元和郡縣圖志》卷三十九《隴右道上》，第 986、988、1002
　　　　頁。
〔註19〕　（唐）李吉甫：《元和郡縣圖志》卷三十九《隴右道上》，第 982、997 頁。
〔註20〕　本段沿革，詳見第一章第四節《鳳翔鎮的轄區沿革》。

| 754 年～756 年 | 16 郡 | 西平郡 | 西平、天水、安鄉、隴西、金城、武都、和政、寧塞、合川、懷道、同谷、臨洮、狄道、鄯城、澆河、洮陽 |
| 756 年～758 年 | 13 郡 | 西平郡 | 西平、天水、安鄉、隴西、金城、武都、和政、寧塞、合川、懷道、同谷、臨洮、狄道 |
| 758 年～759 年 | 12 州 | 鄯州 | 鄯、秦、河、渭、蘭、武、岷、疊、宕、成、洮、臨 |
| 759 年～760 年 | 11 州 | 鄯州 | 鄯、河、渭、蘭、武、岷、疊、宕、成、洮、臨 |
| 760 年～761 年 | 10 州 | 鄯州 | 鄯、河、渭、蘭、武、岷、疊、宕、洮、臨 |
| 761 年～762 年 | 5 州 | — | 河、渭、蘭、洮、臨 |
| 762 年～763 年 | 2 州 | — | 渭、洮 |

## 二、秦成鎮的轄區沿革

秦州，原本是隴右道的一個州，安史之亂時曾經隸屬於鳳翔鎮。寶應元年（762 年），秦州被吐蕃攻佔。貞元十年（794 年），朝廷在鳳翔府普潤縣建置行秦州，以其隸於鳳翔鎮。元和元年（806 年）至二年（807 年），朝廷曾經建置保義軍於行秦州[註21]。大中三年（849 年），朝廷收復秦州，以秦州建置秦成鎮，軍號天雄軍。從地理區域的角度來講，秦成鎮的轄區曾經都是隴右鎮的轄區，因而秦成鎮其實可以看作隴右鎮的延續。

秦成鎮建置初期轄有秦州、行成州，治於秦州，其後增領河、渭、武三州，收復成州，因而轄有秦、成、河、渭、武五州。廣明之後，失去河、渭、武三州。約光啟二年（886 年），又失去成州。約大順元年（890 年），秦州藩鎮最終被鳳翔節度使李茂貞兼併。

秦成鎮天雄軍的建置沿革為：秦成兩州經略使（849～850、852～863）——天雄軍節度使（863～約 890）。

### （一）秦成鎮天雄軍的建置

大中三年（849 年），吐蕃發生內亂，吐蕃將領論恐熱以秦、原、安樂三州歸降唐朝。《資治通鑒》記載：本年二月，「吐蕃秦、原、安樂三州及石門等七關來降」[註22]。《舊唐書》也記載：本年正月，「吐蕃宰相論恐熱以秦、原、

---

[註21] 保義軍的建置在第一章第四節《鳳翔鎮的轄區沿革》中已經論及，因其存在時間極短，在此不再累述。

[註22] 《資治通鑒》卷二百四十八《大中三年》，第 8037 頁。

安樂三州及石門等七關之兵民歸國」〔註23〕。朝廷於是在秦州建置一個藩鎮，轄有秦、行成二州。《方鎮表四》記載：本年，「升秦州防禦守捉使為秦成兩州經略、天雄軍使。」〔註24〕

　　實際上，成州尚在吐蕃的佔領之下，秦成鎮所領的是行成州。《新唐書》記載：「成州……寶應元年（762年）沒吐蕃，貞元五年（789年），於同谷之西境泥公山權置行州，咸通七年復置，徙治寶井堡，後徙治同谷」〔註25〕。由此記載可知，成州復置於咸通七年（866年）。

　　大中四年（850年），朝廷廢除秦成經略使，秦州改隸於鳳翔鎮，行成州改隸於山南西道。《資治通鑒》記載：本年「二月，以秦州隸鳳翔。」〔註26〕《方鎮表一》也記載：本年，鳳翔節度使「增領秦州」。劉冬先生在《論唐代後期的天雄軍節度使府》一文中據此二條記載認為，秦成經略使在大中四年被廢除，秦州改隸於鳳翔鎮，行成州改隸於山南西道〔註27〕。

　　大中六年（852年）正月，朝廷復置秦成經略使，仍轄秦州和行成州。對於秦成鎮復置於何時，史料沒有明確記載。根據《舊唐書》記載：「（大中）六年春正月戊辰，以隴州防禦使薛逵為秦州刺史、天雄軍使，兼秦成兩州經略使。」〔註28〕劉冬先生據此認為，秦成經略使復置於大中六年〔註29〕。

　　基於以上考述，秦成鎮建置於大中三年，大中四年廢，大中六年復置，初期轄有秦州和行成州。

## （二）秦成鎮的轄區沿革

　　對於秦成鎮的轄區沿革情況，《方鎮表》記載較少，且存在一些錯誤。

　　咸通四年（863年）二月，朝廷升秦成兩州經略使為天雄軍節度使，並增領河、渭二州。《資治通鑒》記載：本年二月，「置天雄軍於秦州，以成、河、渭三州隸焉，以前左金吾將軍王晏實為天雄觀察使。」〔註30〕同書又記載：大

---

〔註23〕《舊唐書》卷十八下《宣宗本紀》，第621～622頁。
〔註24〕《新唐書》卷六十七《方鎮表四》，第1275～1286頁。下文同，不再引注。
〔註25〕《新唐書》卷四十《地理志四》，第680頁。
〔註26〕《資治通鑒》卷二百四十九《大中四年》，第8042頁。
〔註27〕劉冬：《論唐代後期的天雄軍節度使府》，《乾陵文化研究》2012年第七輯，第265頁。
〔註28〕《舊唐書》卷十八下《宣宗本紀》，第630頁。
〔註29〕劉冬：《論唐代後期的天雄軍節度使府》，《乾陵文化研究》2012年第七輯，第265頁。
〔註30〕《資治通鑒》卷二百五十《咸通四年》，第8104頁。

中十一年，「先是，吐蕃酋長尚延心以河、渭二州部落來降，拜武衛將軍。」〔註31〕《全唐文》卷九百六十二《授王安〔晏〕實天雄軍節度使制》記載：「正議大夫、前守右金吾將軍、上柱國、太原縣開國男、食邑三百戶、賜紫金魚袋王安〔晏〕實……可起復忠武將軍、守金吾衛將軍、兼秦州刺史、御史大夫、充天雄軍節度、秦城〔成〕河渭等州營田觀察處置押蕃落等使。」〔註32〕由上述記載可知，在大中十一年（857 年）之前，尚延心就以河、渭二州歸附唐朝，可知秦成鎮並非虛領二州。

咸通五年（864 年），秦成鎮增領武州。《方鎮表四》記載：本年，「升秦成兩州經略、天雄軍使為天雄軍節度、觀察、處置、營田、押蕃落等使，增領階州」。階州是武州的誤寫，當時還未改為階州。據《新唐書》記載：「階州武都郡，下。本武州，因沒吐蕃，廢。大曆二年復置為行州。咸通中始得故地，龍紀初（889 年）遣使招葺之，景福元年（892 年）更名，治皋蘭鎮。」〔註33〕因此，秦成鎮當時增領的是武州，而非階州。

咸通七年（866 年），復置成州，廢除行成州，秦成鎮領有成州〔註34〕。

廣明元年（880 年），渭、河、武三州被吐蕃攻陷。據《新唐書·地理志一》記載：「渭州，元和四年以原州之平涼縣置行渭州，廣明元年為吐蕃所破。」〔註35〕此時被吐蕃攻破的應該是渭州，不可能是行渭州。正是因為渭州再次淪陷，所以在中和四年（884 年），涇原鎮才會在原州平涼建置渭州。《新唐書》又記載：「渭州……中和四年，涇原節度使張鈞表置。」〔註36〕河州位於渭州之西，渭州被攻破，河州也必然淪陷。

另外，與渭、河二州一起被吐蕃侵佔的應該還有武州。除了上文已經提及的關於武州的記載外，《新唐書·地理志一》又記載：「武州……中和四年僑治潘原。」〔註37〕潘原的行武州隸屬於涇原鎮，其建置也必然在武州失陷的情況下。按其建置時間與行渭州是在同一年，其失陷也應該與行渭州一樣在廣明元年（880 年）。

〔註31〕《資治通鑒》卷二百四十九《大中十一年》，第 8064 頁。
〔註32〕（清）董誥等編：《全唐文》卷九百六十二有《授王安〔晏〕實天雄軍節度使制》，第 9988 頁。
〔註33〕《新唐書》卷四十《地理志四》，第 685 頁。
〔註34〕詳見前文所引《新唐書》的記載。
〔註35〕《新唐書》卷三十七《地理志一》，第 637 頁。
〔註36〕《新唐書》卷三十七《地理志一》，第 637 頁。
〔註37〕《新唐書》卷三十七《地理志一》，第 637 頁。

　　大約在光啟二年（886年），成州被楊晟佔據。《資治通鑑》記載：光啟二年「七月，王行瑜進攻興州，感義節度使楊晟棄鎮走，據文州。」〔註38〕同書又記載：文德元年，「初，感義節度使楊晟既失興、鳳，走據文、龍、成、茂四州。」〔註39〕直到文德元年（888年），朝廷以楊晟為彭州威戎軍節度使，將成州劃歸其治下。《方鎮表四》記載：文德元年，「成州隸威戎軍節度」。至此，秦成鎮的轄區僅剩秦州，因而應該改稱為秦州鎮。

　　龍紀元年（889年），武州被收復，但似乎已經不在秦州鎮的實際控制之下。上文提及，《新唐書》記載：「階州武都郡，下。本武州，因沒吐蕃，廢……咸通中始得故地，龍紀初（889年）遣使招葺之，景福元年（892年）更名，治皋蘭鎮。」〔註40〕由此可知，武州被收復。但秦、武二州之間有成州相隔，成州當時被楊晟佔據，武州也應在楊晟的掌控下。

　　大約在大順元年（890年），秦州被鳳翔節度使李茂貞兼併。《資治通鑑》記載：景福元年正月，「鳳翔李茂貞、靜難王行瑜、鎮國韓建、同州王行約、秦州李茂莊五節度使上言，楊守亮匿叛臣復恭，請出軍討之，乞加茂貞山南西道招討使。」〔註41〕由此記載可知，秦州在景福元年（892年）正月之前已經被李茂貞兼併。《唐方鎮年表》將李茂莊始任秦州的時間置於大順元年（890年）〔註42〕。

　　綜上所述，秦成鎮的轄區沿革可總結如表14-2所示。

表14-2　秦成鎮轄區統計表

| 時　期 | 轄區總計 | 會　府 | 詳細轄區 |
|---|---|---|---|
| 849年～850年<br>852年～863年 | 2州 | 秦州 | 秦、行成 |
| 863年～864年 | 4州 | 秦州 | 秦、行成、河、渭 |
| 864年～866年 | 5州 | 秦州 | 秦、行成、河、渭、武 |
| 866年～880年 | 5州 | 秦州 | 秦、成、河、渭、武 |
| 880年～886年 | 2州 | 秦州 | 秦、成 |
| 886年～890年 | 1州 | 秦州 | 秦 |

〔註38〕《資治通鑑》卷二百五十六《光啟二年》，第8338頁。
〔註39〕《資治通鑑》卷二百五十七《文德元年》，第8382頁。
〔註40〕《新唐書》卷四十《地理志四》，第685頁。
〔註41〕《資治通鑑》卷二百五十九《景福元年》，第8424頁。
〔註42〕吳廷燮：《唐方鎮年表》卷八《天雄》，第1213頁。

## 三、隴右、秦成二鎮下轄州縣沿革

隴右鎮較長時間內轄有鄯、秦、河、渭、蘭、武、岷、疊、宕、洮、臨、廓、成等十三州，還短暫轄有鄯城、澆河、洮陽三郡。

大中三年（849 年），秦成鎮建置以後，最初轄有秦州、行成州，其後增領河、渭、武三州，收復成州，因而轄有秦、成、河、渭、武五州。廣明之後，逐漸失去河、渭、武、成四州，僅轄有秦州。

### （一）隴右鎮長期轄有的州郡

**鄯州（西平郡）：** 713 年～761 年屬隴右鎮，為會府。開元元年（713 年），建置隴右節度使（後又稱隴西節度使），治於鄯州。天寶元年（742 年），鄯州改為西平郡，乾元元年（758 年）復為鄯州。上元二年（761 年）九月，鄯州被吐蕃侵佔。咸通二年（861 年），歸義軍收復鄯州〔註43〕。咸通四年（863 年），鄯州改隸於河西鎮。廣明元年（880 年）之後，鄯州失陷〔註44〕。

轄有湟水、鄯城、龍支三縣，治於湟水縣。

**鄯城縣：** 天寶十三載（754 年），隴右節度使哥舒翰上表以鄯城縣置鄯城郡。至德元載（756 年），鄯城郡廢，鄯城縣復隸於西平郡〔註45〕。

**蘭州（金城郡）：** 713 年～762 年屬隴右鎮。開元元年（713 年），蘭州始隸於隴右鎮。天寶元年（742 年），改為金城郡。乾元元年（758 年），復為蘭州。寶應元年（762 年），陷於吐蕃。

轄有五泉、廣武二縣，治於五泉縣。

**廓州（寧塞郡）：** 713 年～758 年屬隴右鎮。開元元年（713 年），廓州始隸於隴右鎮。天寶元年（742 年），改為寧塞郡。乾元元年（758 年）〔註46〕，復為廓州，同年陷於吐蕃。

轄有化成、達化、米川三縣，治於化成縣。

**化成縣：** 原為化隆縣，先天元年（712 年）避玄宗諱改為化成縣，天寶元年（742 年）改為廣威縣〔註47〕，乾元元年（758 年）陷於吐蕃。

〔註43〕鄭炳林：《晚唐五代歸義軍疆域演變研究》，《歷史地理》第十五輯，上海：上海人民出版社，1999 年，第 62～63 頁。

〔註44〕詳見本章第二節《河西鎮的轄區沿革》。

〔註45〕郭聲波：《中國行政區劃通史‧唐代卷》上編第十五章《隴右道》，第 999 頁。

〔註46〕郭聲波《中國行政區劃通史‧唐代卷》上編第十五章《隴右道》第 998 頁作上元元年（760 年），在此依《元和郡縣圖志》記載，作乾元元年（758 年）。

〔註47〕《新唐書》卷四十《地理志四》，第 686 頁。

臨州（狄道郡）：744 年～762 年屬隴右鎮。天寶三載（744 年），朝廷分金城郡建置狄道郡，隸於隴右鎮。乾元元年（758 年），狄道郡改為臨州。寶應元年（762 年），陷於吐蕃。

轄有狄道、長樂二縣，治於狄道縣。

長樂縣：天寶初置安樂縣，乾元（758～760 年）後改為長樂縣〔註48〕。

洮州（臨洮郡）：713 年～729 年、732 年～763 年屬隴右鎮。開元元年（713 年），洮州始隸於隴右鎮。十七年（729 年），洮州廢，臨潭等縣改隸於岷州。二十年（732 年），復於臨潭縣建置臨州，至二十七年（739 年）改為洮州。天寶元年（742 年），改為臨洮郡。乾元元年（758 年），復為洮州。廣德元年（763 年），陷於吐蕃。

轄有臨潭、美相、密恭三縣，治於臨潭縣。

美相縣：天寶元年（742 年），省入臨潭縣〔註49〕。

岷州（和政郡）：713 年～761 年屬隴右鎮。開元元年（713 年），岷州始隸於隴右鎮。天寶元年（742 年），改為和政郡。乾元元年（758 年），復為岷州。上元二年（761 年），陷於吐蕃。

轄有溢樂、祐川、和政三縣，治於溢樂縣。

疊州（合川郡）：713 年～761 年屬隴右鎮。開元元年（713 年），疊州始隸於隴右鎮。天寶元年（742 年），改為合川郡。乾元元年（758 年），復為疊州，上元二年（761 年），陷於吐蕃。

轄有合川、常芳二縣，治於合川縣。

宕州（懷道郡）：713 年～761 年屬隴右鎮。開元元年（713 年），宕州始隸於隴右鎮。天寶元年（742 年），改為懷道郡。乾元元年（758 年），復為宕州。上元二年（761 年），陷於吐蕃。

轄有懷道、良恭二縣，治於懷道縣。

### （二）秦成鎮主要轄有的州

秦州（天水郡）：713 年～759 年屬隴右鎮，849 年～850 年、852 年～890 年屬秦成鎮。開元元年（713 年），秦州始隸於隴右鎮。天寶元年（742 年），改為天水郡。乾元元年（758 年），復為秦州。乾元二年（759 年），改隸於鳳翔鎮。寶應二年（763 年），秦州陷於吐蕃，置行秦州，仍隸於鳳翔

---

〔註48〕《新唐書》卷四十《地理志四》，第 685 頁。

〔註49〕郭聲波：《中國行政區劃通史·唐代卷》上編第十五章《隴右道》，第 1010 頁。

鎮。貞元十年（794年），行秦州治於鳳翔府普潤縣。元和元年（806年），置保義軍節度使於行秦州。二年（807年），廢保義軍節度使及行秦州〔註50〕。大中三年（849年），收復秦州，徙州治於成紀縣，置秦成兩州經略使，治於秦州。大中四年（850年），廢秦成兩州經略使，秦州改隸於鳳翔鎮〔註51〕。大中六年（852年），復置秦成兩州經略使，仍治於秦州。咸通四年（863年），秦成經略使升為天雄軍節度使。約大順元年（890年），秦州藩鎮為鳳翔節度使李茂貞所併。

轄有上邽、伏羌、隴城、清水、成紀、長道六縣，治於上邽縣。

成紀縣：《新唐書》記載：「秦州……開元二十二年以地震徙治成紀之敬親川，天寶元年還治上邽，大中三年復徙治成紀。」〔註52〕

長道縣：原隸成州，寶應二年（763年）陷吐蕃。咸通十三年（872年）分同谷縣置長道縣，改隸於秦州，仍治長道城〔註53〕。

清水縣：大中二年（848年）收復，隸於鳳翔鎮〔註54〕。大中三年（849年）秦州收復，清水縣隸於秦州。

成州（同谷郡）：713年～760年屬隴右鎮，849年～850年、852年～886年屬秦成鎮。開元元年（713年），成州始隸於隴右鎮。天寶元年（742年），改為同谷郡，乾元元年（758年），復為成州。上元元年（760年），改隸於鳳翔鎮。寶應元年（762年）〔註55〕，陷於吐蕃。貞元五年（789年），置行成州〔註56〕於同谷縣西境泥公山，隸於山南西道。大和（827年～835年）初，徙

---

〔註50〕郭聲波先生《中國行政區劃通史·唐代卷》上編第一章《京畿》第61頁認為，行秦州的存在時間為貞元十年（794年）至大中三年（849年）。根據第一章第四節《鳳翔鎮的轄區沿革》考述，寶應二年（763年）秦州陷落之後即置行秦州，至元和二年（807年）廢。

〔註51〕大中四年（850年）廢秦成兩州經略使之事，郭聲波《中國行政區劃通史·唐代卷》上編第十五章《隴右道》第1001頁失考，詳見前文考述。

〔註52〕《新唐書》卷四十《地理志四》，第683頁。

〔註53〕郭聲波：《中國行政區劃通史·唐代卷》上編第十五章《隴右道》，第1005頁。

〔註54〕《資治通鑒》卷二百四十八《大中二年》第8036～8037頁記載：「十二月，鳳翔節度使崔琪奏破吐蕃，克清水。清水先隸秦州，詔以本州未復，權隸鳳翔。」

〔註55〕郭聲波《中國行政區劃通史·唐代卷》上編第十五章《隴右道》第1005頁做寶應二年（763年），在此作寶應元年（762年），詳見第一章第四節《鳳翔鎮的轄區沿革》。

〔註56〕郭聲波《中國行政區劃通史·唐代卷》上編第十五章《隴右道》第1005頁作「成州」，有誤。

州治於上祿縣。大中三年（849 年），行成州改隸於秦成鎮，大中四年（850 年）改隸於山南西道，大中六年（852 年）復隸於秦成鎮。咸通七年（866 年），復置成州，治於同谷縣，廢行成州。約光啟二年（886 年），成州被感義節度使楊晟奪取。

　　轄有上祿、長道、同谷、漢源四縣，治於上祿縣〔註57〕。

　　漢源縣：天寶後，析長道縣置漢源縣，隸於成州〔註58〕，寶應元年（762年）陷於吐蕃。

　　同谷縣：寶應元年（762 年）陷吐蕃，貞元五年（789 年），復置同谷縣於泥公山。長慶三年（823 年），徙治於寶井堡。咸通十三年（872 年），還治於建安城〔註59〕。

　　上祿縣：寶應元年（762 年）陷吐蕃，大和初復置，治於駱谷城。咸通七年（866 年），省入同谷縣〔註60〕。

　　**河州（安鄉郡）**：713 年～761 年屬隴右鎮，863 年～880 年屬秦成鎮。開元元年（713 年），河州始隸於隴右鎮。天寶元年（742 年），改為安鄉郡。乾元元年（758 年），復為河州。上元二年（761 年），陷於吐蕃。大中十一年（857年）前收復〔註61〕。咸通四年（863 年），隸於秦成鎮。廣明元年（880 年），又陷於吐蕃。

　　轄有枹罕、鳳林、大夏三縣，治於枹罕縣。

　　**渭州（隴西郡）**：713 年～763 年屬隴右鎮，863 年～880 年屬秦成鎮。開元元年（713 年），渭州始隸於隴右鎮。天寶元年（742 年），改為隴西郡。乾元元年（758 年），復為渭州。廣德元年（763 年），陷於吐蕃。大中十一年（857年）前收復〔註62〕。咸通四年（863 年），隸於秦成鎮。廣明元年（880 年），

〔註57〕郭聲波：《中國行政區劃通史・唐代卷》上編第十五章《隴右道》，第 1005頁。

〔註58〕郭聲波：《中國行政區劃通史・唐代卷》上編第十五章《隴右道》，第 1005頁。

〔註59〕郭聲波：《中國行政區劃通史・唐代卷》上編第十五章《隴右道》，第 1005～1006 頁。

〔註60〕郭聲波：《中國行政區劃通史・唐代卷》上編第十五章《隴右道》，第 1005頁。

〔註61〕郭聲波《中國行政區劃通史・唐代卷》上編第十五章《隴右道》第 996 頁失考。

〔註62〕郭聲波《中國行政區劃通史・唐代卷》上編第十五章《隴右道》第 1007 頁失考。

又陷於吐蕃。

轄有襄武、渭源、鄣、隴西四縣，治於襄武縣。

**武州（武都郡）**：713 年～761 年屬隴右鎮，864 年～890 年屬秦成鎮。開元元年（713 年），武州始隸於隴右鎮。天寶元年（742 年），改為武都郡。乾元元年（758 年），復為武州。上元二年（761 年）〔註63〕，陷於吐蕃。咸通五年（864 年），收復，隸於秦成鎮。

轄有將利、覆津、盤堤三縣，治於將利縣。

盤堤縣：沒蕃後不復置。

### （三）隴右鎮短期轄有的州郡

**鄯城郡**：754 年～756 年屬隴右鎮。天寶十三載（754 年），隴右節度使哥舒翰上表以西平郡鄯城縣置鄯城郡，隸於隴右鎮。至德元載（756 年），郡廢，鄯城縣復隸於西平郡。

轄有鄯城、臨蕃二縣，治於鄯城縣。

臨蕃縣：天寶十三載（754 年）分鄯城縣置臨蕃縣，治於臨蕃城，隸於鄯城郡。至德元載（756 年），吐蕃陷臨蕃縣〔註64〕。

**澆河郡**：754 年～756 年屬隴右鎮。天寶十三載（754 年），隴右節度使哥舒翰上表以去年所收黃河九曲之地置澆河郡及宛秀軍，治於宛秀城，隸於隴右鎮。至德元載（756 年），沒於吐蕃〔註65〕。

**洮陽郡**：754 年～756 年屬隴右鎮。天寶十三載（754 年），隴右節度使哥舒翰上表以去年所收黃河九曲之地置洮陽郡及神策軍，治於洮陽城，隸於隴右鎮。至德元載（756 年），沒於吐蕃〔註66〕。

---

〔註63〕郭聲波《中國行政區劃通史·唐代卷》上編第十五章《隴右道》第 1012 頁做寶應二年（763 年），在此作上元二年（761 年），詳見前文。

〔註64〕郭聲波：《中國行政區劃通史·唐代卷》上編第十五章《隴右道》，第 1000 頁。

〔註65〕郭聲波：《中國行政區劃通史·唐代卷》上編第十五章《隴右道》，第 1000 頁。

〔註66〕郭聲波：《中國行政區劃通史·唐代卷》上編第十五章《隴右道》，第 1016 頁。

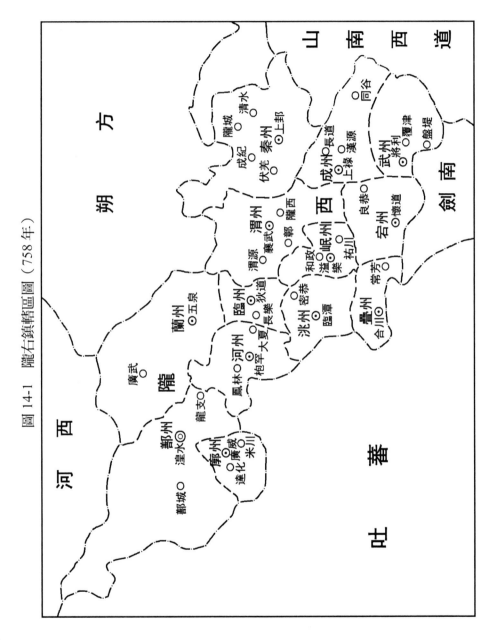

圖 14-1　隴右鎮轄區圖（758 年）

圖 14-2　秦成鎮轄區圖（881 年）

## 第二節　河西、歸義二鎮

　　河西鎮，是建置在涼州的一個藩鎮，也是天寶年間十大藩鎮之一。河西鎮始建於景雲二年（711 年），其建置主要是為了防禦吐蕃、突厥。安史之亂後，河西鎮因被吐蕃侵佔而被廢除。咸通二年（861 年），張議潮收復涼州。咸通四年（863 年），朝廷以涼州重建河西節度使，以涼、鄯、蘭等州隸之。唐末，河西鎮最終脫離大唐朝廷的控制。

　　歸義軍，是唐後期建置於沙州的一個藩鎮。歸義軍形成於大中二年（848年），大中五年（851）正式建立。此後，張議潮家族長期據有歸義軍，直至後梁乾化四年（914年）為曹議金家族所取代。

## 一、河西鎮的轄區沿革

　　河西鎮的建置沿革為：河西節度使（711～781、863～咸通中）—河西都防禦使（咸通中～889）—河西節度使（889～896）—河西都防禦使（896～904）。

　　河西鎮長期轄有涼、甘、肅、瓜、沙五州，治於涼州。安史之亂後，河西鎮因其轄區相繼陷落而最終被廢除。咸通二年（861年），張議潮收復涼州。咸通四年（863年），復置河西節度使，轄有涼、鄯、廓、蘭四州。廣明元年（880年）後，鄯、蘭、廓三州相繼失陷，河西鎮僅有涼州而已。

### （一）河西鎮的建置與轄區沿革

　　河西節度使是建置時間最早的節度使，始置於景雲二年（711年）。當時，河西鎮轄有涼、甘、肅、瓜、沙、伊、西七州，治於涼州。

　　對於河西節度使的建置時間，史料記載不一。《方鎮表四》記載：景雲元年（710年），「置河西諸軍州節度、支度營田督察九姓部落、赤水軍兵馬大使，領涼、甘、肅、伊、瓜、沙、西七州，治涼州，副使治甘州，領都知河西兵馬使。」〔註67〕《資治通鑒》也記載：景雲元年，「置河西節度支度營田等使，領涼、甘、肅、伊、瓜、沙、西七州，治涼州。」〔註68〕《唐會要》卻記載：「景雲二年四月，賀拔延嗣為涼州都督，充河西節度使，自此始有節度之號。」〔註69〕據賴青壽先生考證，河西節度使應當建置於景雲二年〔註70〕。

　　先天元年（712年），朝廷建置伊西節度使，河西鎮因此罷領伊、西二州。《方鎮表四》記載：本年，「北庭都護領伊西節度等使」。此後，河西鎮便長期轄有涼、甘、肅、瓜、沙五州。《資治通鑒》記載：天寶元年（742年），「河西節度斷隔吐蕃、突厥……屯涼、肅、瓜、沙、會五州之境，治涼州，兵七萬三千人。」〔註71〕

〔註67〕《新唐書》卷六十七《方鎮表四》，第1253～1286頁。下文同，不再引注。
〔註68〕《資治通鑒》卷二百一十《景雲元年》，第6660頁。
〔註69〕（宋）王溥撰，牛繼清校證：《唐會要校證》卷七十八《黜陟使》，第1223頁。
〔註70〕賴青壽：《唐後期方鎮建置沿革研究》第十五章第二節《河西節度使沿革》，第184頁。
〔註71〕《資治通鑒》卷二百一十五《天寶元年》，第6848頁。

天寶元年（742 年），朝廷改州為郡。河西鎮下轄的涼州改為武威郡，甘州改張掖郡，肅州改酒泉郡，瓜州改晉昌郡，沙州改敦煌郡。

乾元元年（758 年），朝廷又改郡為州，河西鎮下轄諸郡恢復為州。

### （二）河西鎮的陷落與廢除

安史之亂後，河西鎮所轄諸州先後被吐蕃侵佔，最終河西鎮因為陷落而被廢除。

廣德二年（764 年）十月，河西鎮會府涼州首先被吐蕃攻陷。《資治通鑒》記載：本年十月，「吐蕃圍涼州，士卒不為用；（楊）志烈奔甘州，為沙陀所殺，涼州遂陷。」〔註72〕

楊志烈遷往甘州後，當時其實並未被殺害。根據《新唐書》記載：永泰元年（765 年）「十月，沙陀殺楊志烈。」〔註73〕可見，楊志烈逃往甘州後，一年之後才為沙陀人所殺。

大曆元年（766 年），甘、肅二州相繼陷落。據《元和郡縣圖志》記載：「甘州……永泰二年陷於西蕃」；「肅州……大曆元年（766 年）陷於西蕃」〔註74〕。永泰二年（766 年）即為大曆元年，可知二州失陷於同年。

涼、甘、肅三州失陷後，河西節度使楊休明將河西鎮治所遷往沙州。《資治通鑒》記載：大曆元年（766 年）「五月，河西節度使楊休明徙鎮沙州。」〔註75〕至此，河西鎮轄區剩下沙、瓜二州，治於沙州。

大曆二年（767 年），伊庭留後周逸假借突厥之手殺害楊休明。楊休明死後，周鼎繼任為河西節度使。後來，河西都知兵馬使閻朝又殺周鼎，取而代之。

大曆十一年（776 年），瓜州被吐蕃攻陷，閻朝堅守沙州，直至建中二年（781 年）才被吐蕃攻滅。《元和郡縣圖志》記載：「瓜州……大曆十一年陷於西蕃」；「沙州……建中二年陷於西蕃」〔註76〕。沙州最終被吐蕃侵佔，也標誌著河西鎮覆滅。

### （三）涼州地區的收復與河西鎮的復置

大中年間，張議潮收復沙、瓜、甘、肅等州後，朝廷以沙州建置歸義軍節

---

〔註72〕《資治通鑒》卷二百二十三《廣德二年》，第 7169 頁。
〔註73〕《新唐書》卷六《代宗本紀》，第 110 頁。
〔註74〕（唐）李吉甫：《元和郡縣圖志》卷四十《隴右道下》，第 1020、1022 頁。
〔註75〕《資治通鑒》卷二百二十四《大曆元年》，第 7191 頁。
〔註76〕（唐）李吉甫：《元和郡縣圖志》卷四十《隴右道下》，第 1025～1027 頁。

度使。咸通二年（861年），張議潮又收復涼州，以其隸於歸義軍。

　　張議潮取得涼州後，唐朝廷為了控制河西地區，於咸通四年（863年）在涼州重建涼州節度使，以涼、鄯、蘭等州隸之。《方鎮表四》記載：咸通四年，「置涼州節度，領涼、洮、西、鄯、河、臨六州，治涼州。」按郭聲波先生考證，當時河州隸屬於秦州天雄軍，西州與涼州之間間隔歸義軍，故河州、西州不應隸於涼州節度使，二州或為岷州、蘭州之誤〔註77〕。

　　筆者認為，河州應為廓州之誤。據鄭炳林先生《晚唐五代歸義軍疆域演變研究》一文考證，歸義軍在咸通二年收復涼州，往東還收復了鄯州和蘭州廣武城〔註78〕。廓州緊靠鄯州之南，極有可能也曾經被收復。對於鄯州、廓州，《資治通鑒》有以下幾段記載：

　　　　大中四年（850年）九月：「（論恐熱）軍於白土嶺，（尚）婢婢遣
　　　　其將尚鐸羅榻藏將兵據臨蕃軍以拒之，不利，復遣磨離羆子、燭盧鞏
　　　　力將兵據鏖牛峽以拒之……（鞏力）稱疾，歸鄯州……婢婢糧乏，留
　　　　拓跋懷光守鄯州，帥部落三千餘人就水草於甘州西。恐熱聞婢婢棄鄯
　　　　州，自將輕騎五千追之。至瓜州，聞懷光守鄯州，遂大掠河西鄯、廓
　　　　等八州，殺其丁壯……焚其室廬，五千里間，赤地殆盡。」〔註79〕

　　　　咸通七年（866年）二月，「論恐熱寓居廓州，糾合旁側諸部，
　　　　欲為邊患，皆不從。所向盡為仇敵，無所容。仇人以告拓跋懷光於
　　　　鄯州，懷光引兵擊破之……（十月），拓跋懷光以五百騎入廓州，生
　　　　擒論恐熱，先刖其足，數而斬之，傳首京師。」〔註80〕

　　由這兩段記載可知，拓跋懷光於咸通七年以廓州歸附於朝廷。而對於岷州，目前沒有任何資料證明，岷州在唐末曾經被收復，故而《方鎮表四》中「河州」當為「廓州」之誤。

　　基於以上考述，咸通四年（863年），涼州節度使所領六州當為領涼、洮、蘭、鄯、廓、臨六州。但是，此時被收復的僅有涼、鄯二州和蘭州的廣武城地區，直至咸通七年（866年）才收復廓州。

　　涼州節度使重建之後，唐朝廷取得了涼州鎮的控制權。根據李軍先生考

〔註77〕郭聲波：《中國行政區劃通史·唐代卷》上編第十六章《河西道》，第1022頁。
〔註78〕鄭炳林：《晚唐五代歸義軍疆域演變研究》，《歷史地理》第十五輯，第63頁。
〔註79〕《資治通鑒》卷二百四十九《大中四年》，第8043～8044頁。
〔註80〕《資治通鑒》卷二百五十《咸通七年》，第8113、8115頁。

證，朝廷先後任命盧潘、曲長申、鄭某、翁郜、馮繼文、陰季豐等人為涼州節度使或河西都防禦使〔註81〕，從而證實，涼州鎮在中央朝廷的掌控下，而非為歸義軍所控制。

涼州節度使有時又稱為河西節度使〔註82〕，大約在咸通八年（867年）至十二年期間（871年）又降為河西都防禦使，或稱涼州都防禦使。據李軍先生考證，咸通年間有河西都防禦右廂押衙王景翼〔註83〕，文德元年（888年）有涼甘肅等州都防禦使翁郜〔註84〕，由此可知涼州節度使曾經降為都防禦使。據《賜勞翁郜敕書》記載：「（翁郜）自傾為涼州都防禦判官，五年改授甘州刺史，八載復攝涼州防禦使並正授。十餘年吮血同甘，能致人之死力。」〔註85〕這裡的「涼州防禦使」應該為「涼州都防禦使」的簡寫。

### （四）河西鎮轄區的再次陷落

廣明元年（880年）及其後，河西鎮所轄的廓、鄯、蘭三州相繼陷落。天復（901年～904年）之後，大唐朝廷衰落，被迫放棄了涼州地區。

廣明元年（880年），河西鎮所轄的廓州復陷於吐蕃〔註86〕。其後，河西鎮又失去對鄯、蘭二州的控制。據李軍先生《清抄本〈京兆翁氏族譜〉與晚唐河西歷史》所引《除檢校工部尚書誥》的記載：「朝議郎、檢校右散騎常侍、持節涼州諸軍事、守涼州刺史、兼涼甘肅等（州）都防禦招撫押番（蕃）落等使兼御史大夫上柱國賜紫金（魚）袋翁郜……可加授檢校工部尚書，餘如故……文德元年六月八日舍人劉建功行」〔註87〕。由此可知，文德元年（888年）之時，河西鎮轄有涼、甘、肅三州，沒有提及鄯、蘭二州。那麼，鄯、蘭二州必然已經不在河西鎮的控制之下，至於失去二州的具體時間，則很難考證。

---

〔註81〕 李軍：《清抄本〈京兆翁氏族譜〉與晚唐河西歷史》，《歷史研究》2014年第3期，第47～49頁。

〔註82〕 周紹良、趙超主編：《唐代墓誌彙編續集》龍紀〇〇一《唐故河西節度涼州左司馬檢校國子祭酒兼御史中丞上柱國隴西李府君（明振）墓誌銘》，第1154頁。據此墓誌可知涼州節度使又稱為河西節度使。

〔註83〕 李軍：《晚唐歸義軍人員任職涼州考》，《敦煌研究》2010年第4期，第80～87頁。

〔註84〕 李軍：《清抄本〈京兆翁氏族譜〉與晚唐河西歷史》，《歷史研究》2014年第3期，第47頁。

〔註85〕 李軍：《晚唐歸義軍人員任職涼州考》，《敦煌研究》2010年第4期，第85頁。

〔註86〕 郭聲波：《中國行政區劃通史·唐代卷》上編第十五章《隴右道》，第998頁。

〔註87〕 李軍：《清抄本〈京兆翁氏族譜〉與晚唐河西歷史》，《歷史研究》2014年第3期，第47頁。

對於河西鎮是否實際管轄甘、肅二州的問題，在此略作說明。李軍先生認為，翁郜出任甘州刺史，與中和四年（884年）回鶻佔領甘州有關，故而將翁郜出任甘州刺史的時間定為中和四年〔註88〕。這樣來看，河西鎮只是名義上領有甘、肅二州。

龍紀元年（889年）四月，為示恩寵，朝廷升河西都防禦使翁郜為河西節度使〔註89〕。直至乾寧三年（896年），翁郜離任，朝廷又降河西節度使為都防禦使。其後，光化年間（898年～900年）有河西都防禦使馮繼文，天復年間（901年～904年）有涼州都防禦使陰季豐〔註90〕。

此後，唐政府在內外交困的情勢下，最終被迫放棄了控制涼州的願望〔註91〕。

綜上所述，河西鎮的轄區沿革可總結如表14-3所示。

### 表14-3　河西鎮轄區統計表

| 時　期 | 轄區總計 | 會　府 | 詳細轄區 |
|---|---|---|---|
| 711年～712年 | 7州 | 涼州 | 涼、甘、肅、瓜、沙、伊、西 |
| 712年～742年 | 5州 | 涼州 | 涼、甘、肅、瓜、沙 |
| 742年～758年 | 5郡 | 武威郡 | 武威、張掖、酒泉、晉昌、敦煌 |
| 758年～764年 | 5州 | 涼州 | 涼、甘、肅、瓜、沙 |
| 764年～766年 | 4州 | 甘州 | 甘、肅、瓜、沙 |
| 766年～776年 | 2州 | 沙州 | 沙、瓜 |
| 776年～781年 | 1州 | 沙州 | 沙 |
| 863年～866年 | 3州 | 涼州 | 涼、鄯、蘭 |
| 866年～880年 | 4州 | 涼州 | 涼、鄯、蘭、廓 |
| 880年後～904年 | 1州 | 涼州 | 涼 |

〔註88〕李軍：《清抄本〈京兆翁氏族譜〉與晚唐河西歷史》，《歷史研究》2014年第3期，第44頁。

〔註89〕李軍：《晚唐歸義軍人員任職涼州考》，《敦煌研究》2010年第4期，第85頁。

〔註90〕李軍：《清抄本〈京兆翁氏族譜〉與晚唐河西歷史》，《歷史研究》2014年第3期，第49頁。

〔註91〕李軍：《清抄本〈京兆翁氏族譜〉與晚唐河西歷史》，《歷史研究》2014年第3期，第49頁。

## 二、歸義軍的轄區沿革

歸義軍是大中二年（848 年）張議潮起義收復沙、瓜等州後朝廷建置的一個藩鎮。歸義軍較長時間內轄有瓜、沙、甘、肅、伊五州，治於沙州。

對於歸義軍的地理問題，榮新江先生的《歸義軍史研究——唐宋時代敦煌歷史考索》一書作過考證。其後，鄭炳林先生的兩篇學術論文《晚唐五代歸義軍疆域演變研究》《晚唐五代敦煌歸義軍行政區劃制度研究》全面地對歸義軍的轄區及其行政區劃進行了研究。下文再次探討唐代歸義軍的轄區變化，主要也是根據兩位學者的成果。

### （一）歸義軍的建置與興盛

歸義軍節度使建置於大中五年（851 年），其歷史可以追溯至大中二年（848年）。

安史之亂後，河西鎮下轄各州陷落，其後長期處於吐蕃的統治之下。會昌二年（842 年），吐蕃贊普郎達瑪遇刺身亡，國內大亂。洛門川討擊使論恐熱和鄯州節度使尚婢婢相互攻伐〔註92〕。這就為沙、瓜等州的起義提供了一個契機。

大中二年（848 年），沙州大族張議潮率眾發動起義，一舉收復沙、瓜二州。大中三年（849 年），又收復甘、肅二州。對於這兩點，學術界基本沒有爭議。

大中四年（850 年），張議潮收復伊州。鄭炳林《晚唐五代敦煌歸義軍行政區劃制度研究》考證，張議潮大中四年收復伊州，但是僅控制了州城及附近地區〔註93〕。

大中五年（851）正月，朝廷以張議潮為沙州防禦使。八月，張議潮遣其兄張議潭奉瓜、沙十一州地圖戶籍入朝。十一月，朝廷在沙州建置歸義軍，以張議潮為歸義軍節度使、瓜沙伊西肅甘蘭鄯河岷廓十一州觀察營田處置等使。至此，歸義軍正式建立，這時歸義軍實際只有瓜、沙、甘、肅、伊五州。

咸通二年（861 年），張議潮收復涼州。其後，歸義軍又取得鄯州和蘭州廣武縣〔註94〕。

〔註92〕榮新江：《歸義軍史研究——唐宋時代敦煌歷史考索》第三章《歸義軍的創立與發展》，上海：上海古籍出版社，1996 年，第 149 頁。

〔註93〕鄭炳林：《晚唐五代歸義軍疆域演變研究》，《歷史地理》第十五輯，第 59 頁。

〔註94〕炳林：《晚唐五代歸義軍疆域演變研究》，《歷史地理》第十五輯，上海：上海人民出版社，1999 年，第 62～63 頁。

　　咸通四年（863 年），朝廷建置涼州節度使。涼、鄯、蘭三州都改隸於涼州節度使〔註95〕。

　　咸通七年（866 年），回鶻首領僕固俊取得西州、庭州，歸附於張議潮〔註96〕。至此，歸義軍名義上轄有西、庭二州。但二州實際在回鶻的控制之下，歸義軍並沒有實際取得二州。

### （二）歸義軍的衰落

　　咸通八年（867 年），張議潮入朝之後，兄子張淮深主持歸義軍政事務，遲遲不得授節度使，加上歸義軍內部矛盾重重，僕固俊乘機脫離歸義軍〔註97〕。

　　乾符三年（876 年），伊州被西州回鶻奪取。對此，學術界基本沒有爭議。同年，回鶻侵佔瓜州，並出兵侵擾沙州，為張淮深所敗。四年（877 年）十月，張淮深收復瓜州〔註98〕。

　　中和四年（884 年），甘州被回鶻佔領，脫離歸義軍管轄。對於回鶻佔領甘州的時間，李軍認為是在中和四年〔註99〕，而鄭炳林認為大約在光化三年（900 年）〔註100〕，在此取中和四年一說。

　　此後，朝廷讓涼州都防禦使名義上領有甘、肅二州，歸義軍不再轄有二州。至此，歸義軍僅轄有沙、瓜二州。

　　對於歸義軍失去肅州的時間，鄭炳林考述，光化三年（900 年）前後，李弘諫兵敗被殺，肅州龍家被回鶻控制〔註101〕。榮新江也考證，肅州在光化二年（899 年）已不為歸義軍所有〔註102〕。但是根據上文所述，甘州被回鶻佔據之後，朝廷已將甘、肅二州的管轄權交給河西都防禦使，說明肅州已不為歸義軍所有。

〔註95〕郭聲波：《中國行政區劃通史・唐代卷》上編第十六章《河西道》，第 1022 頁。
〔註96〕鄭炳林：《晚唐五代歸義軍疆域演變研究》，《歷史地理》第十五輯，第 63 頁。
〔註97〕鄭炳林：《晚唐五代歸義軍疆域演變研究》，《歷史地理》第十五輯，第 64 頁。
〔註98〕鄭炳林：《晚唐五代歸義軍疆域演變研究》，《歷史地理》第十五輯，第 64～71 頁。
〔註99〕李軍：《清抄本〈京兆翁氏族譜〉與晚唐河西歷史》，《歷史研究》2014 年第 3 期，第 44 頁。
〔註100〕鄭炳林：《晚唐五代歸義軍疆域演變研究》，《歷史地理》第十五輯，第 66～68 頁。
〔註101〕鄭炳林：《晚唐五代歸義軍疆域演變研究》，《歷史地理》第十五輯，第 68 頁。
〔註102〕榮新江：《歸義軍史研究——唐宋時代敦煌歷史考索》第一章《歸義軍大事紀年及相關問題》，第 12 頁。

後梁開平四年（910 年），歸義軍節度使張承奉建立西漢金山國，自稱白衣帝。

乾化四年（914 年），張承奉去世，曹議金接任歸義軍節度留後，由此開始了曹氏家族對歸義軍的統治。曹氏歸義軍的轄區沿革屬於五代和宋代的範疇，在此不再考述。

綜上所述，歸義軍的轄區沿革可總結如表 14-4 所示。

表 14-4　歸義軍轄區統計表

| 時　　期 | 轄區總計 | 會　府 | 詳細轄區 |
|---|---|---|---|
| 848 年～849 年 | 2 州 | 沙州 | 沙、瓜 |
| 849 年～850 年 | 4 州 | 沙州 | 沙、瓜、甘、肅 |
| 850 年～861 年 | 5 州 | 沙州 | 沙、瓜、甘、肅、伊 |
| 861 年～863 年 | 8 州 | 沙州 | 沙、瓜、甘、肅、伊、涼、鄯、蘭 |
| 863 年～876 年 | 5 州 | 沙州 | 沙、瓜、甘、肅、伊 |
| 876 年～877 年 | 3 州 | 沙州 | 沙、甘、肅 |
| 877 年～約 884 年 | 4 州 | 沙州 | 沙、瓜、甘、肅 |
| 約 884 年～914 年 | 2 州 | 沙州 | 沙、瓜 |

## 三、河西、歸義二鎮下轄州縣沿革

安史之亂前，河西鎮長期轄有涼、甘、肅、瓜、沙五州。安史之亂後，河西鎮轄區逐漸陷於吐蕃，最終因轄區全部失陷而被廢除。咸通四年（863 年），河西鎮復置之後，較長時間內轄有涼、鄯、蘭、廓四州。歸義軍曾經轄有沙、瓜、甘、肅、伊、涼、鄯、蘭八州，其中轄有伊、涼、鄯、蘭四州的時間相對較短。

### （一）河西、歸義二鎮長期轄有的州

涼州（武威郡）：711 年～764 年、863 年～904 年屬河西鎮，長期作為會府。景雲二年（711 年），置河西節度使，治於涼州。天寶元年（742 年），涼州改為武威郡，乾元元年（758 年）復為涼州。廣德二年（764 年），涼州被吐蕃侵佔，河西節度使徙治於甘州。咸通二年（861 年），歸義軍節度使張議潮

收復涼州，以其隸於歸義軍。咸通四年（863 年），朝廷在涼州復置河西節度使，仍治於涼州。咸通年間，河西節度使降為河西都防禦使，龍紀元年（889年）升為河西節度使，乾寧三年（896 年）降為河西都防禦使。

轄有姑臧、神烏、昌松、嘉麟、番禾五縣，治於姑臧縣。

姑臧縣：廣德二年（764 年）陷於吐蕃，咸通二年（861 年）為張議潮所收復，仍為涼州州治。

神烏縣：廣德二年（764 年）陷於吐蕃，咸通二年（861 年）為張議潮所收復，仍隸於涼州。

嘉麟縣：陷於吐蕃，歸義軍時期收復，仍隸於涼州〔註 103〕。

番禾縣：天寶三載（744 年），改為天寶縣〔註 104〕，廣德二年（764 年）陷於吐蕃，咸通二年（861 年）收復，仍名番禾縣〔註 105〕，隸於涼州。

甘州（張掖郡）：711 年～766 年屬河西鎮，851 年～約 884 年屬歸義軍。景雲二年（711 年），甘州始隸於河西鎮。天寶元年（742 年），改為張掖郡，乾元元年（758 年），復為甘州。廣德二年（764 年），河西鎮徙治於甘州。大曆元年（766 年），甘州陷落於吐蕃，河西鎮徙治於沙州。大中三年（849 年），張議潮收復甘州。五年（851 年），置歸義軍節度使，甘州隸之。約中和四年（884 年），甘州被回鶻佔領，脫離歸義軍管轄。

轄有張掖、刪丹二縣，治於張掖縣。

肅州（酒泉郡）：711 年～766 年屬河西鎮，851 年～約 884 年屬歸義軍。景雲二年（711 年），肅州始隸於河西鎮。天寶元年（742 年），改為酒泉郡，乾元元年（758 年），復為肅州，大曆元年（766 年）陷於吐蕃。大中三年（849年），張議潮收復肅州。大中五年（851 年），置歸義軍節度使，肅州隸之。約中和四年（884 年），肅州脫離歸義軍管轄。

轄有酒泉、福祿、玉門、振武四縣，治於酒泉縣。

酒泉縣：大曆元年（766 年）陷於吐蕃，大中三年（849 年）為張議潮所收復，仍為肅州州治。

〔註 103〕鄭炳林：《晚唐五代敦煌歸義軍行政區劃制度研究（之二）》，《敦煌研究》2002年第 3 期，第 71 頁。

〔註 104〕《新唐書》卷四十《地理志四》，第 686 頁。

〔註 105〕鄭炳林：《晚唐五代敦煌歸義軍行政區劃制度研究（之二）》，《敦煌研究》2002年第 3 期，第 71 頁。

玉門縣：陷於吐蕃，歸義軍時期收復，仍隸於肅州〔註106〕。

振武縣：歸義軍時期，置振武縣，隸於肅州〔註107〕。

沙州（敦煌郡）：711年～781年屬河西鎮，851年～914年屬歸義軍。景雲二年（711年），沙州始隸於河西鎮。天寶元年（742年），改為敦煌郡，乾元元年（758年），復為沙州。大曆元年（766年）五月，河西鎮徙治於沙州。建中二年（781年），沙州陷於吐蕃。大中二年（848年），張議潮收復沙州。大中五年（851年），置沙州防禦使，同年升為歸義軍節度使，治於沙州。

轄有敦煌、壽昌二縣，治於敦煌縣。

敦煌縣：建中二年（781年）陷於吐蕃，大中二年（848年），張議潮收復，仍為沙州州治。

壽昌縣：建中二年（781年）陷於吐蕃，大中二年（848年），張議潮收復，仍隸沙州。

瓜州（晉昌郡）：711年～776年屬河西鎮，851年～914年屬歸義軍。景雲二年（711年），瓜州始隸於河西鎮。天寶元年（742年），改為晉昌郡，乾元元年（758年），復為瓜州，大曆十一年（776年）陷於吐蕃。大中二年（848年），張議潮收復瓜州。大中五年（851年），置歸義軍節度使，瓜州隸之。

轄有晉昌、常樂二縣，治於晉昌縣。

晉昌縣：大曆十一年（776年）陷於吐蕃，大中二年（848年）為張議潮所收復，仍為瓜州州治。

常樂縣：陷於吐蕃，歸義軍時期收復，仍隸於瓜州〔註108〕。

### （二）河西、歸義二鎮短期轄有的州

廓州：866年～880年屬河西鎮。咸通七年（866年），拓跋懷光以廓州歸附大唐朝廷，朝廷以廓州隸於涼州節度使。廣明元年（880年），廓州復陷於吐蕃。

---

〔註106〕鄭炳林：《晚唐五代敦煌歸義軍行政區劃制度研究（之二）》，《敦煌研究》2002年第3期，第70頁。

〔註107〕鄭炳林：《晚唐五代敦煌歸義軍行政區劃制度研究（之二）》，《敦煌研究》2002年第3期，第70頁。

〔註108〕鄭炳林：《晚唐五代敦煌歸義軍行政區劃制度研究（之二）》，《敦煌研究》2002年第3期，第70頁。

轄有廣威、米川、達化三縣，治於廣威縣。

廣威縣：咸通七年（866 年）收復，為廓州州治〔註109〕。

米川縣：咸通七年（866 年）收復，隸於廓州。

達化縣：咸通七年（866 年）收復，隸於廓州。

伊州：851 年～876 年屬歸義軍。大中四年（850 年），張議潮收復伊州。大中五年（851 年），置歸義軍節度使，伊州隸之。乾符三年（876 年），伊州陷於西州回鶻。

轄有伊吾、柔遠二縣，治於伊吾縣。

伊吾縣：陷於吐蕃，大中四年（850 年）收復，仍為伊州州治，乾符三年（876 年）陷於西州回鶻。

柔遠縣：陷於吐蕃，歸義軍時期收復，仍隸於伊州〔註110〕。

鄯州：861 年～863 年屬歸義軍，863 年～880 年後屬河西鎮。咸通二年（861 年），歸義軍節度使張議潮收復鄯州，以其隸於歸義軍。咸通四年（863 年），改隸於涼州節度使。廣明元年（880 年）之後，鄯州陷落。

轄有湟水、龍支、鄯城三縣，治於湟水縣。

湟水縣：咸通二年（861 年）張議潮收復，仍為鄯州州治。

龍支縣：咸通二年（861 年）張議潮收復，仍隸於鄯州。

鄯城縣：咸通二年（861 年）張議潮收復，仍隸於鄯州。

蘭州：861 年～863 年屬歸義軍，863 年～880 年後屬河西鎮。咸通二年（861 年），歸義軍節度使張議潮收復蘭州廣武縣，復置蘭州，隸於歸義軍。咸通四年（863 年），蘭州改隸於涼州節度使。廣明元年（880 年）之後，蘭州陷落。

廣武縣：咸通二年（861 年）張議潮收復，仍隸於蘭州〔註111〕。

---

〔註109〕郭聲波：《中國行政區劃通史・唐代卷》上編第十五章《隴右道》，第 999 頁。下文米川、達化二縣同，不再引述。

〔註110〕鄭炳林：《晚唐五代敦煌歸義軍行政區劃制度研究（之二）》，《敦煌研究》2002 年第 3 期，第 71 頁。

〔註111〕鄭炳林：《晚唐五代敦煌歸義軍行政區劃制度研究（之二）》，《敦煌研究》2002 年第 3 期，第 72 頁。

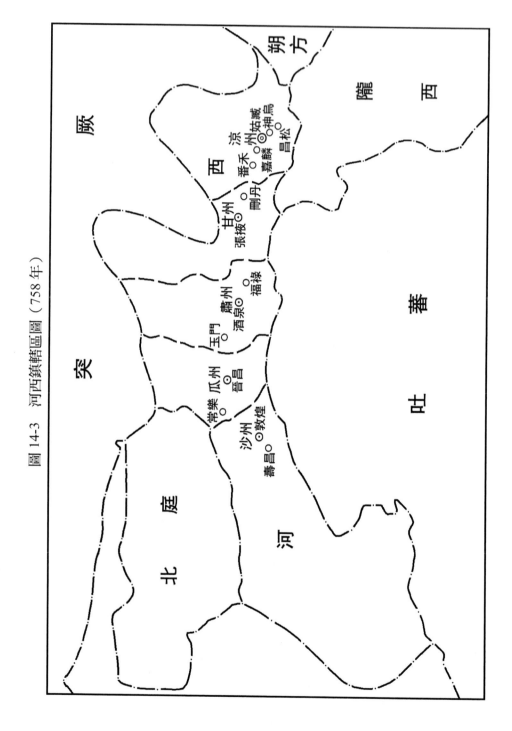

圖 14-3　河西鎮轄區圖（758 年）

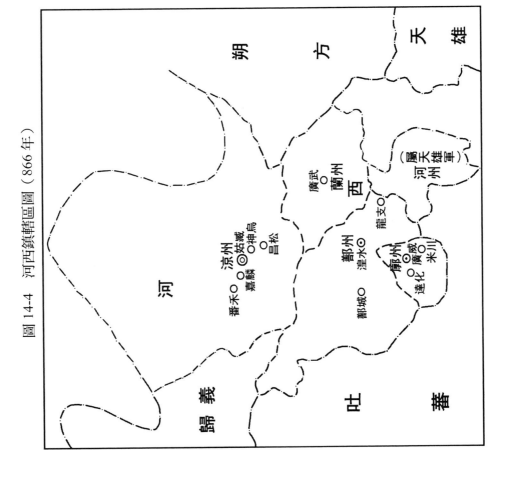

圖 14-4　河西鎮轄區圖（866 年）

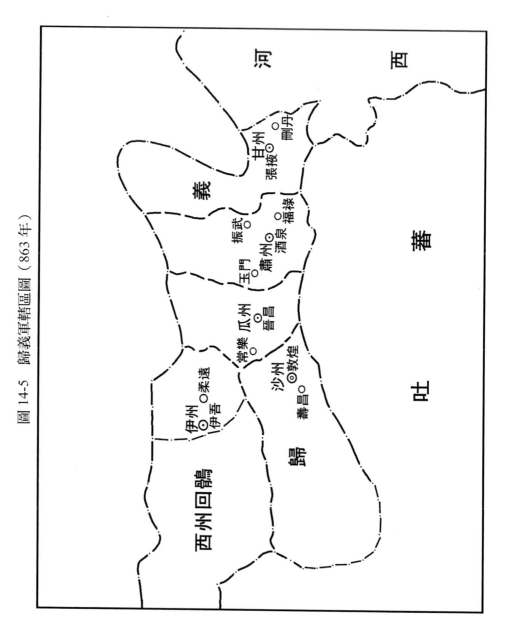

圖 14-5　歸義軍轄區圖（863 年）

# 第三節　安西、北庭二鎮

安西鎮，是朝廷在安西四鎮建置的一個藩鎮，曾改稱為鎮西鎮，主要轄有龜茲、于闐、疏勒、焉耆四鎮，治於龜茲鎮。安史之亂後，安西鎮孤懸於外，最終為吐蕃所攻陷。

北庭鎮，又稱為伊西鎮，是朝廷在北庭大都護府建置的一個藩鎮，主要轄有北庭大都護府和伊、西二州，治於北庭大都護府。安史之亂後，北庭鎮與朝廷聯絡阻絕，直到貞元六年（790 年）最終被吐蕃攻陷。

## 一、安西鎮的轄區沿革

安西鎮的建置沿革為：磧西節度使（714～715）—安西四鎮節度使（718～722）—磧西節度使（722～727）—安西四鎮節度使（727～731）—安西四鎮北庭節度使（731～734）—安西四鎮節度使（734～735）—安西四鎮北庭節度使（735～741）—安西四鎮節度使（741～約 790）。

安西鎮的前身為安西四鎮經略使，建置於景雲元年（710 年）。《方鎮表四》記載：本年，「安西都護（領）四鎮經略大使」〔註112〕。《資治通鑒》記載：開元四年（716 年）正月，「陝王（李）嗣升為安西大都護、安撫河西四鎮諸蕃大使，以安西都護郭虔瓘為之副。」〔註113〕此時，安西經略使轄有安西大都護府。安西大都護府內建置有龜茲鎮、碎葉鎮、于闐鎮、疏勒鎮。其中，龜茲鎮為安西四鎮經略使治所。

開元二年（714 年），伊西節度使阿史那獻被調任為磧西節度使，成為安西大都護府地區建置藩鎮之始。蘇北海《唐代四鎮、伊西節度使考》一文也因此認為，開元二年（714 年），安西四鎮已經建置有節度使〔註114〕。

至此，安西鎮建立，轄有安西、北庭兩大都護府和伊、西二州。對此，賴青壽先生《唐後期方鎮建置沿革研究》有考證，文中引述《文苑英華》卷四一三《授阿史那獻特進制》的記載：「招慰十姓兼四鎮經略大使、定遠道行軍大總管、瀚海軍使、節度以西諸蕃國、左驍衛大將軍、攝鴻臚卿、上柱國、興昔亡可汗阿史那獻。」〔註115〕這裡阿史那獻不僅「兼四鎮經略大使」，還領有「瀚

---

〔註112〕《新唐書》卷六十七《方鎮表四》，第 1254～1266 頁。下文同，不再引注。
〔註113〕《資治通鑒》卷二百一十一《開元四年》，第 6715 頁。
〔註114〕蘇北海：《唐代四鎮、伊西節度使考》，《西北史地》1996 年第 2 期，第 2 頁。
〔註115〕賴青壽：《唐後期方鎮建置沿革研究》第十五章第三節《伊西北庭節度使沿革》，第 186 頁。

海軍使」。其中「瀚海軍」位於北庭大都護府境內。阿史那獻領有「瀚海軍使」，可知北庭大都護府也是其轄區。此前，阿史那獻由伊西節度使，轄有北庭大都護府和伊、西二州，改任為磧西節度使，轄有安西、北庭兩大都護府和伊、西二州。

對於阿史那獻改任為磧西節度使後的治所，賴青壽先生認為是在北庭大都護府。然而，據《唐刺史考全編》考證，開元二年，郭虔瓘已經接替阿史那獻成為北庭都護〔註116〕。由此來看，阿史那獻改任磧西節度使後，實際治於安西大都護府。

對於安西鎮建置之後數年的變革問題，史料缺乏具體記載。此前，蘇北海、賴青壽等學者對此進行過考究。經過筆者分析，賴青壽先生的相關觀點較為合理。

開元三年（715年），磧西節度使被廢除，安西、北庭地區不置藩鎮。賴青壽先生認為，開元三年，磧西節度使罷領安西四鎮，四年廢磧西節度使〔註117〕。但是，據《唐刺史考全編》考證，開元三年四月，湯嘉惠任北庭都護〔註118〕，同年十一月，郭虔瓘任安西大都護、兼安西四鎮經略大使〔註119〕。湯嘉惠、郭虔瓘分別為北庭都護、安西都護，皆不帶節度使職銜，可知在開元三年，二府皆不置節度使。

此後數年間，安西、北庭二地皆不置節度使。直至開元六年（718年），朝廷復於安西大都護府建置安西四鎮節度使。對此，《唐會要》記載：「安西四鎮節度使，開元六年三月，楊（湯）嘉惠除四鎮節度、經略使，自此始有節度之號。」〔註120〕蘇北海《唐代四鎮、伊西節度使考》認為，開元二年（714年），安西地區已經建置有節度使，從而否定了《唐會要》的記載〔註121〕。其實，單從這方面否定《唐會要》記載，是值得商榷的。開元二年，安西大都護府建置的磧西節度使，是由伊西節度使演變而來。直到開元六年，朝廷才單獨在安西大都護府建置節度使。

---

〔註116〕 郁賢皓：《唐刺史考全編》卷四七《北庭都護府（庭州）》，第530頁。
〔註117〕 賴青壽：《唐後期方鎮建置沿革研究》第十五章第三節《伊西北庭節度使沿革》，第187頁。
〔註118〕 郁賢皓：《唐刺史考全編》卷四七《北庭都護府（庭州）》，第530頁。
〔註119〕 郁賢皓：《唐刺史考全編》卷四六《安西大都護府（鎮西都護府）》，第519頁。
〔註120〕 （宋）王溥撰，牛繼清校證：《唐會要校證》卷七十八《黜陟使》，第1223～1224頁。
〔註121〕 蘇北海：《唐代四鎮、伊西節度使考》，《西北史地》1996年第2期，第2頁。

對於開元六年安西、北庭地區建置藩鎮的情況，《方鎮表四》記載：本年，「安西都護領四鎮節度、支度經略使，副大都護領磧西節度、支度、經略等使，治西州。」此條記載是較為準確的。賴青壽先生也據此認為，此時磧西地區置二鎮：安西四鎮節度使，治於龜茲鎮，轄安西四鎮地區；伊西北庭節度使，治於北庭都護府，轄北庭都護府和伊、西二州〔註122〕。這樣的理解也是準確的。根據《唐刺史考全編》的考述，開元五年（717年），郭虔瓘尚為安西大都護，同年七月，湯嘉惠調為安西副都護〔註123〕；開元六年，郭虔瓘去世後，湯嘉惠任安西大都護、兼安西四鎮節度使〔註124〕，張嵩為安西副都護，兼北庭節度使〔註125〕。《舊唐書》記載：「又以張嵩為安西都護以代（郭）虔瓘……十年，轉太原尹。」〔註126〕《冊府元龜》記載：「張嵩為北庭節度使，開元十年九月，吐蕃圍小勃律，王沒謹忙求救於嵩。」〔註127〕由兩處記載可知，張嵩任安西（副）都護的同時，還兼任北庭節度使，由此可驗證《方鎮表四》記載的正確性。

開元七年（719年），安西節度使湯嘉惠奏請朝廷以焉耆鎮代替碎葉鎮。此後，安西鎮所轄四鎮是指龜茲鎮、于闐鎮、疏勒鎮、焉耆鎮。《新唐書》記載：「開元七年……於是十姓可汗請居碎葉，安西節度使湯嘉惠表以焉耆備四鎮。」〔註128〕

其後，張嵩在開元十年（722年）九月之時尚為北庭節度使〔註129〕。開元十二年（724年）三月，張嵩由安西都護遷任太原尹，杜暹接替為都護、磧西節度使〔註130〕。由此來看，開元十年（722年）至十二年（724年）期間，張嵩已經由北庭節度使升為磧西節度使，並移鎮於安西大都護府。《唐刺史考全編》推測，開元十年，楊楚客接替張嵩任北庭都護〔註131〕。因此，張嵩升

〔註122〕賴青壽：《唐後期方鎮建置沿革研究》第十五章第三節《伊西北庭節度使沿革》，第187頁。

〔註123〕郁賢皓：《唐刺史考全編》卷四六《安西大都護府（鎮西都護府）》，第519～520頁。

〔註124〕郁賢皓：《唐刺史考全編》卷四六《安西大都護府（鎮西都護府）》，第519～520頁。

〔註125〕郁賢皓：《唐刺史考全編》卷四七《北庭都護府（庭州）》，第531頁。

〔註126〕《舊唐書》卷一百三《郭虔瓘傳》，第3189頁。

〔註127〕《冊府元龜（校訂本）》卷三百五十八《將帥部·立功第十一》，第4038頁。

〔註128〕《新唐書》卷二百二十一上《焉耆國傳》，第4728頁。

〔註129〕郁賢皓：《唐刺史考全編》卷四七《北庭都護府（庭州）》，第531頁。

〔註130〕郁賢皓：《唐刺史考全編》卷四六《安西大都護府（鎮西都護府）》，第521頁。

〔註131〕郁賢皓：《唐刺史考全編》卷四七《北庭都護府（庭州）》，第531頁。

任磧西節度使，當即在開元十年。至此，安西、北庭二鎮合併。

　　北庭併入安西之後，又曾經數次分置。開元十五年（727 年），分磧西鎮為安西、北庭二鎮。《方鎮表四》記載：本年，「分伊西、北庭置二節度使」。其中，「伊西」當為「安西」之誤，因為伊、西二州在北庭建鎮之時就一直隸屬於北庭，沒有分割的可能。此處實則是指之前合併的磧西鎮分為安西、北庭二鎮。因此，安西鎮罷領北庭大都護府、伊州、西州。

　　直至開元十九年（731 年），北庭鎮又併入安西鎮。《方鎮表四》記載：本年，「合伊西（安西）、北庭二節度為安西四鎮北庭經略節度使」。開元二十二年（734 年），北庭又從安西鎮分出。《舊唐書》記載：本年四月，「伊西、北庭且依舊為節度」。次年十月，北庭又併入安西鎮。同書記載：開元二十三年十月，「移隸伊西、北庭都護屬四鎮節度」〔註132〕。《唐會要》記載為：「至（開元）二十九年十月二十九日，移隸伊西、北庭都督、四鎮節度使。」〔註133〕其中，二十九年應該是二十三年的誤寫。

　　開元二十九年（741 年），安西鎮又分為安西、北庭二鎮。《方鎮表四》記載：本年，「復分置安西四鎮節度，治安西都護府。北庭伊西節度使，治北庭都護府。」《資治通鑒》也記載：本年十月「壬寅，分北庭、安西為二節度。」〔註134〕

　　天寶十三載（754 年）三月，朝廷以封常清兼任安西、北庭節度使。《舊唐書》記載：本年三月，「左羽林上將軍封常清權北庭都護、伊西節度使」〔註135〕。《唐會要》也記載：「至天寶十二載三月，始以安西四鎮節度封常清兼伊西、北庭節度、瀚海軍使。」〔註136〕其中，十二載是十三載的誤寫。此時雖然封常清兼任安西、北庭節度使，但是卻沒有將其合為一鎮。其後，安西、北庭便成為兩個藩鎮。對此，《方鎮表四》也記載為：天寶十三載，「安西四鎮復兼北庭節度。是年，復置二節度。」

　　至德二載（757 年），安西大都護府避安祿山之諱，改為鎮西大都護府，直至大曆二年（767 年）復為安西大都護府。《方鎮表四》記載：至德二載，「更安西曰鎮西」；大曆二年，「鎮西復為安西，其後增領五十七蕃使」。

---

〔註132〕以上兩處記載均見於《舊唐書》卷八《玄宗本紀上》，第 201、203 頁。
〔註133〕（宋）王溥撰，牛繼清校證：《唐會要校證》卷七十八《黜陟使》，第 1224 頁。
〔註134〕《資治通鑒》卷二百一十四《開元二十九年》，第 6845 頁。
〔註135〕《舊唐書》卷九《玄宗本紀下》，第 228 頁。
〔註136〕（宋）王溥撰，牛繼清校證：《唐會要校證》卷七十八《黜陟使》，第 1224 頁。

　　安史之亂爆發後，朝廷向安西鎮徵調大批精兵前往內地平叛，吐蕃趁機進攻安西鎮。安西四鎮節度使郭昕堅守安西鎮長達二十餘年。新、舊《唐書》都記載安西鎮失陷於貞元三年（787 年），其實並不對。《遊方記抄·悟空入竺記》記載：貞元五年，「次至安西，四鎮節度使、開府儀同三司、檢校右散騎常侍、安西副大都護、兼御史大夫郭昕」〔註 137〕。可見，安西鎮在貞元五年（789 年）還沒有失陷。此後數年，安西鎮遂被吐蕃攻陷。但也有學者認為，安西鎮最終失陷於元和三年（808 年）〔註 138〕。

　　綜上所述，安西鎮的轄區沿革可總結如表 14-5 所示。

表 14-5　安西鎮轄區統計表

| 時　　期 | 轄區總計 | 會　府 | 詳細轄區 |
|---|---|---|---|
| 714 年～715 年 | 2 府 2 州 | 龜茲鎮 | 安西都護府、北庭都護府、伊州、西州 |
| 718 年～722 年 | 1 府 | 龜茲鎮 | 安西都護府 |
| 722 年～727 年 | 2 府 2 州 | 龜茲鎮 | 安西都護府、北庭都護府、伊州、西州 |
| 727 年～731 年 | 1 府 | 龜茲鎮 | 安西都護府 |
| 731 年～734 年 | 2 府 2 州 | 龜茲鎮 | 安西都護府、北庭都護府、伊州、西州 |
| 734 年～735 年 | 1 府 | 龜茲鎮 | 安西都護府 |
| 735 年～741 年 | 2 府 2 州 | 龜茲鎮 | 安西都護府、北庭都護府、伊州、西州 |
| 741 年～757 年 | 1 府 | 龜茲鎮 | 安西都護府 |
| 757 年～767 年 | 1 府 | 龜茲鎮 | 鎮都護府 |
| 767 年～約 790 年 | 1 府 | 龜茲鎮 | 安西都護府 |

## 二、北庭鎮的轄區沿革

　　北庭鎮的建置沿革為：伊西節度使（712～714）—北庭節度使（718～722、727～731、734～735、741～791）。

　　北庭鎮主要轄有北庭大都護府和伊、西二州，後期轄區逐漸陷落於吐蕃。

　　北庭鎮建置時間較早，始置於先天元年（712 年）。《方鎮表四》記載：本年，「北庭都護領伊西節度等使」〔註 139〕。《唐會要》也記載：「又先天元年十

〔註 137〕薛宗正：《郭昕主政安西史事鈎沉》，《西域研究》2009 年第 4 期，第 55 頁。
〔註 138〕薛宗正：《郭昕主政安西史事鈎沉》，《西域研究》2009 年第 4 期，第 48～60頁。
〔註 139〕《新唐書》卷六十七《方鎮表四》，第 1255 頁。

一月，史獻（阿史那獻）除伊西節度兼瀚海軍使。」〔註140〕對於北庭鎮的轄區，《資治通鑑》記載：「北庭節度防制突騎施、堅昆，統瀚海、天山、伊吾三軍，屯伊、西二州之境，治北庭都護府。」〔註141〕另外，《舊唐書》也有類似的記載〔註142〕。因此，北庭鎮轄有北庭大都護府和伊、西二州，治於北庭大都護府。

開元二年（714 年），阿史那獻升任為磧西節度使，增領並徙治於安西大都護府〔註143〕。由於磧西節度使阿史那獻的治所在安西大都護府，故而應視為安西地區的藩鎮。

開元三年（715 年）〔註144〕，磧西節度使被廢除，安西、北庭地區不置藩鎮〔註145〕。

開元六年（718 年），置安西四鎮節度使、北庭節度使〔註146〕。其中，北庭節度使兼領安西副都護，仍然轄有北庭大都護府和伊、西二州，治於北庭大都護府。

其後，北庭數次併入安西鎮，又數次分置。開元十年（722 年），北庭鎮併入安西鎮〔註147〕。開元十五年（727 年），分置北庭鎮，開元十九年（731 年）又併入安西鎮。開元二十二年（734 年）又分置北庭鎮，二十三年（735 年）又併入安西鎮。到開元二十九年（741 年），北庭鎮最終從安西鎮分出，此後不再併入〔註148〕。

天寶元年（742 年），朝廷改州為郡。北庭鎮所轄的伊州、西州分別改為伊吾郡、交河郡。直至乾元元年（758 年），二郡復為伊州、西州。

安史之亂後，朝廷將北庭鎮的將士大量內調，造成吐蕃乘虛侵襲。寶應元

〔註140〕　（宋）王溥撰，牛繼清校證：《唐會要校證》卷七十八《黜陟使》，第 1224 頁。
〔註141〕　《資治通鑑》卷二百一十五《天寶元年》，第 6848 頁。
〔註142〕　《舊唐書》卷三十八《地理志一》，第 1385 頁。
〔註143〕　詳見本節前文《安西鎮的轄區沿革》。
〔註144〕　開元三年（715 年）磧西節度使被廢除之事，賴青壽《唐後期方鎮建置沿革研究》第十五章第三節《伊西北庭節度使沿革》第 187 頁作開元四年（716 年），應當有誤。
〔註145〕　詳見本節前文《安西鎮的轄區沿革》。
〔註146〕　詳見本節前文《安西鎮的轄區沿革》。
〔註147〕　開元十年（722 年）北庭鎮併入安西鎮之事，賴青壽《唐後期方鎮建置沿革研究》第十五章第三節《伊西北庭節度使沿革》第 187 頁作開元十二年（724 年），應當有誤。
〔註148〕　本段沿革，《方鎮表四》皆有載，詳見本節前文《安西鎮的轄區沿革》。

年（762 年），伊州最先被吐蕃攻陷，同年收復，直至建中二年（781 年）最終
陷於吐蕃〔註 149〕。

　　此後，節度使楊休明、李元忠等人堅守北庭鎮長達二十餘年。貞元二年
（786 年），李元忠去世，楊襲古繼任為北庭節度使。

　　貞元六年（790 年）五月，北庭大都護府被吐蕃攻陷，楊襲古退守西州。
《資治通鑒》記載：本年五月，「吐蕃急攻北庭，北庭人苦於回鶻誅求，與沙
陀酋長朱邪盡忠皆降於吐蕃，節度使楊襲古帥麾下二千人奔西州。」〔註 150〕
《舊唐書》也記載：本年，「是歲，吐蕃陷我北庭都護府，節度使楊襲古奔西
州。回紇大相頡干迦斯紿襲古，請合軍收復北庭，乃殺襲古，安西因是阻絕，
唯西州猶固守之。」〔註 151〕

　　貞元七年（791 年），西州最終也被吐蕃攻陷。《元和郡縣圖志》記載：「西
州……貞元七年沒於西蕃。」〔註 152〕至此，北庭鎮轄區全部被吐蕃侵佔，北
庭鎮宣告覆滅。

　　綜上所述，北庭鎮的轄區沿革可總結如表 14-6 所示。

## 表 14-6　北庭鎮轄區統計表

| 時　　期 | 轄區總計 | 會　府 | 詳細轄區 |
|---|---|---|---|
| 712 年～714 年<br>718 年～722 年<br>727 年～731 年<br>734 年～735 年<br>741 年～742 年 | 1 府 2 州 | 北庭都護府 | 北庭都護府、伊州、西州 |
| 742 年～758 年 | 1 府 2 郡 | 北庭都護府 | 北庭都護府、伊吾郡、交河郡 |
| 758 年～781 年 | 1 府 2 州 | 北庭都護府 | 北庭都護府、伊州、西州 |
| 781 年～790 年 | 1 府 1 州 | 北庭都護府 | 北庭都護府、西州 |
| 790 年～791 年 | 1 州 | 西州 | 西州 |

〔註 149〕王小甫：《安史之亂後西域形勢及唐軍的堅守》，《敦煌研究》1990 年第 4 期，
　　　　第 57～63 頁。
〔註 150〕《資治通鑒》卷二百三十三《貞元六年》，第 7521 頁。
〔註 151〕《舊唐書》卷十三《德宗本紀下》，第 370 頁。
〔註 152〕（唐）李吉甫：《元和郡縣圖志》卷四十《隴右道下》，第 1030 頁。

## 三、安西、北庭二鎮下轄府州沿革

安西鎮主要轄有安西大都護府，也曾多次轄有北庭大都護府和伊、西二州。北庭鎮轄有北庭大都護府和伊、西二州。

### （一）安西鎮下轄府

**安西大都護府**：714年～715年、718年～約790年屬安西鎮。開元二年（714年），置磧西節度使，治於安西大都護府〔註153〕。三年（715年），磧西節度使廢。六年（718年），置安西四鎮節度使，仍治於安西大都護府。十年（722年），安西、北庭二節度使合併為磧西節度使，治於安西大都護府。十五年（727年），分置安西四鎮、北庭二節度使，安西四鎮節度使治於安西大都護府。十九年（731年），二節度使合併為安西四鎮北庭節度使。二十二年（734年），分置為二節度使。二十三年（735年），又合併為安西四鎮北庭節度使。二十九年（741年），分置為二節度使。至德二載（757年），安西大都護府改為鎮西大都護府。大曆二年（767年），復為安西大都護府。貞元六年（790年），安西大都護府最終陷落於吐蕃。

轄有龜茲、焉耆、于闐、疏勒、碎葉等鎮，治於龜茲鎮。

**焉耆鎮**：開元七年（719年），十姓可汗請居碎葉，朝廷以焉耆鎮替代碎葉鎮，作為安西四鎮之一〔註154〕。

### （二）北庭鎮下轄府州

**北庭大都護府**：741年〔註155〕～790年屬北庭鎮，為會府。先天元年（712年），始置伊西節度使，轄有北庭大都護府和伊、西二州，治於北庭大都護府。開元二年（714年），伊西節度使廢，北庭大都護府改隸於磧西鎮。三年（715年），磧西節度使廢。六年（718年），置北庭節度使，治於北庭大都護府。十年（722年），北庭節度使廢，北庭大都護府改隸於磧西鎮。十五年（727年），復置北庭節度使。十九年（731年），北庭節度使廢，北庭大都護府仍隸於安西鎮。二十二年（734年），又置北庭節度使。二十三年（735年），又隸於安

〔註153〕賴青壽《唐後期方鎮建置沿革研究》第十五章第三節《伊西北庭節度使沿革》第185頁認為，開元二年（714年）至三年（715年），磧西節度使治於北庭都護府，應當有誤。

〔註154〕《新唐書》卷二百二十一上《焉耆國傳》，第4728頁。

〔註155〕開元二十九年（741年）前，北庭大都護府數次建置北庭節度使，由於變革較為繁雜，在此不再詳表。伊州、西州在開元二十九年（741年）前數次隸屬於北庭鎮，下文也不再詳表。

西鎮。二十九年（741 年），復置北庭節度使。貞元六年（790 年），北庭大都護府最終被吐蕃侵佔。

轄有後庭、蒲類、輪臺三縣，治於後庭縣。

圖 14-6　安西大都護府轄區圖

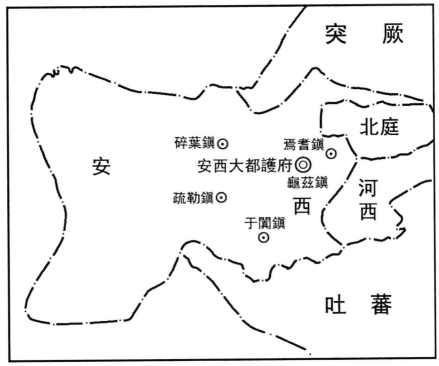

安西鎮長期轄有安西四鎮，治於龜茲鎮。最初的安西四鎮是指龜茲、碎葉、于闐、疏勒四鎮，後來以焉耆鎮代替碎葉鎮。

伊州（伊吾郡）：741 年～781 年屬北庭鎮。先天元年（712 年），伊州隸於北庭鎮。開元二年（714 年），隸於磧西鎮。三年（715 年），磧西鎮廢。六年（718 年），復隸於北庭鎮。十年（722 年），隸於磧西鎮。十五年（727 年），隸於北庭鎮。十九年（731 年），隸於安西鎮。二十二年（734 年），隸於北庭鎮。二十三年（735 年），又隸於安西鎮。二十九年（741 年），復置北庭鎮，伊州復隸之。天寶元年（742 年），改為伊吾郡。乾元元年（758 年），復為伊州。寶應元年（762 年），陷於吐蕃，同年收復。建中二年（781 年），伊州最終被吐蕃侵佔[註156]。

─────────────

〔註156〕伊州大中四年（850 年）之後的沿革情況，詳見本章第二節《河西、歸義二鎮下轄州縣沿革》。

轄有伊吾、柔遠、納職三縣,治於伊吾縣。

西州(交河郡):741 年～791 年屬北庭鎮。先天元年(712 年),西州隸於北庭鎮。開元二年(714 年),隸於磧西鎮。三年(715 年),磧西鎮廢。六年(718 年),復隸於北庭鎮。十年(722 年),隸於磧西鎮。十五年(727 年),隸於北庭鎮。十九年(731 年),隸於安西鎮。二十二年(734 年),隸於北庭鎮。二十三年(735 年),又隸於安西鎮。二十九年(741 年),復置北庭鎮,西州復隸之。天寶元年(742 年),改為交河郡。乾元元年(758 年),復為西州。貞元六年(790 年),北庭大都護府陷落,北庭節度使徙治西州。貞元七年(791 年)〔註157〕,西州最終被吐蕃攻陷。

轄有前庭、柳中、交河、天山、蒲昌五縣,治於前庭縣。

圖 14-7　北庭鎮轄區圖(758 年)

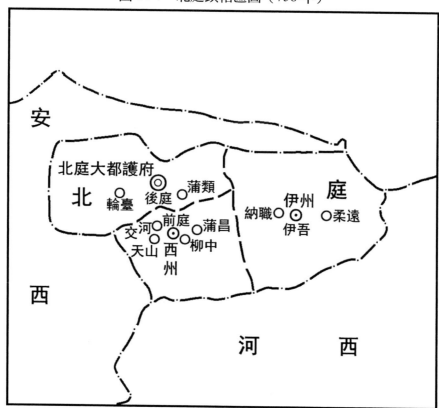

〔註157〕西州的最終陷落時間,郭聲波《中國行政區劃通史‧唐代卷》上編第十六章《河西道》第 1033 頁作貞元八年(792 年),在此依《元和郡縣圖志》卷四十《隴右道下》第 1031 頁作貞元七年(791 年)。

# 附表　唐代藩鎮統計表

　　本書正文中涉及的藩鎮有 100 多個，在此將這些藩鎮的基本信息進行統計，根據各章節的內容，匯總形成以下統計表，並作以下兩點說明：

　　1.山南東道、山南西道合併入山南道一個表格中；黔中道併入江南西道表格中；河南道不再區分東部、西部，也併入一個表格；蔡汝鎮雖位於河南道，但它長期作為淮西鎮的附屬藩鎮，故而也列入淮南道表格中；唐末的邢洺鎮地理位置位於河北道，但它是由昭義鎮分裂而來，將其列於河東道表格中。2.表中各藩鎮的終止時間，以其併入五代十國各割據政權的時間為準，此後的軍號也不再統計。唐末由五代十國各政權建置的藩鎮，也不納入統計。

## 京畿道藩鎮

| 藩鎮 | 全稱 | 存在時間 | 軍號 | 長期轄區 |
|---|---|---|---|---|
| 京畿 | 京畿節度使、京畿觀察使、京畿渭北節度使、京畿渭南節度使、京畿金商節度使、京畿商州節度使 | 756～762、764～784 | 無 | 京兆府 |
| 同華 | 鎮國軍節度使、關東節度使、同華節度使 | 761～763、765～767 | 鎮國軍（761～763、765～767） | 同、華 |
| 華州 | 鎮國軍節度使、潼關節度使、華州節度使 | 783～793、890前～901 | 鎮國軍（783～793、890前～901） | 華 |

| 同州 | 奉誠軍節度使、同州節度使、匡國軍節度使 | 784～784、890～901 | 奉誠軍（784～784）、匡國軍（890～901） | 同 |
| 鳳翔 | 鳳翔節度使、保義軍節度使、鳳翔隴右節度使、鳳翔隴州都團練觀察防禦使 | 759～777、779～887 | 保義軍（783～783） | 鳳翔府、隴 |
| 邠寧 | 邠寧節度使、靜難軍節度使 | 759～768、779～915 | 靜難軍（884～915） | 邠、寧、慶 |
| 隴右〔註1〕 | 隴右節度使 | 777～779、788～793 | 無 | 隴、行秦 |
| 奉義 | 奉義軍節度使 | 783～784 | 奉義軍（783～784） | 隴 |
| 保義 | 保義軍節度使 | 806～807 | 保義軍（806～807） | 行秦 |

## 關內道藩鎮

| 藩　鎮 | 全　稱 | 存在時間 | 軍　號 | 長期轄區 |
| --- | --- | --- | --- | --- |
| 朔方(靈武) | 朔方軍節度使、靈武節度使、靈鹽節度使 | 721～887 | 朔方軍（721～887） | 靈、鹽 |
| 鄜坊(渭北) | 渭北鄜坊節度使、鄜坊都防禦觀察使、鄜坊觀察使、鄜延節度使、保大軍節度使 | 760～909 | 保大軍（882～909） | 鄜、坊、丹、延 |
| 丹延 | 丹延都團練觀察使、保塞軍節度使、安塞軍防禦使、寧塞軍節度使、衛國軍節度使 | 765～771、883～約885、約890～909 | 保塞軍（883～約885、約906～909）、安塞軍（約890～897）、衛國軍（約897～897）、寧塞軍（約897～906） | 延、丹 |
| 涇原 | 涇原節度使、彰義軍節度使 | 768～899 | 彰義軍（891～899） | 涇、原 |
| 夏綏 | 夏綏節度使、夏鹽節度使 | 787～881 | 無 | 夏、綏、銀、宥 |
| 振武 | 振武軍節度使 | 758～762、779～約893 | 振武軍（758～762、779～約893） | 安北大都護府、東受降城、麟、勝 |

〔註1〕 此「隴右鎮」是由鳳翔鎮分置而建置，與隴右道的隴右鎮不同，故列於京畿道下。

| 豐州(天德) | 天德軍豐州西城中城都防禦使、豐州都防禦使 | 796～約 893 | 天德軍(796～約 893) | 豐、中受降城、西受降城、天德軍 |
|---|---|---|---|---|
| 關內 | 關內節度使 | 756～759 | 無 | 慶、涇、原、寧、坊、丹、延 |

## 都畿道藩鎮

| 藩　鎮 | 全　稱 | 存在時間 | 軍　號 | 長期轄區 |
|---|---|---|---|---|
| 東畿(都畿) | 東畿觀察使、東畿汝州節度使、都畿汝州防禦使 | 756～764、779～808、818～821、822～884 | 無 | 河南府、汝 |
| 河陽 | 河陽三城節度使、懷衛節度使、河陽懷州節度使、河陽懷都團練使 | 781～888 | 河陽軍(783～785) | 孟、懷、澤 |
| 陝虢 | 陝虢節度使、陝西節度使、陝虢防禦觀察使、保義軍節度使 | 759～779、783～831、836～899 | 保義軍(889～899) | 陝、虢 |

## 河南道藩鎮

| 藩　鎮 | 全　稱 | 存在時間 | 軍　號 | 長期轄區 |
|---|---|---|---|---|
| 河南(汴宋) | 河南節度使、汴州都防禦使、汴滑節度使、汴宋節度使 | 755～761、762～776 | 無 | 汴、宋、曹、徐、兗、鄆、濮 |
| 河南 | 河南節度使 | 759～761 | 無 | 徐、泗、海、亳、潁 |
| 鄭陳 | 鄭陳節度使 | 759～761 | 無 | 鄭、陳、亳、潁 |
| 宣武(汴宋) | 汴宋節度使、宋亳潁節度使、宣武軍節度使 | 781～883 | 宣武軍(781～883) | 汴、宋、亳、潁 |
| 滑亳(永平)鄭滑(義成) | 滑衛節度使、滑亳節度使、永平軍節度使鄭滑節度使、滑州節度使、義成軍節度使 | 761～886 | 永平軍(772～785)、義成軍(785～886) | 滑、鄭 |
| 徐泗(徐州) | 徐海沂密都團練觀察使、徐泗濠節度使、徐州節度使、武寧軍節度使、徐泗都團練防禦使、感化軍節度使 | 782～784、788～862、863～893 | 武寧軍(805～862、869、約879～893)、感化軍(870～約879) | 徐、泗、濠、宿 |

| 陳許（忠武） | 陳許節度使、忠武軍節度使、許州節度使 | 786～901 | 忠武軍（804～901） | 許、陳 |
|---|---|---|---|---|
| 宿泗 | 宿泗觀察使 | 862～863 | 無 | 宿、泗 |
| 泗州 | 泗州防禦使 | 875 ～ 約883 | 無 | 泗 |
| 青密（北海） | 北海節度使、青密節度使 | 756～762 | 無 | 青、密、登、萊 |
| 兗鄆（齊鄆） | 齊兗鄆都防禦使、兗鄆節度使 | 756～762 | 無 | 鄆、齊、兗 |
| 淄沂 | 淄沂節度使 | 760～762 | 無 | 淄、沂、滄、德、棣 |
| 淄青（平盧） | 淄青節度使、平盧軍節度使、平盧淄青節度使、鄆青節度使、青州節度使 | 762～903 | 平盧軍（762～903） | 青、淄、登、萊、棣 |
| 鄆州（天平） | 鄆曹濮節度使、鄆州節度使、天平軍節度使 | 819～897 | 天平軍（820～897） | 鄆、曹、濮 |
| 兗海（沂海） | 沂海都團練觀察使、兗海都團練觀察使、沂海節度使、兗海觀察使、兗海節度使、泰寧軍節度使 | 819～897 | 泰寧軍（876～897） | 沂、海、兗、密 |
| 海沂密 | 海沂密都防禦使 | 769～769 | 無 | 海、沂、密 |

## 河東道藩鎮

| 藩　　鎮 | 全　　稱 | 存在時間 | 軍　號 | 長期轄區 |
|---|---|---|---|---|
| 澤潞（昭義） | 澤潞沁節度使、澤潞節度使、懷澤潞節度使、昭義軍節度使 | 756～881 | 昭義軍（780～881） | 潞、澤、邢、洺、磁 |
| 邢洺（昭義） | 昭義軍節度使、邢洺節度使 | 881～890 | 昭義軍（881～890） | 邢、洺、磁 |
| 河中 | 河中防禦使、河中節度使、河中防禦觀察使、護國軍節度使 | 756～764、779～901 | 護國軍（885～901） | 河中府、絳、隰、晉、慈 |
| 晉慈 | 晉慈隰節度使、晉慈隰都防禦觀察使、晉慈都團練觀察使、保義軍節度使 | 784～785、788～807、822～827 | 保義軍（827～827） | 晉、慈、隰 |
| 河東 | 天兵軍節度使、太原府以北諸軍州節度使、河東節度使、太原節度使、保寧軍節度使 | 720～883 | 天兵軍（720～723）、保寧軍（784～787） | 太原府、儀、石、嵐、汾、代、忻、朔、蔚、雲、沁 |

| 大同（雲州） | 大同軍都團練使、大同軍防禦使、大同軍節度使、雲州防禦使 | 843～891 | 大同軍（843～891） | 雲、朔、蔚 |
| 代北（雁門） | 雁門節度使、代北節度使 | 881～883 | 無 | 代、忻、蔚、朔 |
| 蔚朔 | 蔚朔節度使 | 880～880 | 無 | 蔚、朔 |

## 河北道藩鎮

| 藩　鎮 | 全　稱 | 存在時間 | 軍　號 | 長期轄區 |
|---|---|---|---|---|
| 魏博 | 魏博都防禦使、魏博節度使、天雄軍節度使 | 763～915 | 天雄軍（764～大曆中、904～915） | 魏、博、澶、相、衛、貝 |
| 成德（恆冀、鎮冀） | 成德軍節度使、恆冀節度使、恆冀都團練觀察使、鎮冀節度使、武順軍節度使 | 762～922 | 成德軍（762～905、910～922）、武順軍（905～910） | 鎮（恆）、冀、深、趙 |
| 幽州（范陽、盧龍） | 范陽節度使、幽州節度使、河北節度使、盧龍軍節度使、幽州盧龍軍節度使 | 713～911 | 盧龍軍（763～911） | 幽、媯、莫、薊、平、營、檀、涿、瀛 |
| 平盧 | 平盧軍節度使 | 719～761 | 平盧軍（719～761） | 營、遼、燕、順化 |
| 相衛（昭義） | 相衛節度使、昭義軍節度使 | 763～780 | 昭義軍（766～780） | 相、衛、邢、洺、貝、磁 |
| 易定（義武） | 易定節度使、義武軍節度使 | 782～929 | 義武軍（782～929） | 易、定 |
| 滄景（滄德） | 滄景節度使、橫海軍節度使、齊德節度使、齊德滄節度使、義昌軍節度使 | 786～912 | 橫海軍（786～829）、義昌軍（831～912） | 滄、景、德 |
| 魏州 | 魏州節度使 | 758～758 | 無 | 魏 |
| 深趙 | 深趙都團練觀察使 | 782～784 | 無 | 深、趙 |
| 德棣 | 保信軍節度使、德棣觀察使 | 809、822 | 保信軍（809～809） | 德、棣 |
| 瀛莫 | 瀛莫觀察使 | 821～821 | 無 | 瀛、莫 |
| 深冀 | 深冀節度使 | 821～821 | 無 | 深、冀 |
| 相衛 | 相衛澶節度使 | 829～829 | 無 | 相、衛、澶 |

## 山南道藩鎮

| 藩　鎮 | 全　稱 | 存在時間 | 軍　號 | 長期轄區 |
|---|---|---|---|---|
| 山南東道（襄陽） | 襄陽防禦使、山南東道防禦使、襄陽節度使、襄州節度使、山南東道節度使、忠義軍節度使 | 755～905 | 忠義軍（888～905） | 襄、鄧、復、郢、隨、唐、均、房 |
| 南陽 | 南陽防禦使、南陽節度使、山南東道節度使 | 756～757 | 無 | 南陽等郡 |
| 唐鄧 | 唐隨鄧節度使 | 815～817 | 無 | 唐、隨、鄧 |
| 荊南 | 山南東道防禦使、山南東道節度使、江陵防禦使、荊南節度使、荊澧節度使、江陵節度使 | 755～905 | 無 | 江陵府、澧、朗、歸、峽、萬、夔、忠 |
| 夔峽(夔忠) | 雲安防禦使、雲安節度使、夔峽節度使、夔忠都防禦使 | 756～759、764～766 | 無 | 夔、歸、峽、萬、忠 |
| 山南西道（興元） | 山南西道防禦使、山南西道節度使、山南西道觀察使、興元節度使 | 756～892 | 無 | 興元府、洋、集、壁、文、通、巴、興、鳳、利、開、渠、蓬、果、閬、行成、行扶 |
| 金商 | 興平軍節度使、武關防禦觀察使、金商都防禦使、金商節度使、昭信軍防禦使、昭信軍節度使、戎昭軍節度使 | 756～760、761～762、784、807、886～906 | 興平軍（756～760）、昭信軍（891～905）、戎昭軍（905～906） | 金、商 |
| 興鳳(感義) | 興鳳都團練使、感義軍節度使 | 759～760、768～782、886～886、888～892 | 感義軍（886～886、888～892） | 鳳、興 |
| 武定 | 洋州節度使、武定軍節度使 | 885～892 | 武定軍（885～892） | 洋、蓬、壁 |
| 澧朗(武貞) | 澧朗溪都團練使、澧朗峽都團練使、武貞軍節度使、澧朗溪觀察使 | 759～760、779～779、898～908 | 武貞軍（898～908） | 澧、朗、溪(峽) |

## 淮南道藩鎮

| 藩　鎮 | 全　稱 | 存在時間 | 軍　號 | 長期轄區 |
|---|---|---|---|---|
| 淮南 | 淮南節度使 | 756～887 | 無 | 揚、楚、滁、和、舒、廬、壽、光 |
| 淮西（彰義、奉國） | 淮南西道節度使、淮西節度使、淮寧軍節度使、彰義軍節度使、蔡州節度使、申光蔡節度使、奉國軍防禦使、奉國軍節度使 | 756～818、880～899 | 淮寧軍（779～782）、彰義軍（798～818）、奉國軍（880～899） | 蔡、申、光 |
| 蔡汝（豫汝） | 豫許汝節度使、蔡汝節度使 | 758～773 | 無 | 蔡、汝、申 |
| 舒廬 | 舒廬壽都團練使 | 761～761 | 無 | 壽、舒、廬 |
| 壽濠 | 壽濠都團練觀察使 | 784～788 | 無 | 壽、濠、廬 |
| 泗濠 | 泗濠觀察使 | 800～806 | 無 | 泗、濠 |
| 舒廬 | 舒廬滁和都團練使 | 800～807 | 無 | 舒、廬、滁、和 |
| 壽泗 | 壽泗楚都團練使 | 807～807 | 無 | 壽、泗、楚 |

## 江南東道藩鎮

| 藩　鎮 | 全　稱 | 存在時間 | 軍　號 | 長期轄區 |
|---|---|---|---|---|
| 江南東道（江東、浙江） | 江南東道節度使、江南防禦使、江東防禦使、江東節度使、浙江東西道都團練觀察使、浙江東西節度使 | 756～758、779～780、781～787 | 鎮海軍（781～787） | 潤、宣、歙、蘇、常、杭、湖、越、睦、衢、婺、台、明、括、溫、昇、處、池 |
| 浙江西道（浙西） | 浙江西道節度使、浙江西道都團練觀察使、鎮海軍節度使 | 757～757、758～779、780～781、787～887 | 鎮海軍（805～809、834～835、858～859、862～867、870～887） | 潤、蘇、常、杭、湖、睦 |
| 杭州（浙西） | 杭州防禦使、武勝軍防禦使、蘇杭觀察使、鎮海軍節度使、浙西觀察使 | 889～896 | 武勝軍（892～893）、鎮海軍（893～896） | 杭、蘇 |
| 浙江東道（浙東） | 浙江東道節度使、浙江東道都團練觀察使、義勝軍節度使、威勝軍節度使 | 757～757、758～779、780～781、787～896 | 義勝軍（883～887）、威勝軍（887～896） | 越、婺、衢、處、溫、台、明 |

| 福建 | 長樂經略使、福建經略使、福建都防禦使、福建節度使、福建都團練觀察使 | 756～893 | 無 | 福、泉、建、汀、漳 |
|---|---|---|---|---|
| 昇州 | 武寧軍節度使 | 902～902 | 武寧軍（902～902） | 昇 |
| 湖州 | 忠國軍節度使 | 896～897 | 忠國軍（896～897） | 湖 |

## 江南西道、黔中道藩鎮

| 藩　鎮 | 全　稱 | 存在時間 | 軍　號 | 長期轄區 |
|---|---|---|---|---|
| 宣歙 | 宣歙饒觀察使、宣歙節度使、宣歙池都團練觀察使、寧國軍節度使 | 758～759、760～760、762～765、766～779、787～892 | 寧國軍（890～892） | 宣、歙、池（饒） |
| 江南西道（江西） | 江南西道節度使、豫章防禦使、洪吉都防禦觀察團練使、江西西道都團練觀察使、江西觀察使、鎮南軍節度使 | 756～906 | 鎮南軍（865～868、889～906） | 洪、吉、虔、撫、袁、信、饒、江 |
| 鄂岳 | 鄂岳都團練使、鄂岳都團練觀察使、鄂岳都防禦使、鄂岳觀察使、武昌軍節度使 | 759～761、764～779、782～905 | 武昌軍（806～808、825～831、847～848、850～852、886～906） | 鄂、岳、蘄、黃、安、申 |
| 湖南 | 衡陽防禦使、衡州都防禦使、湖南都團練觀察使、欽化軍節度使、武安軍節度使 | 757～896 | 欽化軍（883～886）、武安軍（886～896） | 潭、衡、邵、永、道、郴、連 |
| 黔中（黔南） | 黔中節度使、黔中經略招討觀察使、黔州觀察使、黔南觀察使、武泰軍節度使 | 756～903 | 武泰軍（890～903） | 黔、施、夷、辰、費、敘、南、溱、珍、錦、獎、溪、涪、思、播 |
| 安黃 | 安黃節度使、奉義軍節度使 | 799～810 | 奉義軍（803～806） | 安、黃 |
| 虔州（虔韶） | 百勝軍防禦使、虔州防禦使、鎮南軍節度使 | 907～918 | 百勝軍（907～918）、鎮南軍（910～911） | 虔、韶 |

　　這一地區主要以高原為主，蒙古高原占主體，四周為山嶺環繞。東西分別是大興安嶺和阿勒泰山，西北是東、西薩彥嶺；北部是貝加爾湖，東北部接外興安嶺西麓；南路有陰山，賀蘭山等。在高原中夾雜著不少較大河流湖泊，如鄂爾渾河，克魯倫河、貝加爾湖等。其地形特點為東北高，西南低的傾斜狀。其植被分布特點為：南路地區分布有大片沙漠。東南和東部地區是成片的溫帶草原，西部地區有大量的戈壁灘。

　　匈奴活動範圍中靠近游牧農耕分界線一帶有著優質的草場及狩獵場，同時也是游牧政權與農耕政權交鋒的最前線。例如史籍中所記載的祁連山及陰山一帶就是其肥美的牧獵場，《西河舊事》云：「匈奴失二山，乃歌云：『亡我祁連山，使我六畜不蕃息』」〔註6〕，足見該地的水草之豐美。《漢書・匈奴傳》載：「北邊塞至遼東，外有陰山，東西千餘里，草木茂盛，多禽獸，本冒頓單于依阻其中，治作弓矢，來出為寇，是其苑囿也。」〔註7〕

　　匈奴人活動的區域氣候十分寒冷，也時常有極端氣候，如《漢書・匈奴傳》言單于殺二師將軍後：「會連雨雪數月，畜產死，人民疫病，穀稼不熟」〔註8〕。傳統觀點認為氣候變化是游牧民族南下劫掠的主因。極端氣候甚至能影響到其政權的國運，如《漢書・匈奴傳》載：

　　　　其冬，單于自將萬騎擊烏孫，頗得老弱，欲還。會天大雨雪，一日深丈餘，人民畜產凍死，還者不能什一。於是丁令乘弱攻其北，烏桓入其東，烏孫擊其西。凡三國所殺數萬級，馬數萬匹，牛羊甚眾。又重以餓死，人民死者什三，畜產什五，匈奴大虛弱，諸國羈屬者皆瓦解，攻盜不能理。其後漢出三千餘騎，為三道，併入匈奴，捕虜得數千人還。匈奴終不敢取當，茲欲鄉和親，而邊境少事矣。〔註9〕

　　根據最新的出土文獻結合傳世文獻分析，氣候與游牧民族南下劫掠並非正史材料所載的簡單正負相關，而是有著更為複雜的模型。舒展的最新研究指出：

　　　　季節性氣候的限制作用總體與匈奴相對於漢朝政治實力強弱呈負相關，還一定程度上受氣候歷時性變遷、自然災害、地理位置、

---

〔註6〕司馬遷：《史記》卷110《匈奴列傳》，中華書局，1959年，第2909頁。
〔註7〕班固：《漢書》卷94《匈奴傳下》，中華書局，1962年，第3803頁。
〔註8〕班固：《漢書》卷94《匈奴傳上》，中華書局，1962年，第3781頁。
〔註9〕班固：《漢書》卷94《匈奴傳上》，中華書局，1962年，第3787頁。

入侵目標等因素影響。在匈強漢弱的格局下，氣候的限制作用較小；
隨著匈奴政治實力的衰落，氣候的限制作用也逐步增大，且逐步從
影響族群的戰力轉向存亡。〔註10〕

但與百越相較而言，匈奴人的地理環境及氣候的確深刻地影響著北方游
牧民族與中原王朝之間的關係，而百越由於氣候條件的優越性根本不存在因
為氣候影響引發與中原王朝的衝突，也是不爭的事實。

## 三、匈奴的人口狀況

關於匈奴的人口狀況歷來是學者們爭論的熱點話題之一，相關的推測的
數據研究很多，數額不等〔註11〕。當代學者已經基本擯棄了「五口一卒」的計
算方式，原因是匈奴政權中異族騎士較多、家庭結構、社會組織結構均與漢地
迥異。袁祖亮根據傳世文獻的材料分析推測，認為「據文獻記載，冒頓單于時
期的匈奴人口在 140 萬以下。推測冒頓單于時期的匈奴人口約有 130 萬至 140
萬之間。」〔註12〕，其同時認為「東漢和帝永元年間，南北匈奴的人口總數約
有 140 萬，這是我們所能推知的東漢時期匈奴人口的最高數。」〔註13〕而根據
尚新麗對西漢一代匈奴人口數量變動研究認為：

> 西漢初年，以長城為界，漢朝和匈奴形成了南北並峙的兩大政
> 權。冒頓單于時期匈奴人口在 110 萬～130 萬之間；老上單于至軍
> 臣單于中期，匈奴人口達到了鼎盛時期，由 130 萬增長到 150 萬以

〔註10〕 舒展：《兩漢時期匈奴侵漢的季節特徵芻議——結合氣候與政治的再認識》
〔C〕.徐衛民、王永飛主編：《秦漢研究》（第十七輯），西北大學出版社，2022
年，第 133 頁。

〔註11〕 比較具有代表性的是馬長壽的觀點，他認為：按賈誼《新書》所謂「五口而出
介卒一人」，設依此來推測，匈奴極盛時代的人口共有一百五十萬，此與中行
說所謂「匈奴人眾不能當漢之一郡」，是完全相符的，若此種推測不誤，則匈
奴的奴隸人口是匈奴戰士數目一倍以上，而占其全部人口的百分之五十。即
匈奴人 150 萬，含控制的奴隸人口達 300 萬。參見馬長壽：《論匈奴部落國家
的奴隸制》〔J〕.歷史研究，1954 年，第 5 期。林幹也支持賈誼《新書》的「五
口而出介卒一人」，其人口估計結論認為：漢初匈奴盛時，人口約有二百萬；
宣帝時五單于爭立，人口減為一百七十五萬，五單于混戰後人口更少，約為一
百五十萬；及其衰落，分裂為南北，人口僅存約一百三十萬。假定匈奴奴隸人
口為三十萬，則約占匈奴人口的七分之一或五分之一。參見：林幹：《匈奴通
史》，北京：人民出版社，1986 年，第 17 頁。

〔註12〕 袁祖亮：《略論冒頓單于時期的匈奴人口》〔J〕.南都學壇，1998 年，第 4 期。

〔註13〕 袁祖亮：《東漢時期匈奴族的人口》〔J〕.南都學壇，2007 年，第 1 期。

寬則隨畜，因射獵禽獸為生業；急則人習戰攻以侵伐，其天性也。」此外，匈奴人「利則進，不利則退，不羞遁走。苟利所在，不知禮義。」說明他們是十足的功利主義者。

匈奴的行為風俗中有賤老的傳統。史載匈奴人：「壯者食肥美，老者飲食其餘。貴壯健，賤老弱」，這與漢地的以孝為百善之先的習俗格格不入，因而為漢人所詬病，以異俗見諸史料。對此中行說曾做過辯護說：「匈奴明以攻戰為事，老弱不能鬥，故以其肥美飲食壯健以自衛，如此父子各得相保，何以言匈奴輕老也？」漢使臣曾認為：「匈奴父子同穹廬臥……無冠帶之節，闕庭之禮。」中行說辯解說：「匈奴之俗，食畜肉，飲其汁，衣其皮；畜食草飲水，隨時轉移。故其急則人習騎射，寬則人樂無事。約束徑，易行；君臣簡，可久。」〔註84〕

匈奴人還有歃血為盟的習俗，《漢書·匈奴列傳》載：「昌、猛與單于及大臣俱登匈奴諾水東山，刑白馬，單于以徑路刀金留犁撓酒，以老上單于所破月氏王頭為飲器者共飲血盟。」〔註85〕匈奴人歃血為盟時殺白馬倒入酒中，用人頭骨做成的器皿飲血為盟。這一點與漢地略有不同相同，百越之地有無歃血為盟的習俗目前尚無史料記載。

## 二、百越

百越之地民風彪悍，好勇好鬥，輕死易發。《漢書·地理志》載：「吳、粵之君皆好勇，故其民至今好用劍，輕死易發。」〔註86〕史籍評價儋耳、珠崖郡兩地越民說道：「其民暴惡，自以阻絕，數犯吏禁，吏亦酷之，率數年壹反，殺吏，漢輒發兵擊定之。自初為郡至昭帝始元元年，二十餘年間，凡六反叛。」〔註87〕越地民風之剽悍可見一斑。文獻記載百越人喜刺紋身，且以流血為榮，《淮南子·泰族訓》云：「夫刻肌膚，鑱皮革，被創流血，至難也，然越為之，以求榮也。」〔註88〕

由於發展水平各異，許多發展較慢的百越部落的越人沒有嚴格的尊卑等級秩序，民風粗獷淳樸。《漢書·賈捐之傳》載：「駱越之人父子同川而浴，相

〔註84〕班固：《漢書》卷94《匈奴傳上》，中華書局，1962，第3760頁。
〔註85〕班固：《漢書》卷94《匈奴傳下》，中華書局，1962年，第3801頁。
〔註86〕班固：《漢書》卷28《地理志下》，中華書局，1962，第1667頁。
〔註87〕班固：《漢書》卷64《賈捐之傳》，中華書局，1962，第2830頁。
〔註88〕何寧：《淮南子集釋》，北京：中華書局，1998年，第1406頁。

習以鼻飲，與禽獸無異」〔註89〕。漢地對於嶺南越人男女混浴，父子同浴之俗嗤之以鼻，大書特書，這恰恰表明越人等級尊卑秩序不明顯。

此外文獻中還有許多關於百越的異俗。《博物志·異俗》載：「越之東有駭沐之國。其長子生，則解而食之，謂之宜弟。」〔註90〕而對於食嬰兒之說，當屬個案，經過以訛傳訛被誇大成普遍現象。《博物志·異俗》同載：「交州夷名曰俚子。俚子弓長數尺，箭長尺餘，以燋銅為鏑，塗毒藥於鏑鋒，中人即死，不時斂藏，即腹脹沸爛，須臾肌肉都盡，唯骨耳。其俗：誓不以此藥法語人。」〔註91〕關於越人製毒箭的記載是可信的，這樣的習俗目前在某些較原始的熱帶部落中還有遺存。《後漢書·南蠻西南夷列傳》曰：

> 《禮記》稱「南方曰蠻，雕題交址」。其俗男女同川而浴，故曰交址。其西有啖人國，生首子輒解而食之，謂之宜弟。味旨，則以遺其君，君喜而賞其父。取妻美，則讓其兄。今烏滸人是也。〔註92〕

《博物志·異俗》還記載：「荊州極西南界至蜀，諸民曰獠子。婦人妊娠七月而產，臨水生兒，便置水中，浮則取養之，沉便棄之，然千百多浮。既長，皆拔去上齒牙各一，以為身飾。」〔註93〕史籍中記載的這些異俗很多只是個例，不具普遍性，但關於百越人有「拔牙」這一習俗是得到學界肯定的。

> 拔牙又叫鑿齒，是古代人工改變牙齒方式主要的一種。古代越人及其先民，也曾有過這種習俗。越人拔牙的記載很少，但近年來出土的考古資料，已進一步證實，越族及其先民，確有拔牙風俗。〔註94〕

# 本章小結

通過以上論述可知，匈奴與百越在宗教觀念和巫術文化層面具有很大的相似性，而在行為文化上卻具有很大的差異，為什麼在精神層面表現出很大的相似性，而在行為上卻迥然不同呢？這是一個很有趣的問題，回答這一問題要涉及對精神及行為文化起主導作用的差異。

〔註89〕班固：《漢書》卷64《賈捐之傳》，中華書局，1962，第2834頁。
〔註90〕張華撰；范寧校證：《博物志校證》，北京：中華書局，1980年，第24頁。
〔註91〕張華撰；范寧校證：《博物志校證》，北京：中華書局，1980年，第25頁。
〔註92〕范曄：《後漢書》卷86《南蠻西南夷列傳》，中華書局，1965，第2834頁。
〔註93〕張華撰；范寧校證：《博物志校證》，北京：中華書局，1980年，第24頁。
〔註94〕蔣炳釗，吳綿吉，辛土成等：《百越民族文化》，上海：學林出版社，第355頁。

　　根據文化人類學進化論學說的觀點，人類在發展階段相一致的水平上會表現出接近的行為習慣，至少在人類普遍經歷的巫術和宗教進化階段該理論有一定的合理性，摩爾根認為：

　　　　人類智慧的活動，在人類進步的一切階段都是一致的，……由於這個原則的力量，所以人類能在同樣的情況中造出同樣的工具和器具，做出同樣的發明，並且能夠從思想的同樣的原有萌芽發展出同樣的制度。〔註95〕

弗雷澤的觀點也認為在巫術階段：「人類沒有靈魂和神的概念，而是相信自己的力量，相信人類能夠通過巫術行為呼風喚雨，殺死敵人，取得收穫等。」〔註96〕到了宗教階段「人類開始意識到巫術的力量遠不是萬能的，依靠它並不能駕馭不可知的神秘力量。於是，不再相信自己想像的威力，並開始把超自然的能力歸於精靈和神，而進行崇拜活動。」〔註97〕文化人類學的進化論把巫術和宗教論證為從低級向高級的發展過程，這一觀點不一定正確，匈奴人、百越人在秦漢時期的精神世界中更多的是巫術與宗教並存的局面，但匈奴人與百越人在宗教觀念與巫術運用上確實如弗雷澤所總結的一樣。

　　匈奴人與百越人在宗教和巫術的應用上雖然形似，但神不似。具體表現為匈奴的宗教活動具有全民性質，且具有自我優越性（天崇拜）；巫術很多時候運用於群體，如戰爭中對順勢巫術的應用就是很好的例子，匈奴的精神文化極大地鼓舞和凝聚了匈奴人的力量。百越人由於部族眾多，宗教觀念雖基本相近，然而具體表現各異，巫術也以運用於個體居多，因而在精神文化的內涵上匈奴與百越有著很大的差異。

　　綜上所述，宗教觀念和巫術文化在很大程度上受制於生產力的發展階段。匈奴和百越在秦漢時期都剛步入了階級社會不久，在發展水平上都低於中原漢地，還不具備發展出高級宗教的土壤，因而在相近的生產力前提下，才產生較相似的巫術階段和擁有相近的宗教觀念，又由於地理環境的差異，決定了二者在精神文化層面形似而神不似的特點。

　　各個民族的行為文化的產生和發展都是適應各自地理環境的產物。匈奴

〔註95〕〔美〕摩爾根：《古代社會》，北京：商務印書館，1971年，第470頁。
〔註96〕夏建中：《文化人類學理論學派：文化研究的歷史》，北京：中國人民大學出版社，1997年，第48頁。
〔註97〕夏建中：《文化人類學理論學派：文化研究的歷史》，北京：中國人民大學出版社，1997年，第48頁。

與百越的行為文化都具有很強的地域性特徵，關於匈奴與百越的行為習性，
《淮南子‧原道訓》曾做過一番概述性的比較：

> 九疑之南，陸事寡而水事眾，於是民人被髮文身，以像鱗蟲，短
> 綣不綺，以便涉遊，短袂攘卷，以便刺舟，因之也。鴈門之北，狄不
> 穀食，賤長貴壯，俗尚氣力，人不弛弓，馬不解勒，便之也。〔註98〕

《淮南子》論證了匈奴與百越行為文化間差異的合理性。百越所居的東南山
區，山多林密，故許多部落間與外界交流少，故婚俗淫逸；該地水網密布，水
位很淺所以才會有土墩葬的出現，山區山水相間，多懸崖峭壁，才發展出特色
的懸棺葬文化；又因為百越諸部的發展水平不一，所以在漢籍記載中才會有各
種各樣的異俗。匈奴因為財產繼承，所以才會出現收繼婚；又由於全民皆兵，
所以賤老貴壯。

這說明一定的行為文化受制於一定的地域環境，因而在草原地區不具備
懸棺葬的條件，在百越地區也不需要實行像匈奴那樣的收繼婚，匈奴和百越的
婚俗、喪葬等系列行為文化既適應了各自地區的地理環境，也適應了各自的生
產力發展階段。

匈奴與百越的宗教觀念對中原漢地影響不大，然而它們的巫術文化都流
行於漢地，極大地豐富了秦漢時期的中原神仙方術。《資治通鑒‧漢紀十四》
載漢武帝之時「方士及諸神巫多聚京師，率皆左道惑眾，變幻無所不為女巫往
來宮中，教美人度厄每屋輒埋木人祭祀之。」〔註99〕《史記‧孝武本紀》載：
「是時既滅南越，越人勇之乃言：『越人俗信鬼，而其祠皆見鬼，數有效。……』
乃令越巫立越祝祠，安臺無壇，亦祠天神上帝百鬼，而以雞卜。」〔註100〕相
較物質文化層面中原漢地向匈奴學習而言，二者的巫術文化雖然不是中原漢
地學習的內容，但它們卻極大地影響了當時的政治、宗教及文化領域。

對於二者的行為文化，中原漢地則帶著鄙夷的眼光，從史料記載的文字表
述可以看出。如《史記‧平津侯主父列傳》言匈奴之習性：「夫匈奴之性，獸
聚而鳥散，從之如搏影。……夫匈奴難得而制，非一世也。行盜侵驅，所以為
業也，天性固然。上及虞夏殷周，固弗程督，禽獸畜之，不屬為人。」〔註101〕
又如《鹽鐵論‧備胡》賢良曰：「匈奴處沙漠之中，生不食之地，天所賤而棄

〔註98〕何寧：《淮南子集釋》，北京：中華書局，年，第38～39頁。
〔註99〕司馬光：《資治通鑒》卷22《漢紀十四》，中華書局，1956年，第782頁。
〔註100〕司馬遷：《史記》卷12《孝武本紀》，中華書局，1959年，第478頁。
〔註101〕司馬遷：《史記》卷112《平津侯主父列傳》，中華書局，1959年，第2955頁。

因於大量漢地人口帶來其手工業質的飛躍。

相似的自然條件和地理環境方面可以產生有共同的文化習俗及特徵，特別是經濟、文化的交流，這種互相傳播，更使文化習俗上有共同特徵。百越族群雖然部族林立，各分支發展水平不一，但其作為文化意義上的族群還是有著許多共同的文化特徵。黃曾慶認為百越族群有共同的有肩石斧、有段有碴文化，具有相似風格的幾何形印紋陶器具有、普遍有崖葬的葬俗、都擁有「干欄」式建築型制、斷髮文身的習俗、擁有青銅文明中風格相似的銅鼓等文化習俗〔註2〕。以「百越」為代表的狩耕族群文化系統的發展特點可以概括為：

其一，南方尤其是東南百越族群從未建立過對中原華夏文明有實質性威脅的大的政權。春秋時期的吳、越爭雄不過曇花一現，其後更是部族林立，漢初的分封諸越政權更是說明越地在華夏體國經野的政治秩序之中。

其二，百越族群的生存地域不斷被中原政權逐漸壓縮，形成「百越南移」的局面。在史實層面表現為從江淮地區向江南地區再到嶺南地區的退卻，中古時期甚至只有避居山林才能保存自身文化的傳承；在文本中的映像表現為從籠統的越、百越向具體的越（東越、閩越、南越、駱越等）的轉變，從以族為名到因地為名，最後百越成為追溯史實的歷史文本人群。

其三，歷代中原王朝對該南方百越地區的控制經歷了一個「由點到線及面」的控制過程，許多地區長期處於中原漢族政權的羈縻統治之下，經過漫長的民族融合，最終百越地區完全華夏化，融入中華民族共同體秩序當中。

其四，族群內部發展產生巨大分化，發展嚴重不平衡，有些部族受華夏文化影響極深，從狩耕文化發展成為完全意義上的農耕定居文化，許多族群融為漢族的一部分，還有許多部族社會文化長期發展緩慢，差異明顯，最終成為現代的諸多少數民族的源頭。

## 第二節　匈奴百越道路分野秦——西漢基本定型說

以中原王朝的視野為中心，縱觀整部中國古代歷史，可以看出中原王朝的國防重心始終在北部，秦漢至隋唐國防重心一直在西北，唐末以後轉向東北，中原王朝始終防範著來自北方游牧民族的南下襲擾。從匈奴、鮮卑、柔然、突

〔註2〕黃增慶：《如何理解「百越」共同文化習俗》〔J〕.中南民族學院學報（社會科學版），1986年，增刊。

厥、回鶻、契丹、女真到蒙古，北方游牧民族大多建立自己的政權，並且不斷向中原王朝發起騷擾和侵犯。這些北方游牧民族在衝突中與漢民族不斷融合，然而又會有新的游牧政權崛起，與中原王朝不斷地重複衝突—融合—再衝突—再融合的發展道路。

　　南方少數民族地區的發展道路，從秦漢時期就開始了不斷被同化融合的過程，至隋唐時期東南基本實現了漢化，歷史上的百越後裔大多融合到漢民族之中，整個東南沿海地區除少數山區之外，基本已融合為漢族，不再有少數民族。宋元之後西南地區也在逐步的漢化過程中，許多古代文獻中記載的少數民族也逐漸融入漢民族當中，在史籍中失去了記載，部分地區一直處於羈縻統治之下，明清改土歸流之後基本徹底解決了南方少數民族的反叛抗爭。

　　縱觀兩千年的邊疆歷史，我們可以明晰地看出兩條不同的民族發展道路，即以北方游牧民族代表的草原政權不斷對中原王朝襲擾的游牧——農耕衝突融合之路，和以南方狩耕民族為代表的被中原王朝逐漸完全同化融合之路。雖然兩條道路都是建立在民族融合的基礎之上的，但是二者的融合有著很大的不同：前者是不斷衝突融合之路，而後者則是逐步的同化融合之路。

　　通過前文對秦西漢時期匈奴與百越族群文化的比較研究，我們可以看到，秦、西漢時期是兩條民族發展道路分異的開端。事實上，在秦朝統一六國之前也存在北方游牧民族對中原的地區的騷擾與侵犯，《國語・齊語》載齊桓公即位數年「遂北伐山戎，刜令支，斬孤竹而南歸，海濱諸侯莫不來服。……西征攘白狄之地，至於西河，方舟設泭，乘桴濟河，至於石枕，懸車束馬，逾大行與辟耳之谿拘夏，西服流沙、西吳。」〔註3〕《史記・廉頗藺相如列傳》載：

> 　　李牧者，趙之北邊良將也。常居代雁門，備匈奴。……李牧多
> 為奇陳，張左右翼擊之，大破殺匈奴十餘萬騎。滅襜襤，破東胡，
> 降林胡，單于奔走。其後十餘歲，匈奴不敢近趙邊城。〔註4〕

從齊桓公北伐山戎、西攘白狄到李牧大敗匈奴，整個春秋戰國時期北部的華夏族都在與北方的游牧民族在鬥爭。

---

〔註 3〕徐元誥撰；王樹民、沈長雲點校：《國語集解》，北京：中華書局，2002 年，第
　　　233～234 頁。
〔註 4〕司馬遷：《史記》卷 81《廉頗藺相如列傳》，中華書局，1959 年，第 2449～2450
　　　頁。

　　而在南方，華夏族面臨著比北方更為嚴峻的鬥爭形勢，東南的越族先後崛起了吳國和越國兩個強大的越族政權，《史記‧楚世家》載：「吳王夫差強，陵齊、晉，來伐楚。」〔註5〕《史記‧越王句踐世家》載：「句踐已平吳，乃以兵北渡淮，與齊、晉諸侯會於徐州，致貢於周。……當是時，越兵橫行於江、淮東，諸侯畢賀，號稱霸王。」〔註6〕此外，南方還有強大的楚國。此時的力量格局還處於南強北弱的狀態，這與秦漢之後的北強南弱的政治格局恰恰相反。

　　而到了秦漢之際，匈奴統一草原地區，標誌著北方游牧力量的崛起。匈奴的統一發生在秦統一六國後不久，它西漢王朝的軍事鬥爭及民族融合路線一直被後世的草原民族政權所重複，不論從戰爭形式、和親手段、關市交流還是民族融合上，都有著驚人的相似性。

　　然而南方的百越卻沒能走得更遠，《史記‧越王句踐世家》載：「楚威王興兵而伐之，大敗踐，殺王無強。盡取故吳地至浙江，北破齊於徐州。而越以此散，諸族子爭立，或為王，或為君，濱於江南海上，服朝於楚。」〔註7〕越國於公元前 334 年為楚所滅，從此百越一蹶不振，再難形成對中原華夏族的威脅。到了始皇二十五年時「王翦遂定荊江南地；降越君，置會稽郡」〔註8〕，百越最發達的地區開始納入中原王朝的直接統治，隨後不久，閩越、嶺南地區相繼納入郡縣統治之下，越人的力量每況愈下，至此完全形成了北強南弱的力量格局。

　　在秦、西漢時期，中原王朝不斷強大，原先一直相安無事的東南諸越開始進入武帝開疆拓土的視野，雖然在東南所制郡縣只能說是點——線上的統治，這也不是華夏文化第一次駐足百越地區，但這次駐足標誌著中原漢文化開始在東南地區開始扎根，這是中原王朝先進生產力發展外溢的結果。

　　百越地區有限的反叛終究沒能影響漢文化在這一地區的發展，隨著中原地區先進農耕技術及生產工具的引進，南方少數民族的狩耕文化中的狩獵文化逐步退化，許多百越部族逐步被完全融合、同化到漢文化當中。到了三國時期，在閩浙一帶的保留有越人傳統的部族被稱為山越，說明百越部落只能依靠山地保持其文化。隨後東南地區的完全同化、融合之路迅速發展，到了隋唐時

〔註5〕司馬遷：《史記》卷 40《楚世家》，中華書局，1959 年，第 1719 頁。
〔註6〕司馬遷：《史記》卷 41《越王句踐世家》，中華書局，1959 年，第 1746 頁。
〔註7〕司馬遷：《史記》卷 41，中華書局，1959 年，第 1751 頁。
〔註8〕司馬遷：《史記》卷 6，中華書局，1959 年，第 234 頁。

期，東南地區已經不見越人的蹤跡，嶺南地區的漢化程度也達到了很高的水平。

綜上，造成匈奴與百越所代表的衝突融合和同化融合兩條道路分異的時期萌芽於先秦，基本定型於秦、西漢時期，其後南北族群歷史的發展趨勢正是從這一節點分流，二者與中原王朝的融合互動的史實共同構成中華民族共同體的歷史發展進程。

# 第二章　中國古代北方游牧民族歷史分期芻議

　　中華文明是世界上唯一延續數千年而不絕的文明，先民十分重視史學典籍的編撰，故中國史學向來以發達著稱。以《史記》《資治通鑒》為代表的通史與二十四史中的二十三部斷代史交相輝映。古人很早就重視對歷史的分期，先秦諸子百家言必稱三代，以區分古今就是一種樸素的歷史分期法，儒家有大同社會、小康之世、禮崩樂壞的三分法，兩千年專制王朝興衰治亂後，清末壬寅學制改革小學堂將中國歷史分為上古三代、秦漢、兩晉南北朝、唐五代、宋遼金元、明六個階段〔註1〕。其後各種歷史分期層出不窮，有中國歷史分為氏族社會、宗法社會、專制社會階段的三分法〔註2〕。有借鑒日本東洋史上古、中古、近古、近世的歷史分期法〔註3〕；也有堅持馬克思主義五種社會形態的原始社會、奴隸社會、封建社會、資本主義社會、社會主義社會的歷史分期法。上述歷史分期著眼點、立足點不同，分期依據從政治層面、經濟層面、文化層面各不相同。在我國，總體而言唯物史觀的歷史分期法長期以來佔據主流，這種主流的分期方式不僅僅簡單停留在馬克思關於社會形態的總結歸納上〔註4〕，

---

〔註1〕張浩：《中國歷史分期與進化史觀》〔J〕.文史天地，2020 年，第 8 期。

〔註2〕葉文憲：《古史分期新說述評》〔J〕.中國史研究動態，2000 年，第 1 期。

〔註3〕〔日〕宮崎市定著；焦堃、瞿柘如譯：《宮崎市定中國史》，杭州：浙江人民出版社，2015 年。

〔註4〕馬克思指出：「大體說來，亞細亞的、古代的、封建的和現代資產階級的生產方式可以看作是經濟的社會形態演進的幾個時代。」參見〔德〕卡爾·馬克思、〔德〕弗里德里希·恩格斯；中共中央馬克思恩格斯列寧斯大林著作編譯局編譯：《馬克思恩格斯選集》第 2 卷，北京：人民出版社，1995 年，第 33 頁。

更體現在對生產力與生產關係的構成上〔註5〕。例如何天明就認為：

> 對歷史進行分期是有普遍性法則的。生產力與生產關係的對立
> 統一關係是貫穿歷史全過程的社會基本矛盾，是社會歷史發展的內
> 在動力，是造成歷史連續性的主線；是鏈接歷史各階段的主幹。在
> 進行歷史分期時，必須按這個基本矛盾中生產關係要適應生產力發
> 展的要求去認識歷史各個階段矛盾的性質及矛盾鬥爭的結局。在這
> 些階段性矛盾中，政治領域中的重大矛盾是生產力與生產關係在該
> 歷史階段中的矛盾最鮮明、最集中的反映，是對經濟、文化等領域
> 矛盾具有影響力和規定性的社會主要矛盾，而政權的轉易則是一個
> 歷史階段向另一個歷史階段轉化的標誌性事件和時刻，我們要科學
> 地劃分歷史階段，就要以此為依據。〔註6〕

歷史分期的初衷是便於我們把握長時段歷史的全局，而中國古代北方游牧草原由於其獨特的地理環境特徵及其草原歷史發展歷程，對中原王朝的歷史分期方法無法適用於中國古代北方游牧民族的發展歷史。何天明指出中國古代北方草原文化歷史分期的特殊性表現為區域性、多民族性、文化上的主體性與吸融性三大特徵，它們之間的內在聯繫可以簡單地概括為：沒有區域文化的整體性就沒有多民族文化的差異性；沒有多民族文化的差異性，區域文化的整體性也不復存在，區域文化的特質及其複合性（多樣性與豐富性）特色也就無從談起，而這些特質、特色得到體現則得益於文化上的主體性與吸融性。據此他將中國古代北方草原文化歷史分期分為三個階段：一、以原創游牧文化為主要特點的區域文化形成期（公元前209～公元906年，約1116年）；二、拓展地域空間和經濟類型的文化跨越發展期（公元907～公元1205年）；三、在統一中國的大背景下創新與吸融相互滲透的全面發展時期（公元 1206～公元1911年）。〔註7〕

---

〔註5〕馬克思指出：「生產關係總和起來就構成……具有獨特的特徵的社會。古典古代
社會、封建社會和資產階級社會都是這樣的生產關係的總和，而其中每一個生
產關係的總和同時又標誌著人類歷史發展中的一個特殊階段。」〔德〕卡爾・馬
克思、〔德〕弗里德里希・恩格斯；中共中央馬克思恩格斯列寧斯大林著作編譯
局編譯《馬克思恩格斯選集》第1卷，北京：人民出版社，1995年，第345頁。

〔註6〕何天明：《中國古代北方草原文化的連續性與階段性——對本區域文化歷史分
期的思考》〔C〕.《中國・內蒙古第三屆草原文化研討會論文集》，第20頁。

〔註7〕何天明：《中國古代北方草原文化的連續性與階段性——對本區域文化歷史分期
的思考》〔C〕.《中國・內蒙古第三屆草原文化研討會論文集》，第26～33頁。

　　在對於中國古代北方游牧民族的內涵定義時候，林幹曾言中國古代北方民族從廣義說可包括曾在東北、大漠南北和西北活動的各族，也就是包括下列五個系統的各族：

　　　　（1）匈奴系統——匈奴、北匈奴、南匈奴、屠各（亦稱屠各胡）、盧水胡、鐵弗；（2）東胡系統——東胡、烏桓、鮮卑、柔然、契丹、庫莫奚、室韋、蒙古；（3）突厥系統——丁零、高車（敕勒）、鐵勒、突厥、回紇（回鶻）、薛延陀、黠戛斯；（4）肅慎系統——肅慎、挹婁、勿吉、靺鞨、女真；（5）西域各族——西漢時的所謂「三十六國」及其在歷代的演變。〔註8〕

　　本書所討論的中國古代北方游牧民族定義內涵屬於林幹指出的狹義概念，即「古代北方民族則僅包括曾經活動在大漠南北（即後來地理上稱之為蒙古草原地區）的匈奴、東胡和突厥三大族系。」〔註9〕本章基於史實演進基礎上進行文本概念的分析，從政治史、軍事史及技術史結合的視角將中國古代北方游牧民族歷史分為上古游牧——游牧歷史的叢林時代、中古游牧——游牧歷史的「新陳代謝」時代、近古游牧：蒙古人的時代三個歷史時期，以便於我們從政權更迭及技術革新的角度把握游牧歷史的脈絡，並以此理論拋磚引玉，求教方家。

## 第一節　上古游牧：游牧歷史的叢林時代

　　中國古代北方游牧民族的歷史是與農耕文明同步發展的，《史記·匈奴列傳》載：「匈奴，其先祖夏后氏之苗裔也，曰淳維。唐虞以上有山戎、獫狁、葷粥，居於北蠻，隨畜牧而轉移。」〔註10〕司馬遷用了千餘字的篇幅為我們描繪了匈奴興盛之前草原游牧民族與中原華夏族之間的兩千年衝突往來，其文如下：

　　　　夏道衰，而公劉失其稷官，變於西戎，邑於豳。其後三百有餘歲，戎狄攻大王亶父，亶父亡走岐下，而豳人悉從亶父而邑焉，作周。其後百有餘歲，周西伯昌伐畎夷氏。後十餘年，武王伐紂而營雒邑，復居於酆鄗，放逐戎夷涇、洛之北，以時入貢，命曰「荒

〔註8〕林幹：《突厥與回紇史》，內蒙古人民出版社，2007年，前言第1頁。
〔註9〕林幹：《突厥與回紇史》，內蒙古人民出版社，2007年，前言第2頁。
〔註10〕司馬遷：《史記》卷110《匈奴列傳》，中華書局，1959年，第2879頁。

服」。其後二百有餘年，周道衰，而穆王伐犬戎，得四白狼四白鹿以歸。自是之後，荒服不至。於是周遂作甫刑之辟。穆王之後二百有餘年，周幽王用寵姬褒姒之故，與申侯有郤。申侯怒而與犬戎共攻殺周幽王於驪山之下，遂取周之焦穫，而居於涇渭之閒，侵暴中國。秦襄公救周，於是周平王去酆鄗而東徙雒邑。當是之時，秦襄公伐戎至岐，始列為諸侯。是後六十有五年，而山戎越燕而伐齊，齊釐公與戰於齊郊。其後四十四年，而山戎伐燕。燕告急於齊，齊桓公北伐山戎，山戎走。其後二十有餘年，而戎狄至洛邑，伐周襄王，襄王奔於鄭之氾邑。初，周襄王欲伐鄭，故娶戎狄女為后，與戎狄兵共伐鄭。已而黜狄后，狄后怨，而襄王後母曰惠后，有子子帶，欲立之，於是惠后與狄后、子帶為內應，開戎狄，戎狄以故得入，破逐周襄王，而立子帶為天子。於是戎狄或居於陸渾，東至於衛，侵盜暴虐中國。中國疾之，故詩人歌之曰「戎狄是應」，「薄伐玁狁，至于大原」，「出輿彭彭，城彼朔方」。周襄王既居外四年，乃使使告急於晉。晉文公初立，欲修霸業，乃興師伐逐戎翟，誅子帶，迎內周襄王，居於雒邑。

當是之時，秦晉為彊國。晉文公攘戎翟，居於河西圁、洛之閒，號曰赤翟、白翟。秦穆公得由余，西戎八國服於秦，故自隴以西有綿諸、緄戎、翟、獂之戎，岐、梁山、涇、漆之北有義渠、大荔、烏氏、朐衍之戎。而晉北有林胡、樓煩之戎，燕北有東胡、山戎。各分散居谿谷，自有君長，往往而聚者百有餘戎，然莫能相一。

自是之後百有餘年，晉悼公使魏絳和戎翟，戎翟朝晉。後百有餘年，趙襄子踰句注而破并代以臨胡貉。其後既與韓魏共滅智伯，分晉地而有之，則趙有代、句注之北，魏有河西、上郡，以與戎界邊。其後義渠之戎築城郭以自守，而秦稍蠶食，至於惠王，遂拔義渠二十五城。惠王擊魏，魏盡入西河及上郡於秦。秦昭王時，義渠戎王與宣太后亂，有二子。宣太后詐而殺義渠戎王於甘泉，遂起兵伐殘義渠。於是秦有隴西、北地、上郡，築長城以拒胡。而趙武靈王亦變俗胡服，習騎射，北破林胡、樓煩。築長城，自代并陰山下，至高闕為塞。而置雲中、鴈門、代郡。其後燕有賢將秦開，為質於胡，胡甚信之。歸而襲破走東胡，東胡卻千餘里。與荊軻刺秦王秦

舞陽者，開之孫也。燕亦築長城，自造陽至襄平。置上谷、漁陽、右北平、遼西、遼東郡以拒胡。當是之時，冠帶戰國七，而三國邊於匈奴。其後趙將李牧時，匈奴不敢入趙邊」〔註11〕。

　　根據司馬遷的梳理，在匈奴統一整個北方草原之前，草原上也興起過一些較大的游牧勢力，如殷商時代的鬼方、古亶父時期的戎狄、西周時期的犬戎、春秋時期的山戎、戰國時代的東胡、月氏等。但總體而言，草原出現統一政權之前的諸多游牧民族處於游牧的無序狀態，眾多的游牧部落自由整合與發展，強大者不過居之一域，故《史記・匈奴列傳》載：「自淳維以至頭曼千有餘歲，時大時小，別散分離」〔註12〕。受制於生產力與生產關係的限制，草原上的諸多游牧部落仍然處在氏族社會分化瓦解階段，已經產生了一定的階級意識但沒有進入奴隸所有者的社會〔註13〕，《呂氏春秋・先識覽》曰：「天生民而令有別。有別，人之義也，所異於禽獸麋鹿也，君臣上下之所以立也。中山之俗，以晝為夜，以夜繼日，男女切倚，固無休息，康樂，歌謠好悲。」〔註14〕說明即使是進入中原建立政權的中山國仍然保存有較濃厚的原始社會遺風，草原上諸多游牧部落尚未進入政權階段，且內部也有發展快慢的分化差異。

　　直至春秋中原諸侯爭霸之際，自隴以西有緜諸、緄戎、翟、獂之戎，岐、梁山、涇、漆之北有義渠、大荔、烏氏、朐衍之戎。而晉北有林胡、樓煩之戎，燕北有東胡、山戎。各分散居谿谷，自有君長，往往而聚者百有餘戎，然莫能相一。在隴西和河套之地，游牧民族各部落之間互不統屬，各有君長，故能被秦、晉兩國逐個擊破。

　　至戰國後期在草原上逐漸形成了「東胡強而月氏盛」，匈奴居其中的局部強大政權，預示著草原統一秩序即將到來，而此時中原地區經過數百年的融合發展也進入到了大一統政權產生的倒計時。強者同時到來的時代，草原游牧局部政權的力量依舊無法與中原王朝戰國諸雄爭鋒，故有秦滅義渠據有隴西、北地、上郡，築長城以拒胡；趙破林胡、樓煩，築長城，置雲中、鴈門、代三郡；燕破走東胡，東胡卻千餘里等記載。即使是匈奴建立起的強大政權也是在秦末亂世趁機坐大，《史記・匈奴列傳》載：「當是之時，東胡彊而月氏盛。匈奴單于曰頭曼，頭曼不勝秦，北徙。十餘年而蒙恬死，諸侯畔秦，中國擾亂，諸秦

〔註11〕　司馬遷：《史記》卷 110《匈奴列傳》，中華書局，1959 年，第 2882～2886 頁。
〔註12〕　司馬遷：《史記》卷 110《匈奴列傳》，中華書局，1959 年，第 2890 頁。
〔註13〕　馬長壽：《北狄與匈奴》，生活・讀書・新知三聯書店，1962 年，第 15 頁。
〔註14〕　許維遹：《呂氏春秋集釋》，北京：中華書局，2009 年，第 397 頁。

所徙適戌邊者皆復去，於是匈奴得寬，復稍度河南與中國界於故塞。」〔註15〕

一言以蔽之，在匈奴統一中國北方草原之前，草原上的諸多游牧部落處於上古游牧的叢林時代，這一時期各個部落弱肉強食，不時會產生具有一定勢力的稍強游牧部落聯盟，甚至會南下建立政權（如中山國），但也僅僅止步於此，受制於生產力水平的影響，游牧政權未能進一步發展整合成統一勢力。故我們可以將匈奴統一中國北方草原之前的這一時期定義為上古游牧時代，即游牧歷史的無序發展叢林時代。

# 第二節　中古游牧：游牧歷史的「新陳代謝」時代

## 一、游牧的歷史週期律

自匈奴統一草原秩序結束了上古游牧的叢林時代以來，北方草原也與中原王朝一樣經歷興衰治亂，草原上也不斷上演統一與分裂的循環。朱金春稱之為「游牧帝國的歷史循環」〔註16〕，王明珂表述為：

> 在北方蒙古草原上，一個接一個的游牧國家興起，而後發生內部分裂；其模式經常是接近長城的部族與其他部分發生分離——南北匈奴的分裂、東西突厥的分裂、內外蒙古的分裂。在東北的森林草原地帶，一個個游牧與混合經濟部落聯盟崛起，它們南下或轉而西進，蛻變為草原國家或中原式政權，或成為兼統草原與中原的帝國。〔註17〕

拉鐵摩爾指出：

> 兩千年來，從前漢到 19 世紀中葉，亞洲內陸與中國的相關歷史，可以用兩個循環來說明，這兩個循環形式互有差異，在歷史過程中卻相互影響，這就是草原部落的分裂及統一的循環，和中國朝代的建立與衰亡的循環。〔註18〕

---

〔註15〕 司馬遷：《史記》卷 110《匈奴列傳》，中華書局，1959 年，第 2887～2888 頁。
〔註16〕 朱金春：《游牧帝國的歷史循環——兼讀〈中國的亞洲內陸邊疆〉與〈危險的邊疆：游牧帝國與中國〉》〔J〕.中國圖書評論，2012 年，第 5 期。
〔註17〕 王明珂：《游牧者的抉擇：面對漢帝國的北亞游牧部族》，上海：上海人民出版社，2008 年，第 302～303 頁。
〔註18〕 〔美〕拉鐵摩爾著；唐曉峰譯：《中國的亞洲內陸邊疆》，江蘇人民出版社，2005 年，第 328 頁。

關於北方草原游牧歷史週期律的上限學者們都不約而同地將其定義到了
匈奴人統一草原，而對於其下限的終結意見不一，但是都注意到了蒙古人對重
塑草原秩序的分水嶺意義。有學者根據沃勒斯坦的「世界體系」理論將這一現
象稱之為「北方游牧民族歷史體系」時期，並指出北方游牧民族歷史體系的有
以下三條規律：其一，採用對內武力統一、對外武力征服的戰爭手段；其二，
體系內螺旋式上升的發展態勢；其三，對定居社會的結構性需求。〔註19〕該理
論將游牧民族的歷史體系的產生描述為：

> 從整個歷史過程來看，在某個時間點上，游牧社會會從其內部
> 開始來一次大規模的膨脹乃至爆發，遵循的路徑大體是，部落間的
> 吞併戰爭──形成一個結構較鬆散並帶有集權化傾向的政治集團──以
> 武力向外攻擊、擴張、佔領（主要是針對鄰近的定居地區）──最後
> 形成包含游牧與定居在內的規模龐大的帝國。〔註20〕

這一歷史時期的兩個標誌性政權分別是匈奴與蒙古人統一中國北方草
原，而這期間的 1400 餘年歷史進程中，草原上各方游牧勢力輪流登場，匈奴、
烏桓、鮮卑、柔然、鐵勒、突厥、回鶻、契丹、女真等民族輪番統治草原秩序，
每一個新勢力的崛起，原有的游牧諸部落或遠遁或南下或就地加入新興的游
牧秩序，如同人體的新陳代謝般生長更迭，最終蒙古人興起徹底打破了上述發
展規律，故我們將這一時期稱為游牧的中古時代，即中國古代北方草原游牧歷
史的「新陳代謝」時代，這一時代建立起的游牧政權與蒙古人的游牧政權還有
一個顯要的區別，蒙古人之前的各游牧部族的主體大多西遷走出北方大草原
或者南下融入漢民族之中，少量留在草原的部族大多都會被後來者所同化。

事實上中古時期〔註21〕游牧政權的「新陳代謝」與中原王朝一樣具有一
定的歷史週期律，其興起並非某個隨意的時間點突然爆發及膨脹，而更多的是
有跡可循，關於中古游牧時期游牧政權新陳代謝的生成、與消亡的原因，本書

---

〔註19〕萬根高娃、王佳：《北方游牧民族歷史體系研究》〔J〕.內蒙古社會科學（漢文
　　　　版），2015 年，第 4 期。
〔註20〕萬根高娃、王佳：《北方游牧民族歷史體系研究》〔J〕.內蒙古社會科學（漢文
　　　　版），2015 年，第 4 期。該理論依據伊曼紐爾·沃勒斯坦的觀點，描述這一歷
　　　　史時期的時間為：從公元前 2 世紀匈奴人興起至公元 14 世紀一直延續到 16
　　　　世紀，在蒙古高原向西一直到南俄草原存在一個游牧民族的世界，這是一個
　　　　游牧民族的歷史體系。
〔註21〕本書定義的游牧中古時期指匈奴統一草原至蒙古人統一草原約 1400 餘年的歷
　　　　史時段。

的下一章將詳細展開論述，本章主要描述中古游牧新陳代謝的具體發展體現。

## 二、草原秩序的奠基人：匈奴

那麼為何到了戰國末期，匈奴人能統一北方草原，並像秦漢大一統政權那樣開創出嶄新的歷史秩序？這與當時的生產力得到長足發展有很大關係，林幹指出：

> 匈奴人從公元前三世紀前後便已開始進入鐵器文化時代。由於鐵器文化的創造，大大提高了匈奴社會生產力的水平，因而生產品有了剩餘，這便促使匈奴人的游牧經濟有了從集體化轉變為個體化、從而使公有制轉變為私有制的可能。其次，牲畜原來就是易於被佔有、被分割和被交換的。而逐水草遷徙的游牧經濟，一面在進行生產，一面又劫掠別的部落和牲畜。這樣的情況，都是有利於牲畜的私有制的實現。這樣，便為畜群的增殖和其他財富的積累，擴大了可能。第三，生產力的進一步提高，也推動了社會的各個經濟部門，特別是作為主要經濟部門的畜牧業，在原有的基礎上空前地發展起來。這時匈奴人的生產不僅能夠自給，而且有了剩餘，這樣便創造了可能發生剝削與被剝削關係的經濟前提。因而在匈奴人的原始公社內部，隨著財產私有的出現，階級分化也開始了。〔註22〕

隨著血緣氏族的瓦解、私有制的盛行、階級的分化，加之鐵器時代帶來的技術革新，草原上的諸多游牧民族部落具備了整合統一的條件，戰國末期形成了東胡強而月氏盛，匈奴居其中的格局。匈奴對草原秩序的塑造除了內驅因素外，外驅力也極為重要，哈扎諾夫指出「作為一個統一的政體，在中國統一以後匈奴隨即出現，這暗示出中國對匈奴族國家形成進程的影響」〔註23〕，狄宇宙認為秦代對河南地的擴張使得北部草原牧場變得稀缺，直接打破了大森林到草原之間的存在的力量平衡，直接催化了匈奴統一政權的形成。

> 中原王朝向北方大草原的推進所引起的危機就成為一種催化劑，這種催化劑導致了匈奴更嚴格的等級制度的產生和更有凝聚力的軍事組織的誕生。……匈奴主體的政治和集中化的組織結構內部

---

〔註22〕林幹：《匈奴通史》，北京：人民出版社，1986年，第8～9頁。
〔註23〕狄宇宙著；賀嚴、高書文譯：《古代中國與其強鄰：東亞歷史上游牧力量的興起》，中國社會科學出版社，2010年，第216頁。

的統一，主要是對中原王朝的入侵和來自其他游牧民族的威脅的一些政治和軍事反應的方式。依靠他們新的軍事組織，匈奴希望打敗他們在內亞的敵人，鞏固他們在整個內亞東部地區的統治。〔註24〕

在內部生產力與生產關係調整及外驅力的共同作用下，匈奴開啟了草原秩序的整合歷程。冒頓帶領其部族「大破滅東胡王，而虜其民人及畜產。既歸，西擊走月氏，南並樓煩、白羊河南王。悉復收秦所使蒙恬所奪匈奴地者，與漢關故河南塞，至朝那、膚施，遂侵燕、代。是時漢兵與項羽相距，中國罷於兵革，以故冒頓得自彊，控弦之士三十餘萬。」〔註25〕

自匈奴建立起統一的草原政權，北方草原的歷史進入了游牧民族新陳代謝式的發展時代，關於匈奴對後世游牧秩序根基性地締造，學者們多有論述。阿其圖指出匈奴對後世游牧政權的奠基性歷史貢獻表現為：

其一，完成了適應氣候、地理環境特點的經濟轉型，創制了北方青銅文明；其二，創就騎術，使北方族眾的生產、生活及社會發展充滿生機；其三，成功採用「北方行國」統御方式，開啟了以經濟物流要求為質地的農牧經濟集團間玉帛伴金戈的歷史巨幕。〔註26〕

## 三、匈奴之後游牧秩序的新陳代謝

匈奴自盛而衰弱，屬於東胡之後的烏桓與鮮卑相繼崛起，填補匈奴衰落後的草原權力真空。《後漢書·烏桓鮮卑列傳》載：

烏桓者，本東胡也。漢初，匈奴冒頓滅其國，餘類保烏桓山，因以為號焉。……（建武）二十二年，匈奴國亂，烏桓乘弱擊破之，匈奴轉北徙數千里，漠南地空，帝乃以幣帛賂烏桓。二十五年，遼西烏桓大人郝旦等九百二十二人率眾向化，詣闕朝貢，獻奴婢牛馬及弓虎豹貂皮。……及明、章、和三世，皆保塞無事。〔註27〕

烏桓崛起之時，匈奴暗弱，草原原有的秩序蕩然無存，烏桓、鮮卑和匈奴時常結伴南下寇略漢地，有時也會互相攻擊，即史籍所言「或降或畔，與匈奴、

---

〔註24〕狄宇宙著；賀嚴、高書文譯：《古代中國與其強鄰：東亞歷史上游牧力量的興起》，中國社會科學出版社，2010年，第217頁。

〔註25〕司馬遷：《史記》卷110《匈奴列傳》，中華書局，1959年，第2889~2890頁。

〔註26〕阿其圖：《論析匈奴在中國北方游牧經濟文化形成中的奠基性歷史貢獻》〔J〕.內蒙古師範大學學報（哲學社會科學版），2004年，第4期。

〔註27〕范曄：《後漢書》卷90《烏桓鮮卑列傳》，中華書局，1965年，第2979~2983頁。

烏桓更相攻擊。」至漢和帝永元中，「大將軍竇憲遣右校尉耿夔擊破匈奴，北單于逃走，鮮卑因此轉徙據其地。匈奴餘種留者尚有十餘萬落，皆自號鮮卑，鮮卑由此漸盛。」〔註28〕《後漢書·烏桓鮮卑列傳》載：

> 鮮卑者，亦東胡之支也，別依鮮卑山，故因號焉。其言語習俗與烏桓同。……檀石槐乃立庭於彈汗山歠仇水上，去高柳北三百餘里，兵馬甚盛，東西部大人皆歸焉。因南抄緣邊，北拒丁零，東卻夫餘，西擊烏孫，盡據匈奴故地，東西萬四千餘里，南北七千餘里，網羅山川水澤鹽池。〔註29〕

## 圖 6　鮮卑等部圖（公元 281 年）

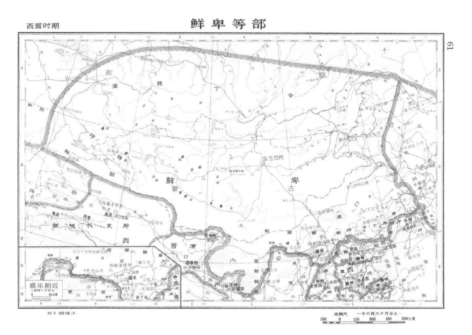

參見譚其驤主編：《中國歷史地圖集（第三冊）》〔M〕.北京：中國地圖出版社，1982，第 61 頁。

匈奴之後，鮮卑人建立起了第二個強大的游牧政權，史載：「自匈奴遁逃，鮮卑強盛，據其故地，稱兵十萬，才力勁健，意智益生。加以關塞不嚴，禁網多漏，精金良鐵，皆為賊有；漢人逋逃，為之謀主，兵利馬疾，過於匈奴。」〔註30〕鮮卑之後是柔然的崛起，公元 402 年，社崙建號丘豆伐可汗建立

〔註28〕范曄：《後漢書》卷 90《烏桓鮮卑列傳》，中華書局，1965 年，第 2986 頁。
〔註29〕范曄：《後漢書》卷 90《烏桓鮮卑列傳》，中華書局，1965 年，第 2985、2989 頁。
〔註30〕范曄：《後漢書》卷 90《烏桓鮮卑列傳》，中華書局，1965 年，第 2991 頁。

起柔然人的游牧帝國，柔然汗國共經歷了十九位君王，持續 152 年。《魏書·蠕蠕傳》載：

> 蠕蠕，東胡之苗裔也，姓郁久閭氏。……自號柔然，而役屬於國。後世祖以其無知，狀類於蟲，故改其號為蠕蠕。
>
> 社崙遠遁漠北，侵高車，深入其地，遂並諸部，凶勢益振。……其西北有匈奴餘種，國尤富強，部帥曰拔也稽，舉兵擊社崙，社崙逆戰於頞根河，大破之，後盡為社崙所併。號為強盛。隨水草畜牧，其西則焉耆之地，東則朝鮮之地，北則渡沙漠，窮瀚海，南則臨大磧。其常所會庭則敦煌、張掖之北。小國皆苦其寇抄，羈縻附之，於是自號丘豆伐可汗。〔註31〕

圖 7　柔然等部控制疆域圖（公元 449 年）

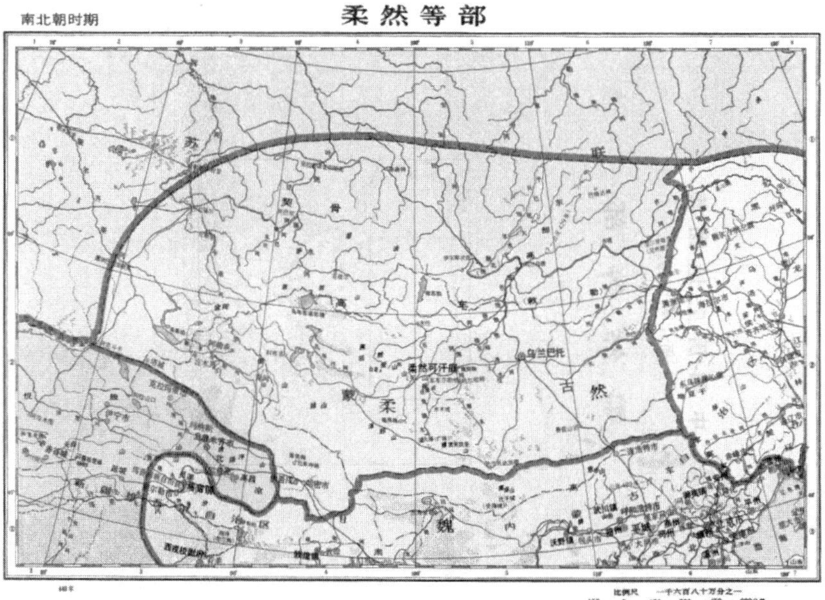

參見譚其驤主編：《中國歷史地圖集（第四冊）》〔M〕.北京：中國地圖出版社，1982，第 60 頁。

柔然之後是突厥人的崛起，史載突厥人於公元 552 年攻滅柔然汗國，建立突厥汗國。關於突厥的勢力範圍，《北史·突厥列傳》載：

> 俟斤（木杆可汗）又西破嚈噠，東走契丹，北並契骨，威服塞外諸國。其地，東自遼海以西，至西海，萬里；南自沙漠以北，至

---

〔註31〕魏收：《魏書》卷 91《蠕蠕傳》，中華書局，1974 年，第 2289～2291 頁。

北海，五六千里：皆屬焉。抗衡中國，後與魏伐齊，至并州。〔註32〕

與匈奴、鮮卑、柔然一樣，突厥也是草原各游牧部落的混合體，《資治通鑒·唐紀九》引禮部侍郎李百藥語曰：

> 突厥雖云一國，然其種類區分，各有酋帥。今宜因其離散，各即本部署為君長，不相臣屬；縱慾存立阿史那氏，唯可使存其本族而已。國分則弱而易制，勢敵則難相吞滅，各自保全，必不能抗衡中國。〔註33〕

公元583年，突厥汗國分裂為東西兩個汗國，以阿爾泰山為界。630年，李靖擒頡利可汗，東突厥汗國滅亡，餘部降唐。657年，唐朝派蘇定方聯合回紇攻滅西突厥汗國，中央政權完全統一西域，置都護府。682年，安置在北方的東突厥部眾反叛唐朝，一度建立了後突厥汗國政權。744年，唐朝與漠北回紇、葛邏祿等聯手平定了後突厥汗國。回紇首領骨力裴羅因功被冊封為懷仁可汗，在漠北建立回紇汗國。

### 圖8　東突厥控制疆域圖（公元612年）

參見譚其驤主編：《中國歷史地圖集（第五冊）》〔M〕.北京：中國地圖出版社，1982，第29頁。

---

〔註32〕李延壽：《北史》卷99《突厥列傳》，中華書局，1974年。第3287頁。
〔註33〕司馬光：《資治通鑒》卷193《唐紀九》，中華書局，第6075～6076頁。

### 圖9　西突厥控制疆域圖（公元611～617年）

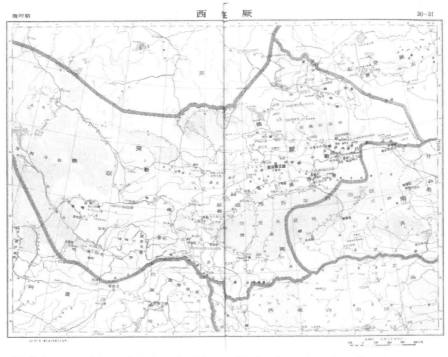

參見譚其驤主編：《中國歷史地圖集（第五冊）》〔M〕.北京：中國地圖出版社，1982，
第30～31頁。

　　突厥人後是回紇人建立的回鶻汗國（744～846年），又稱回紇汗國，是由
回紇部落藥羅葛部所建立的游牧政權。他們逐水草而居，最初主要居於鄂爾渾
河和土拉河流域，到7世紀初又開始在色楞格河流域活動。唐朝貞觀二十年
（646年），回紇與唐朝聯手攻滅了薛延陀，由此勢力逐漸擴大。7世紀末到8
世紀初，東突厥的默啜可汗強盛，奪取了原來屬於鐵勒人的領土。因此部分回
紇人選擇穿越沙漠進入河西走廊。隨著東突厥的衰落，回紇人逐漸崛起。744
年，回紇首領骨力裴羅大敗突厥，建立了回紇汗國。《新唐書·回紇傳》載：

　　　　有詔拜為骨咄祿毗伽闕懷仁可汗，前殿列仗，中書令內案授冊
　　　使者，使者出門升輅，至皇城門，降乘馬，幡節導以行。凡冊可汗，
　　　率用此禮。明年，裴羅又攻殺突厥白眉可汗，遣頓啜羅達干來上功，
　　　拜裴羅左驍衛員外大將軍，斥地愈廣，東極室韋，西金山，南控大
　　　漠，盡得古匈奴地。〔註34〕

〔註34〕歐陽修等：《新唐書》卷142《回鶻傳上》，中華書局，1975年，第6114～6115
　　　　頁。

後回紇曾經在安史之亂中協助唐朝，並收復了兩京。840 年，「俄而渠長句錄
莫賀與黠戛斯合騎十萬攻回鶻城，殺可汗，誅掘羅勿，焚其牙，諸部潰其相駆
職與彪特勒十五部奔葛邏祿，殘眾入吐蕃、安西。」〔註35〕846 年烏介可汗被
殺，回鶻汗國徹底滅亡。在其 103 年的歷史上，共出現了 16 位可汗。

**圖 10　回鶻控制疆域圖（公元 820 年）**

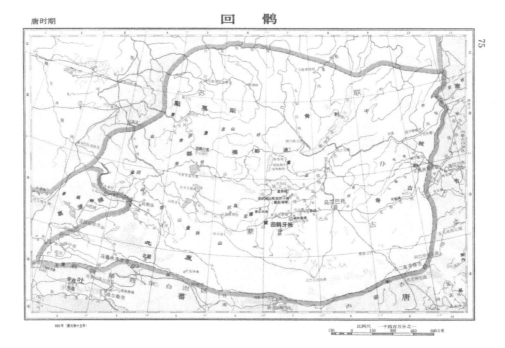

參見譚其驤主編：《中國歷史地圖集（第五冊）》〔M〕.北京：中國地圖出版社，1982，
第 75 頁。

　　回紇汗國後是黠戛斯人建立的黠戛斯汗國（840～924），黠戛斯漢作鬲
昆，又作隔昆，或堅昆；南北朝至隋作護骨，或結骨、契骨、紇骨；唐代通
稱黠戛斯，或紇扢斯。公元 9 世紀初，回鶻國力量日漸衰弱，黠戛斯首領自
封為可汗，不再受回鶻汗國的統治。公元 840 年，黠戛斯人趁回鶻汗國內亂
之際，一舉消滅了回鶻汗國，建立了黠戛斯汗國。此後，黠戛斯汗國試圖統
一天山南北，並努力剿滅西遷的回鶻人。黠戛斯人在蒙古高原上統治了大約
80 年，全盛時期不過十餘年，其建立的草原秩序及控制程度遠遜於匈奴、鮮

---

〔註35〕歐陽修等：《新唐書》卷 142《回鶻下》，中華書局，1975 年，第 6130～6131
　　　頁。

卑、突厥，點戛斯甚至幾乎沒有南下劫掠中原。直到 924 年，遼朝太祖阿保機率軍進入蒙古地區，將點戛斯人驅逐到葉尼塞河上游和西方草原，點戛斯汗國最終滅亡。

　　其後的 10～12 世紀，北方草原被置於契丹人的統治之下。契丹族本是游牧民族，為了保持民族性將游牧民族與農業民族分開統治，建立起了游牧—農耕二元帝國，即游牧與農耕並重，主張因俗而治，開創出兩院制的政治體制。遼強盛時期疆域東到日本海，西至阿爾泰山，北到額爾古納河、大興安嶺一帶，南到河北南部的白溝河，統治著北方草原全部及中原部分地區。

圖 11　契丹控制疆域圖（公元 1111 年）

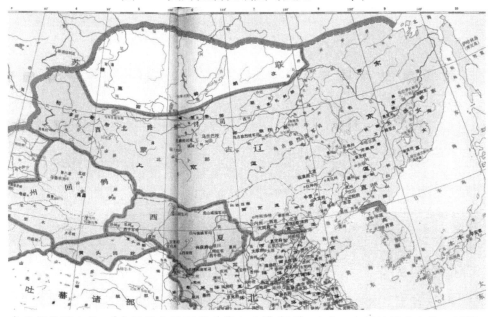

參見譚其驤主編：《中國歷史地圖集（第六冊）》〔M〕.北京：中國地圖出版社，1982，第 3～4 頁。圖為截取部分

　　公元 1125 年，契丹被女真人所滅之後，對草原並未建立起像之前的游牧帝國一樣的新秩序，女真人的中心在中原農耕地區，對草原更多採用羈縻統治，北方游牧草原重新回到孕育新秩序的分裂狀態，直到蒙古人重新統一草原，蒙古人之後的草原不再產生新的游牧政權，中古游牧政權新陳代謝式的秩序更迭至此終結。

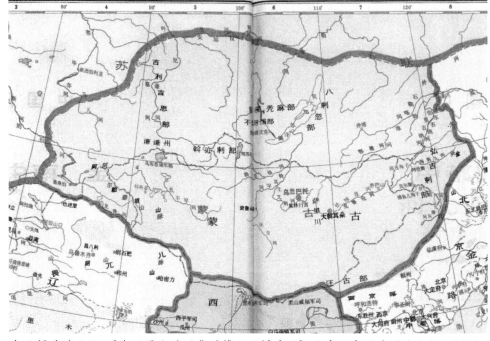

圖 12　蒙古控制疆域圖（公元 1208 年）

參見譚其驤主編：《中國歷史地圖集（第六冊）》〔M〕.北京：中國地圖出版社，1982，
第 42～43 頁。圖為截取部分

　　中古游牧民族的新陳代謝並非游牧政權的平穩接替，而是一個政權崛起
控制草原建立秩序，其後衰落喪失控制權，草原重歸混亂，一個階段後又會重
新整合出現一個新的游牧秩序，大致遵循崛起——衰落——混亂的階段循環。
中古草原游牧秩序的強盛長久者不過百年，如漢初至漢中期的匈奴；短則一代
兩代雄主逝去則其功業消散，如鮮卑的檀石槐、軻比能不過一代人，烏桓、薛
延陀、黠戛斯的霸權亦不過曇花一現。大體而言，這樣的一輪循環長則二三百
年，如匈奴、鮮卑、柔然、突厥、契丹；短則百年，如回鶻、黠戛斯。

# 第三節　近古游牧：蒙古人的時代

　　如果說中原王朝的中古下限止於唐宋變革，那麼游牧政權的中古下限必
止於蒙古人統一草原，1206 年蒙古人重新統一草原具有分水嶺意義，其歷史
貢獻不亞於甚至超過匈奴人建立的草原游牧秩序。在蒙古人之前各方游牧勢
力你方唱罷我方登場，各領風騷數百年。中古游牧時代，游牧勢力強則制霸草
原秩序，統合各部游牧部族，弱則被迫向南內遷、向西遁走。而在蒙古人之後，

再也沒有新的勢力取代蒙古人建立游牧政權的新秩序，草原民族秩序進入穩定期，這一穩定不是政權的穩定，政權依舊在蒙古黃金家族各個不同分支內流轉，而是大家都認可蒙古黃金家族對草原秩序統治的合法性，中國古代北方草原進入蒙古人的時代，並延續至今，蒙古人控制北方草原的歷史貫穿了古代和近現代歷史，近古游牧時代又可細分為三個歷史時期，即從蒙古統一到元朝滅亡為蒙古人的鼎盛時代（1206～1368）；蒙古汗國的北元時代（1368～1635），游牧歷史秩序的終結時代（1635～1860）。其標誌性事件分別為元朝滅亡，蒙古汗國滅亡，及游牧古代史的終結──八里橋之戰。

## 一、蒙古人的鼎盛時代（1206～1368）

宋開禧二年（1206 年）的春天，蒙古各部貴族們在斡難河源頭召開大會，諸王和群臣為鐵木真上尊號「成吉思汗」，標誌著遼覆滅後北方草原迎來了新的游牧秩序。蒙古人不僅僅滿足於統一草原，蒙古帝國通過一系列軍事征服及政治手段，自 1227 年起蒙古人依次滅亡、招降了西夏、金、吐蕃、大理國等政權。1259 年，蒙哥汗在攻打宋朝期間去世，這導致他的弟弟忽必烈和七弟阿里不哥圍繞汗位發生了內戰。這場爭奪最終在 1264 年以忽必烈的勝利告終。忽必烈進一步鞏固了其統治，於 1271 年將國號改為大元，自稱元世祖，建立了元朝。忽必烈與阿不里哥爭奪汗位的戰爭導致蒙古帝國的四大汗國逐漸獨立，直到元成宗時期，這些汗國才名義上重新承認元朝的最高統治權。1279 年，元朝完成了對南宋的征服，統一了整個中國，結束了自唐末以來持續 400 多年的分裂狀態。

在進行統一中國的同時，蒙古帝國還對歐亞大陸中西部發起了三次西征，將其影響力擴展向世界，下文簡要論述：

首次西征（1217～1223 年）：在鐵木真的領導下，蒙古帝國開啟了其對西域的軍事擴張。這次征戰首先目標是西遼，由大將哲別率軍成功攻佔西遼都城八剌沙袞，將宿敵屈出律梟首示眾，結束了西遼的統治。隨後，鐵木真親率主力深入中亞，攻陷了重要城市布哈拉，消滅花剌子模國。此次征戰最終推進至歐洲東部，在迦勒迦河戰役中大敗欽察──俄羅斯聯軍，俄羅斯諸王公幾乎全部被殺，標誌著蒙古帝國軍事力量的輝煌勝利，隨後軍隊返回蒙古，第一次西征結束。

第二次西征（1234～1242 年）：繼鐵木真之後，太宗窩闊台決定繼續西征

的壯舉，由拔都領軍。蒙古軍隊首先攻佔欽察地區，隨後大規模入侵俄羅斯，連續攻陷了莫斯科、弗拉基米爾、基輔等城市，並擴展征戰至中歐地區，包括波蘭和匈牙利。在窩闊台逝世的消息傳來後，拔都領軍撤退，並在伏爾加河地區建立了以撒萊為首都的欽察汗國，即後來的金帳汗國。

第三次西征（1253～1258年）：在拖雷之子旭烈兀的領導下，蒙古帝國展開了最後一次西征。這次征程首先目標是伊朗西部和兩河流域，成功攻佔木剌夷國，隨後直指中東心臟地帶——阿拔斯王朝的首都巴格達。巴格達的陷落標誌著阿拔斯王朝的終結。旭烈兀繼續推進至敘利亞，但在遭遇埃及軍隊的挫敗後，停止了西進的腳步，最終在帖必力思建立了伊利汗國。

這三次西征不僅極大擴展了蒙古帝國的疆域，從東亞延伸至歐洲，還建立了數個汗國，包括察合臺汗國、窩闊台汗國、欽察汗國和伊利汗國，共同構成了蒙古帝國龐大的版圖。這些征服行動深刻影響了中世紀世界的政治、文化格局，促進了東西方的交流與融合。

需要指出的是，蒙古人早期的征服與擴張更多的是建立在劫掠財富的基礎之上，其軍事征服及擴張也給歐亞大陸各地的人民帶來了深重的苦難：

> 軍事封建勢力的形成，助長了蒙古族新興封建主階級貪欲的膨脹，推動著他們實行向外軍事擴張，以便「各分土地，共享富貴」。他們軍事擴張的過程，同時就是擴大封地和建立「兀魯思」（封建領地）的過程。在幾乎整個十三世紀中，蒙古騎兵先後三次西征及多次南下，他們的鐵蹄踏遍了東至黃海、西至多瑙河的廣大亞歐地區，給中國各族人民和中亞、東歐各族人民帶來了災難。〔註36〕

隨著蒙古人急速擴張，他們所佔有的領土及人口不斷擴大，這是蒙古人開始注重對征服地區的統治與治理。蒙古四大汗國及元朝的建立和統治，使得13～14世紀成為蒙古人的鼎盛時代，其不僅僅是中國北方草原的秩序主宰者，也是中國乃至歐亞大陸的最強政治、軍事力量。

蒙古帝國的統一過程對當時的亞洲大陸產生了深遠的影響。首先，它結束了唐亡以來數百年中國政權分裂對峙的局面，為中國重新大一統做出了重要貢獻。

其次，蒙古帝國的建立促進了東西方文化和科技的交流。蒙古帝國通過其廣袤的領土和跨越歐亞大陸的貿易路線，使得絲綢之路和其他貿易路線得到

---

〔註36〕林幹：《中國古代北方民族史新論》，內蒙古人民出版社，2007年，第46頁。

了更好的保護和暢通。這為當時的亞歐貿易和文化交流做出了重要貢獻，也成了後來人類的交流合作的源泉。

再次，蒙古帝國的建立也改變了當時的世界政治格局。它將亞洲大陸的大部分地區納入了一個龐大的國家體系，實現了前所未有的統一。這加深了亞歐大陸政治經濟體系的互動和聯繫，推動了東西方交流、融合的進程。同時，蒙古帝國也是世界歷史上第一個跨越歐亞大陸並佔據主導地位的帝國。蒙古帝國促進了東西方的相互瞭解和溝通，為後世的國際政治形勢奠定了一定的基礎。

## 二、明代蒙古：動盪衰落的北元時代（1368～1635）

元朝末年，由於重稅、災害和腐敗等因素，導致民變頻發。這些農民起義最終彙集成覆滅元朝的力量，至正二十八年（1368年），明朝新政權進逼元大都，元順帝北奔上都，保留元朝的國號與制度，希圖重掌中原，卻因不敵明軍，不得不接連北退至和林，是為北元政權。儘管北元的實力遠不如前，他們仍不斷嘗試恢復元朝的統治，不時襲擾新成立的明朝，並對明朝構成了一定的威脅。

洪武四年（1371年），明軍十五萬人兵分三路追擊北元，結果僅西路軍獲勝，中路、東路均失敗，雙方進入拉鋸式邊境衝突的階段。此後朱元璋改變策略，在遼東、青海方進攻並設衛進行步步為營，另行懷柔招撫政策。洪武二十一年（1388年），明將藍玉在捕魚兒海之戰殲滅北元主力十餘萬人，多數蒙古部落宣布脫離北原而獨立，北元陷入分裂，此後不再有年號。

北元在陷入分裂後，蒙古內部混亂不斷，加之永樂一朝數次對蒙古用兵，北元日益衰落。其中，瓦剌太師也先還曾於明景泰四年（1453年）左右篡立。也先統治時期多次襲擾明邊境，正統十四年（1449年），也先南征明朝邊境，在土木堡大敗明軍，俘虜朱祁鎮，進圍北京。

明正德五年（1510年），達延汗統一蒙古本部，把各領主重組分為左右兩翼，北元國力逐漸增強，一度實現蒙古政權的中興。格魯塞認為：

> 達延汗朝的蒙古帝國（在有限的地區內，可以說是成吉思汗國的復辟）像它的前者一樣，在家族的紛爭中崩潰了。在一百年內，察哈爾的大汗們只對鄂爾多斯部汗王們和肯定不會超過四位（如果有這麼多的話）幸存的喀爾喀王公們保持著純粹是名義上的最

高權力。於是，東蒙古人又陷入了與達延汗時代以前一樣的混亂狀
況。〔註37〕

達延汗逝世後，左右翼勢力分裂。達賚遜即汗位後，不得不舉部東遷，駐帳於
察哈爾萬戶。

萬曆三十二年（1604年），林丹巴圖爾（即林丹汗）即位，欲與明朝合作
打擊勢力日盛的後金，卻因急於求成使各部離散，只好率部西遷。明崇禎五年
（1632年）四月，林丹汗又被後金追逃至鄂爾多斯。明崇禎七年（1634年），
林丹汗病逝，他的三福晉蘇泰與兒子額哲於次年奉傳國玉璽出降後金，北元至
此滅亡。

應當指出進入16世紀，蒙古內部的分裂和矛盾加劇，各部之間的爭鬥不
斷，這導致了蒙古整體實力的進一步削弱。在達延汗時期，蒙古有過短暫的復
興，但這並未能根本改變衰落的趨勢。與此同時，東北的女真族的崛起，尤其
是後金的建立和迅速擴張，為蒙古帶來了新的外部威脅。17世紀初，後金勢
力不斷壯大，林丹汗領導的察哈爾部未能成功抵抗後金，反而加劇了蒙古各部
之間的分裂和實力的減弱。當後金轉變為清朝並逐步完成了對中國的統一後，
蒙古的察哈爾部被迫臣服於清朝，這不僅標誌著北元最後的獨立狀態的結束，
也象徵著蒙古帝國自成吉思汗以來「黃金家族」幾百年輝煌歷史的終結。

## 三、古代游牧歷史秩序的終結時代（1635～1860）

自蒙古汗國覆滅，清代統治者為了防止草原像前代一樣再次興起強大的
游牧政權，進而挑戰中央王朝權威，開展了一些穩固邊疆的統治政策，可以這
樣說清代解決了困擾中原王朝持續近兩千年的農耕文明衝突，而且徹底地將
草原置於清王朝的統治之下，並使其成為中國穩固的北部邊疆。

首先是在草原實行盟旗制度。盟旗制度是一種政治和軍事組織體系，旨在
管理和統治蒙古地區的各個部落和氏族。盟旗制度的核心是將蒙古草原地區
劃分為若干個盟（盟旗），每個盟旗由一個盟長領導，下設若干旗（部落），每
個旗由一個旗長管理。這一制度是清朝統治蒙古地區的基本組織形式，也是清
朝在蒙古地區實現政治控制和軍事統一的重要手段之一。在盟旗制度下，盟長
和旗長都是由清朝朝廷委任的，他們負責管理本盟或本旗的事務，包括徵收賦

---

〔註37〕〔法〕勒內・格魯塞著，藍琪譯：《草原帝國》，商務印書館，1998年，第636
頁。

稅、招募士兵、維持治安等。此外，盟旗制度還規定了各個盟旗之間的關係，有時需要相互協作，有時則需要相互競爭。整個制度形成了一種複雜的蒙古地區的政治生態，各個盟旗之間既有合作又有競爭，同時也與清朝中央保持著聯繫。盟旗制度自後金天命九年（1624 年）對歸附的蒙古各部開始實施該制度，至 1771 年土爾扈特蒙古回歸，全蒙古部眾悉數被納入盟旗體制。

　　盟旗制度在清朝統治蒙古地區期間發揮了重要作用，使得清朝在北方草原建立了行之有效的管理。《大清會典·理藩院四·軍法》規定：

> 國初定：派令出兵不去者，王等罰馬一百四，札薩克貝勒、貝子、公罰馬七十四，臺吉罰馬五十四。率全旗俱不往者，軍法按治。……○又定：越境游牧者，王罰馬十四，札薩克貝勒、貝子、公罰馬七四，臺吉罰馬五四，庶人罰牛一頭。○又定：遠越所分地界，另行游牧者，王罰馬一百四，札薩克貝勒、貝子、公罰馬七十四，臺吉罰馬五十四，庶人本身並家產，俱罰給見證人。○又定：凡隣旗有兵侵而不全率所屬甲兵速集議征者，王罰馬一百四，札薩克貝勒、貝子、公罰馬七十四，臺吉罰馬五十四。〔註38〕

盟旗劃定疆界並嚴格管理越界行為，直接阻斷了各游牧部落再次整合的可能，拉鐵摩爾認為「移動的必要性，作為草原生存的法則，產生了草原部落社會的準則，……自由移動的要求給予主管分配牧場、指定移動路線的部落首長以更大的權力。它造成部落戰爭，卻也造成各方面的移動需求得到協調的和平時期。」〔註39〕以往草原部族通過西遷、南下躲避極端天氣帶來的人畜死亡的通道被制度堵死，其對抗天災的能力較之前顯著下降。雖然同是盟旗制度，但清代將北方分為外藩蒙古和內屬蒙古，清政府對外藩蒙古是通過盟旗制度來貫徹其各項統治政策和措施的，而對內屬蒙古則是採取直接統治的方式，外藩與內屬兩者的區別是：

> 不設札薩克，沒有王公世襲封爵。每旗委派總管一人，屬各地將軍、都統、大臣直屬統轄。這是針對他們曾抵制、反抗背叛過清王朝的統治所採取的措施，即剝奪各種特權，實行嚴格控制。另對一些無功或無領地投誠來的小部落，也編為內屬蒙古之列，這種分

〔註38〕〔清〕伊桑阿等撰；關志國，劉宸纓校點：《大清會典·康熙朝》，南京：鳳凰出版社，2016 年，第 1863 頁。
〔註39〕〔美〕拉鐵摩爾著；唐曉峰譯：《中國的亞洲內陸邊疆》，江蘇人民出版社，2005 年，第 46 頁。

而治之的政策，使原先以血緣關係形成的蒙古各部首領們的權力，完全歸於消失。〔註40〕

其次，清代實行了以黃教（藏傳佛教）來柔順蒙古族的統治政策。清代通過宗教手段來鞏固對蒙古地區的統治，使蒙古族更容易接受清朝的統治，同時在文化和宗教層面實現對蒙古地區的整合。首先，滿清統治者對藏傳佛教的極為推崇，並自視為佛教的保護者，在各盟旗新建喇嘛廟，免除喇嘛的兵役、賦稅和差役，鼓勵蒙古人出家。其次，清朝任命了各級活佛來擔任蒙古地區的統治者，這些活佛在政治、軍事和宗教事務中都發揮著關鍵作用。再次，清朝對蒙古地區實行相對寬容的宗教政策，容許蒙古族繼續信仰他們傳統的神靈和祖先崇拜，與引進的黃教相互融合。這一靈活的宗教政策有助於消弭蒙古族對清朝統治的抵抗情緒，並促使他們更容易融入清朝的體制。

再次，清代實行滿蒙聯姻政策來鞏固對蒙古地區的統治。這一政策在清朝統治蒙古地區的過程中起到了重要的作用，既增進了滿族和蒙古族之間的關係，又加強了清朝對蒙古地區的政治控制。崔明德指出：

> 滿蒙聯姻是清朝的一項基本國策，標誌著中國和親政策的成熟。清朝各個時期的滿蒙聯姻都有明確動機、鮮明特點、突出作用和深刻影響。滿蒙聯姻促進了滿蒙雙方政治上的互信、經濟上的交往、文化上的交流、血脈上的交融，使滿蒙雙方強化了休戚與共、榮辱與共、生死與共、命運與共的共同體理念，對統一的多民族國家的鞏固具有重要意義。〔註41〕

清朝通過將自己的皇室成員與蒙古地區的貴族家族聯姻，達到政治上的聯合。這些聯姻不僅鞏固了清朝對蒙古地區的統治，還為清朝提供了一個通過血緣關係來維持和平的途徑。區別與之前中原王朝的零星和親行為，清代的聯姻政治無論從數量還是深度均遠超此前的任何一個中央王朝，通過滿蒙貴族間的聯姻政策，實現了滿蒙統治階層利益的捆綁，進一步消弭了草原上可能的反叛勢力，清代中央政府鞏固了對蒙古地區的控制，維護了邊疆的穩定。

以上述舉措將清代統治者通過對草原分而治之、宗教維護統治、滿蒙深度

---

〔註40〕哈薩：《淺析清朝治蒙政策的根源及演變》〔J〕.內蒙古電大學刊，1994年，第1期。

〔註41〕崔明德、崔紅霞：《滿蒙聯姻與中華民族共同體意識的鞏固》〔J〕.煙台大學學報（哲學社會科學版），2023年，第3期。

捆綁等舉措，杜絕了草原再次產生新秩序的可能，事實上宣告了傳統游牧秩序的瓦解與終結〔註42〕，這種秩序的瓦解不僅僅體現在游牧社會的自由流動性，也體現在游牧社會中生產關係之間的變化：

> 牲畜所有權也從牧人手中轉移到王公和活佛手中，隨後又逐漸轉移到漢人商號的手中。游牧社會中一種與租佃相類似的關係正在擴大。這個新現象尤其產生在召廟中，他們把牲畜交給牧民看管，然後連同自然增加的數目一起收回，這樣就超過了原來的「投入」。他們就這樣變著法兒地對牧民進行剝削。〔註43〕

自滿清入關，蒙古各部積極參與清代的統一戰爭，隨著清朝對草原各部落的分化瓦解，游牧民族歷史秩序走到了終點，雖然17～18世紀準噶爾汗國在西北建立起了強大的游牧政權，但經過康熙、雍正、乾隆三代近70年的平準戰爭，準噶爾汗國最終被平定。自準噶爾汗國被平定後再也沒有一支草原力量能對中央王朝發起挑戰，清代終結了兩千年來的游牧農耕文明衝突，雖然這個過程是漫長且艱難的。此後清王朝故步自封，對於軍事技術的革新等不再熱衷，農耕與草原文明雙雙落後於時代。

隨著工業文明時代的到來，農耕文明與游牧文明同樣受到來自西方先進工業文明的入侵。進入19世紀沙皇俄國已經佔領中亞並與英帝國就中亞霸權展開「大博弈」，清帝國同時受到了西北沙俄及東南沿海英國的侵略。拉鐵摩爾認為：「歐美工業社會秩序侵入整個亞洲後，使新的整合成為可能（或必然），

---

〔註42〕拉鐵摩爾指出：「一個定居社會的游牧附庸，必須要減少其游牧的移動循環，而代之以比較嚴格的土地制度。統治者不但需要瞭解每一個部落可以出多少兵員，也還要瞭解到什麼地方去徵集。他必須掌握對牧場及移動性的支配權，以防止各個附庸間的部落戰爭。在真正的草原部落制度下，土地權的取得是移動部落的事。在附庸制度下卻完全不同，統治者指定土地權，因為他有統治所有部落的權力。這種變化的重要意義是值得重視的。在部落社會中，有兩種方式在互為消長，部落從來是不穩定的。牧場的使用與移動的需求可以使部落分裂成為若干個群，但也可以將各個部落互相聯合在一位有力的可汗的領導之下。而領地附庸制度則阻止了聯合的形成（因為它可以威脅統治者的權力），保持著土地單位的分裂，從而分割了部落組織。蒙古王公們自滿清朝廷取得俸祿，同時承認清朝皇帝有決定他們世襲權的權力。這個權力可用以逐漸增加蒙古王公的數目，進一步分割土地和部落單位。」參見〔美〕拉鐵摩爾著；唐曉峰譯：《中國的亞洲內陸邊疆》，江蘇人民出版社，2005年，第51頁。
〔註43〕〔美〕拉鐵摩爾著；唐曉峰譯：《中國的亞洲內陸邊疆》，江蘇人民出版社，2005年，第60頁。

才結束了這長期潮起潮落的歷史。」〔註44〕1860 年蒙古王公僧格林沁率蒙古騎兵在天津八里橋迎戰英法聯軍，結果遭遇慘敗，如果說鴉片戰爭的船堅炮利打開了近代中國的大門，是清政府走出古代範疇，那麼此次戰役中游牧騎兵的慘敗可謂是中國古代草原游牧歷史最後的尾聲。劉鴻亮認為：

> 發生在 1860 年 9 月 21 日清軍與英法聯軍在北京通州八里橋的戰鬥，五個小時的戰鬥中，3.4 萬清軍以騎兵為主，步兵和炮兵為輔，表現英勇，但因素質、裝備、戰法嚴重落後而慘敗。此役配炮百門以上，最終戰死 3000，死傷上萬，餘部潰散；而僅是先頭部隊的 6000 侵略軍以步兵為主，騎兵和炮兵為輔，配炮 76 門，最終僅傷 46 人，死 5 人。……此戰結局，使得清廷上下創巨痛深，相顧愕然。由於向來視為支柱的滿蒙八旗在此役中不堪一擊，使得曾國藩的湘軍和李鴻章的淮軍受到倚重，逐漸代替滿蒙八旗成為清軍主力。〔註45〕

八里橋之戰中，僧格林沁指揮的滿蒙騎兵在與近代工業化、體系化軍隊之間的交鋒中慘遭單方面屠戮，表明游牧騎兵已經完全落後於工業文明的發展，此後清政府開啟了洋務運動，主動學習西方學習。有學者認為「此戰也標誌著自戰國後期趙武靈王胡服騎射以來統治中國戰場兩千餘年的騎兵開始逐漸走下歷史舞臺，西方現代軍事體系開始在中國軍界逐漸成為主流」〔註46〕。雖然僧格林沁的滿蒙騎兵在其後對內鎮壓農民起義的戰爭中仍然有所建樹，但就體系作戰而言八里橋之戰預示著游牧騎兵基本退出歷史舞臺，也預示著游牧民族古代輝煌歷史的落幕。

綜上，自清初滿蒙結合以來，中國古代北方游牧民族的歷史逐步走向衰落，草原游牧歷史的衰亡事實上從明中期已經初露端倪，明代中後期軍事技術的革新使得北方游牧民族南下劫掠變得更加困難，加之中原王朝對草原蒙古人的封鎖使得其很難進一步整合草原秩序，滿清統治者繼承了對明代軍事技術的應用，並藉此取得了對蒙古人的優勢，從而分化制衡，最終徹底解決了困

---

〔註44〕〔美〕拉鐵摩爾著；唐曉峰譯：《中國的亞洲內陸邊疆》〔M〕.江蘇人民出版社，2005 年，第 329 頁。

〔註45〕劉鴻亮：《圖像史視野中的「通州八里橋之戰」》〔C〕.姜萌、滕樂主編：《中國公共史學集刊》（第三集），北京：中國社會科學出版社，2020 年，第 44、89 頁。

〔註46〕汪振興：《論 1860 年八里橋之戰清軍的失敗》〔J〕.甘肅廣播電視大學學報，2017 年，第 3 期。

擾中原王朝兩千年的游牧邊患，滿蒙聯合塑造了穩固的北部邊疆。自 1757 年
準噶爾汗國被平定之後，百餘年間滿蒙八旗皆馬放南山、武備鬆弛，代表近代
工業文明發展方向的西方侵略者在西北與東南同時叩門時，統治者才發現屬
於游牧與農耕文明衝突的古代社會已經總結，世界進入到了資本主義工業社
會單方面碾壓落後封建社會的時代，自此中國古代北方草原游牧民族的歷史
也隨之被裹挾進入了近代現代時期，雖然游牧古代史的落幕並不意味著游牧
民族歷史及生活方式的終結，但屬於游牧民族輝煌歷史的年代從此一去不復
返。

## 本章小結

　　綜上所述，中國古代北方草原的歷史分期雖然與中原王朝的歷史週期極
為密切，但是由於其特殊性，其歷史分期呈現出與中原王朝截然不同的階段，
總體而言可以以匈奴人及蒙古人統一草原將古代中國北方草原的歷史分為三
個歷史長時段，即上古游牧——游牧歷史的叢林時代、中古游牧——游牧歷史
的「新陳代謝」時代、近古游牧：蒙古人的時代三個歷史時期。中國游牧自匈
奴人建立草原秩序後遵循著草原特有的游牧歷史週期律發展，各個游牧部族
各領風騷數百年，紛紛在草原上建立秩序，崛起、興盛、分裂衰落、遷徙或融
入下一波游牧部族勢力，如同人體的新陳代謝一樣，這一過程持續了 1400 餘
年，直至蒙古人時代的到來。草原上的主體民族從此穩定下來。

　　蒙古人的時代也可細分為三個歷史週期，其一，蒙古帝國的崛起至元朝滅
亡是蒙古人的黃金時代，他們統治著歐亞大陸的主體，將世界帶入一個全新的
框架體系之內。其二，明代蒙古，依舊回到了傳統的游牧農耕衝突道路之上，
只不過此時的蒙古處於分裂動盪的時期，雖然一度整合其草原秩序，但軍事技
術的革新導致蒙古人很難像之前的游牧政權那樣獲得對明朝的優勢，游牧政
權的優勢最終消失殆盡。其三，清代蒙古，截止 1860 古代游牧史終結。清代
徹底解決了游牧與農耕二千餘年的衝突歷史，其根本原因是清代盟旗制度桎
梏了自由游牧的可能，這一舉措直接斷絕了游牧新秩序及強大政權的崛起，在
平定準噶爾汗國之後，滿蒙八旗均在承平日久的時光中磨掉了尚武精神和對
新軍事技術的興趣，直至代表近代工業文明的英法聯軍入侵，在八里橋對游牧
騎兵單方面的碾壓屠殺，標誌著古代游牧歷史的徹底終結，世界已經不再屬於
游牧與農耕文明，北方草原被時代的車輪碾過，進入了屈辱的近現代社會。

# 第三章 中古游牧「新陳代謝」的
# 生成、終結及其考察

　　前文論述了中古游牧「新陳代謝」的具體表現。「辯證唯物論認為，因果關係指的是一種現象必然引起另一種現象的本質的聯繫。承認客觀世界（包括社會歷史現象）普遍地存在著固有的因果聯繫、因果規律，就是堅持唯物主義原則的一個重要方面。就史學領域來說，是否承認歷史因果律即歷史的客觀必然性，是區分唯心史觀和唯物史觀的一條標準。」〔註1〕歷史發展中往往必然性中有偶然因素，偶然性中蘊含著必然的歷史規律，學者們普遍注意到中國古代北方草原游牧民族的發展具有週期性，甚至具有歷史規律。那麼是什麼原因造成草原上一波又一波的游牧政權更替？匈奴人與蒙古人在這一「新陳代謝」的族群更新之中扮演著怎樣的角色？游牧的歷史週期律與中原王朝的歷史週期律之間有何關係與互動？這都是本章需要回答的問題。

## 第一節　中古游牧「新陳代謝」現象的成因

### 一、中古游牧「新陳代謝」的表述

　　前文引述拉鐵摩爾關於北方草原游牧歷史規律的表述為「草原部落的分裂及統一的循環，和中國朝代的建立與衰亡的循環」，朱金春稱之為「游牧的歷史規律」，將這種歷史循環表述為：

---

〔註1〕韋春景：《梁啟超關於歷史因果律的論述》〔J〕.史學史研究，1984 年，第 2 期。

　　總體而言，這兩個循環呈現出以下歷史軌跡：當中央集權的中原王朝統一而強大時，草原上的游牧政權往往會擺脫分散狀態而日趨聯合，通過供奉、貿易等方式來獲取自身所無法生產的資源，但是並沒有出現對中原的大規模征服（蒙古除外）；當中原政權進入王朝更替的混亂時期，游牧政權也往往陷入分裂，各個部落進入中原進行掠奪。〔註2〕

拉鐵摩爾與巴菲爾德的理論顯然無法解釋蒙古人在這一所謂游牧歷史規律進程的特例。對此王明珂批評到

　　以上兩位學者的草原與中原帝國歷史循環論，大致符合我們所知的歷史事實，然而亦無法否認，其間有些不符規律的異例。這樣的歷史循環規律即使存在，也是史家之選擇、歸納所得；它本身並不能說明其為何「存在」，它也不能說明相關「歷史事件」為何發生，更不用說，它無法解釋循環規律與歷史事件間的關係。〔註3〕

事實上如果只將游牧的歷史規律下限放到蒙古人對這一規律的終結，拉鐵摩爾與巴菲爾德對游牧與農耕文明衝突的歷史軌跡表述具有一定的合理性。楊建新在《中國少數民族通論》一書中歸納北方草原民族文化系統發展的整體特點時指出：

　　其一，文化積累困難，文化發展極其緩慢，甚至長期停滯不前；其二，其文化的演變和發展，主要受外力影響，特別是受中原漢文化的影響和推動；其三，北方草原各民族文化內涵有著強烈的繼承性和相似性；其四，北方各民族在其發展過程中，大多數都有一個向西、向南遷徙的歷史；其五，北方古代少數民族大都建立過自己的政權。〔註4〕

本書主張的中國古代北方草原中古游牧的「新陳代謝」表述為：中古游牧時代（前209匈奴統一草原至1206年蒙古統一草原）草原上游牧部族不斷建立自己的游牧秩序，他們經歷崛起、興盛、衰落階段，最終向西、向南遷徙或者融入新的游牧部族建立的秩序當中，匈奴、鮮卑（含東胡）、柔然、突厥、

〔註2〕朱金春：《游牧帝國的歷史循環——兼讀〈中國的亞洲內陸邊疆〉與〈危險的邊疆：游牧帝國與中國〉》〔J〕.中國圖書評論，2012年，第5期。

〔註3〕王明珂：《游牧者的抉擇：面對漢帝國的北亞游牧部族》，上海：上海人民出版社，2008年，第297頁。

〔註4〕楊建新：《中國少數民族通論》，北京：民族出版社，2005年，第249頁。

回鶻、黠戛斯、契丹等先後在草原建立起自己的統治秩序，這些游牧民族統治的時間或長或短，最終都離開了中國北方草原的歷史舞臺，如同人體的「新陳代謝」一般。

中古游牧的新陳代謝起點是匈奴人統一北方草原，終結在蒙古人統一北方草原。蒙古人統治草原之後，再也沒有興起過新的游牧民族勢力，中國古代北方草原從此進入穩定的民族主體時代，雖然草原的秩序並非一直穩定，但是沒有新的部族打破蒙古人統治草原的格局，這一格局延續至今。

上述中古游牧時代的「新陳代謝」是歷史文本可見的現象，表明至少在中古游牧階段，它呈現出一定的規律性。首先，這些游牧民族都曾在草原建立過較為強大的政權；其次，他們都或多或少南下劫掠中原王朝，這是由於游牧經濟的缺陷所導致的；再次，這些游牧民族最後都離開了草原歷史舞臺，他們一部分西遷進入西域、中亞甚至更遙遠的歐洲，一部分南下進入中原地區最終融入漢民族當中（有些還建立過自己的割據政權），還有一部分選擇留在草原融入新的游牧秩序當中；最後，這些游牧民族文化的傳承主要體現在游牧生活方式與統治秩序上，在生產力與文明發展水平上的積累並非階梯性的上升，更多是推倒重來甚至生產力、生產關係上的倒退，即巴菲爾德提及的「游牧民眾並不能很好地歸入線性發展的歷史階段中，也在於當這些國家崩潰時，游牧民族又回歸到他們傳統的部落組織中」〔註5〕。

## 二、中古游牧「新陳代謝」的成因

中古游牧生成的原因首先是匈奴人奠定了草原游牧政權的秩序格局，為後世的各個游牧政權提供了學習對象。中古游牧的起點是匈奴人的統一，此前草原上各游牧部族處於無秩序的叢林時代。隨著生產力的發展，公元前3世紀北方草原進入鐵器時代，草原上形成了東胡強而月氏盛匈奴居其中的格局，說明上古游牧中部落林立的格局開始進入局部統一整合的趨勢。隨著秦漢王朝鼎革之際，匈奴人迅速崛起並統一了草原，漢朝初年由於秦末戰爭的破壞，中原王朝元氣大傷，需要休養生息，故草原上的匈奴人趁勢時常南下劫掠，漢匈之間的百餘年斷續的戰爭在史籍裏為匈奴刻畫出強大野蠻的景象，而看不見的歷史傳承是草原上代代相傳匈奴曾經的輝煌，匈奴建立的草原游牧秩序為

---

〔註5〕〔美〕巴菲爾德著，袁劍譯：《危險的邊疆：游牧帝國與中國》，南京：江蘇人民出版社，2011年，第7頁。

後世陸續統治草原的其他游牧民族提供了範本，也指明了方向，此後的草原部族皆以匈奴為榜樣，甚至部族衰落時也會走上與匈奴一樣西遷遁走、南下融入農耕文明，就地加入下一個游牧秩序的道路。

其次，游牧經濟具有的流動性、分散性、不穩定性使得游牧政權的秩序難以長期維持，而草原脆弱的生態環境會加劇游牧國家秩序解體的過程。這一點歷史文本說明，游牧政權的強盛時期長則數代人，短則一世而亡。王明珂指出：

> 對牧民而言，「國家」讓他們由貿易、掠奪等輔助性生計中得到些生存資源，然而他們的游牧本業卻因「國家」而受到極大的損害。它破壞了游牧經濟中分散、分群、平等自主原則，以及人力運用的平衡。後來，這樣的政治結構只賴對外壓榨、掠奪所得之奢侈品，經層層分配、賞賜來建立與維持其國家權力體系。〔註6〕

游牧國家政權的維繫依賴於對外貿易、掠奪及擴張及內部分配，當游牧政權極盛之時，即使惡劣的氣候環境變化對其政權的打擊依舊有限，因為它還可以通過外部資源的補充維持其強大。當草原游牧政權衰落之時，天災對其打擊往往是毀滅性的，這個時候本身就是族群共合體的政權內部就會出現新秩序的挑戰者。如《漢書·匈奴傳》載：

> 其冬，單于自將萬騎擊烏孫，頗得老弱，欲還。會天大雨雪，一日深丈餘，人民畜產凍死，還者不能什一。於是丁令乘弱攻其北，烏桓入其東，烏孫擊其西。凡三國所殺數萬級，馬數萬匹，牛羊甚眾。又重以餓死，人民死者什三，畜產什五，匈奴大虛弱，諸國羈屬者皆瓦解，攻盜不能理。其後漢出三千餘騎，為三道，併入匈奴，捕虜得數千人還。匈奴終不敢取當，茲欲鄉和親，而邊境少事矣。〔註7〕

《後漢書·匈奴列傳》載：「而匈奴中連年旱蝗，赤地數千里，草木盡枯，人畜飢疫，死耗太半。單于畏漢乘其敝，乃遣使詣漁陽求和親。」〔註8〕《北史·突厥傳》載：「種類資給，唯藉水草，去歲四時，竟無雨雪，川枯蝗暴，卉木燒盡，飢疫死亡，人畜相半。舊居之地，赤土無依，遷徙漠南，偷存旦

〔註6〕王明珂：《游牧者的抉擇：面對漢帝國的北亞游牧部族》，上海：上海人民出版社，2008年，第300頁。

〔註7〕班固：《漢書》卷94《匈奴傳上》，中華書局，1962年，第3787頁。

〔註8〕范曄：《後漢書》卷89《南匈奴列傳》，中華書局，1965年，第2942頁。

刻。」〔註9〕又《舊唐書·突厥傳》載：

> 頡利每委任諸胡，疏遠族類，胡人貪冒，性多翻覆，以故法令
> 滋彰，兵革歲動，國人患之，諸部攜貳。頻年大雪，六畜多死，國
> 中大餒，頡利用度不給，複重斂諸部，由是下不堪命，內外多叛之。
> 上以其請和，後復援梁師都，詔兵部尚書李靖、……並受靖節度以討
> 之。十二月，突利可汗及郁射設、陰奈特勤等並帥所部來奔。〔註10〕

當草原上的極端天氣造成草原力量衰弱時，又往往會受到治下其他游牧部族及中原王朝內外的雙重打擊，這更會加速舊有游牧秩序的解體過程，而一旦解體產生，內部的挑戰者部落出於對前統治者民族壓迫的報復，往往選擇與更南的中原王朝結盟共同驅逐前者，從而為草原民族秩序的更新掃清障礙。

再次，草原秩序的更迭與中原王朝的興盛存在密切的歷史關聯。雖然並不是所有的游牧民族的政權的更迭都與南方中原王朝政權直接相關，但大多數的游牧民族政權更新或直接或間接與中原王朝發生關係。其表現為兩種，一種是北方的游牧國家政權直接被中原王朝所擊敗，例如漢代的匈奴、唐代的突厥就是典型，其次是中原王朝參與或助力了其他游牧部族對舊有草原游牧秩序的更新，在長期的游牧農耕衝突融合中，中原王朝逐漸消耗了草原游牧政權的力量，為其他部族的上位創造了前提條件，例如北魏對柔然的削弱、唐對回鶻的削弱並與黠戛斯共同滅亡了回鶻汗國等。草原民族秩序的更迭還體現在，草原游牧民族的主體持續南下進入中原地區，他們建立自己的割據政權，甚至統一北方，最終在於中原漢地的融合中重新塑造了中古漢族的構成。

最後，中古時代游牧民族建立的秩序更多關注獲取利益，而無文化、制度建設的機制，最終導致他們無法積累傳承，導致游牧民族政權秩序陷入螺旋式起伏。拉鐵摩爾指出「游牧民族統治的循環」包括四個階段：第一階段，在整個游牧民族與非游牧社會間的貿易中因為由誰來管理貿易及支配利潤問題，常常導致游牧民族動用其軍事力量，首先控制對非游牧民族的貿易利潤，繼而又向他們徵收貢賦；第二階段，利用游牧戰士維持一個混合國家，統治從事農業、商業及手工藝的非游牧人民，由此產生游牧區與農耕區的統治階層與被統治階層；第三階段，因二元統治體制而產生的統治者之間的利益分配矛盾階段，留守草原的統治階層依舊維持游牧機制收益與付出不成正比，統治屬地

---

〔註 9〕李延壽：《北史》卷 99《突厥傳》，中華書局，1974 年，第 3292 頁。
〔註10〕劉昫：《舊唐書》卷 144《突厥傳上》，中華書局，1975 年，第 5159 頁。

（農耕定居區）獲益巨大但業已喪失作為游牧者的優勢，即第三代甚至第二代就會「非游牧化」；第四階段，因為統治游牧農耕二元體制所導致矛盾衝突，當佔有實際財富而沒有實權的一方與雖然貧乏卻掌有實權的一方之間的差異無法忍受時，這個混合的國家即告分裂，邊地游牧人就要在政治上「回到游牧制度去」。〔註11〕這種財富與移動性之間如何取捨的拉扯導致草原游牧民族無法調和的內部矛盾〔註12〕，使得他們在自我的內耗之中逐漸消解了自身的優勢，被其他新的未被此問題困擾的游牧部族取而代之，取而代之的游牧民族政權則繼續自身政權內這一游牧─農耕二元體制的循環。

有匈奴初次建立草原統治秩序的範本可供參考，有自身經濟基礎及地理環境難以逾越的條件制約，有中原王朝興衰歷史週期的互通影響，還有因為游牧─農耕二元秩序無法調和的矛盾導致文化無法穩定積累，上述四個原因共同構成中古游牧秩序「新陳代謝」的現象。

## 三、游牧民族「新陳代謝」與中原王朝更迭之關係

前文述及中古游牧民族的「新陳代謝」受到中原王朝興衰歷史週期律的影響，拉鐵摩爾指出草原部落的分裂及統一的循環和中國朝代的建立與衰亡的循環這兩個循環形式互有差異，在歷史過程中卻相互影響。巴菲爾德則更為具體地論述游牧帝國的權力週期與中原王朝之間的關係，他認為：

> 游牧帝國聯盟只是在當有可能將其自身與中原經濟相聯繫時方能存在。游牧民族採用一種敲詐戰略以從中原獲取貿易權與奉金。

〔註11〕〔美〕拉鐵摩爾著；唐曉峰譯：《中國的亞洲內陸邊疆》，江蘇人民出版社，2005年，第333～334頁。

〔註12〕拉鐵摩爾指出：「游牧民族的統治者永遠不停地在追求財富與移動性的協調，由於這種原因，雖然大體上草原和中國是分離的，但二者的相互影響卻沒有停止過。游牧民族征服中國時，移動性對財富的統治最強。但是，這種局面又因財富的累積而妨害了移動性。征服者還要依賴官僚階級來徵收賦稅和施政。游牧民族的統治者到了中國以後，他們就脫離了本身權力的根源，轉而依賴笨重而易遭攻擊的農業機構。因此，當開發定居文明社會的利潤減退時，他們也和其他朝代一樣，被叛亂或是新的游牧民族的侵入而摧毀。在中國強盛而使草原游牧民族稱臣納貢時，財富對移動性的統治最強。但是，這種統治也會因為移動性而妨害於財富。被委任統治邊疆的官吏們，逐漸脫離漢族財富的根源，而取得草原權力的根源。附屬的草原部落，則要求對其忠誠還以較高的代價，同時又利用其移動性逃避懲罰，於是以移動性開發財富的現象又從此開始。」參見〔美〕拉鐵摩爾著；唐曉峰譯：《中國的亞洲內陸邊疆》，江蘇人民出版社，2005年，第50頁。

他們對邊疆地區大肆擄掠並最後與中原朝廷簽訂和約。中原本土王朝寧願給游牧民族金錢以讓他們走，因為這較之與來去無蹤的民族交戰更合算。敲詐所需要的是一種與征服相當不同的戰略。……除了蒙古人之外，「游牧征服」只發生在中原的中央政權崩潰之後沒有政府可以加以敲詐之時。強大的游牧帝國與中國的本土王朝同時興亡。漢朝與匈奴帝國在數十年間相繼出現，而突厥帝國剛好出現在隋唐重新統一中國之時。與此類似的是，草原與中原都在數十年的時間內進入混亂時期。當中原陷入嚴重無序與經濟衰退時，它就無法再維持這種關係，而草原權力也轉移至其組成部落手中，直到在華北地區重新建立起秩序之前草原一直無法再獲統一。〔註13〕

巴菲爾德至少大體上描繪了草原游牧帝國與中原王朝之間的關係互動，即除了蒙古人外，中原王朝的興盛與草原帝國的興盛同頻共振。事實上，這種長時段粗略分法排除掉蒙古人外，就是本書所論述的中古游牧時代。巴菲爾德以秦漢、隋唐的興盛對應匈奴（含鮮卑）、突厥（含回鶻）的興盛確實稍顯武斷，他所描繪的游牧帝國的權利週期與本文所探討的游牧民族「新陳代謝」的現象是有區別的。例如，鮮卑佔據北方草原近3個世紀，其可稱為草原帝國的興盛時代不過檀石槐、軻比能短暫一世之時代，柔然對比南方的北魏難堪稱興盛的草原帝國稱謂，但是草原上的民族主體確實易主了。故其說只能說是趨勢上如此，就北方草原游牧民族的「新陳代謝」而言，還需要更細緻地考察。

前文論述，匈奴的崛起是在秦漢之際，中原王朝忙於王朝鼎革戰爭，海內凋敝之時崛起。在漢初休養生息之時，匈奴勢力極其強大，時常南下劫掠漢地，而漢武帝時期，漢王朝國力鼎盛時期，在長期與匈奴的戰爭中，匈奴日漸衰落。昭宣之時，匈奴與漢朝爭奪西域失利，其後五單于爭立分裂。公元前53年，南匈奴首領呼韓邪率眾投降西漢。公元前36年，西域都護甘延壽、副校尉陳湯遠征康居擊殺北匈奴郅支單于。其後王莽篡漢，海內叛亂，匈奴勢力稍復起，但其力量較之西漢初期去之甚遠，公元年，竇憲破北匈奴，燕然勒功。《後漢書·竇憲傳》載：

> 憲分遣副校尉閻盤、司馬耿夔、耿譚將左谷蠡王師子、右呼衍王須訾等，精騎萬餘，與北單于戰於稽落山，大破之，虜眾崩潰，

〔註13〕〔美〕巴菲爾德著，袁劍譯：《危險的邊疆：游牧帝國與中國》，南京：江蘇人民出版社，2011年，第11～12頁。

單于遁走，追擊諸部，遂臨私渠比鞮海。斬名王已下萬三千級，獲
生口馬牛羊橐駝百餘萬頭。於是溫犢須、日逐、溫吾、夫渠王柳鞮
等八十一部率眾降者，前後二十餘萬人。憲、秉遂登燕然山，去塞
三千餘里，刻石勒功，紀漢威德……〔註14〕

此後的匈奴進一步衰敗，不復為漢王朝所患。東漢匈奴人衰落之後很長一
段時間之內，雖然不復昔日的興盛，但依靠對中原王朝的握手言和及內附，在
較長時間內，草原依舊是匈奴各部落的主場，當東漢王朝日薄西山之時，更為
野蠻的東胡和鮮卑便挑戰了匈奴的權威。公元 156 年，鮮卑首領檀石槐統一蒙
古草原，匈奴人徹底淡出北方草原歷史舞臺，民族主體融入中原漢地的發展之
中。

鮮卑的崛起得益於東漢桓靈二帝之時積重難返、大廈將傾，故其發展勢頭
頗有漢初匈奴之狀，《後漢書傳》載：

（桓帝時）朝廷積患之，而不能制，遂遣使持印綬封檀石槐為
王，欲與和親。檀石槐不肯受，而寇抄滋甚。乃自分其地為三部，
從右北平以東至遼東，接夫餘、濊貊二十餘邑為東部，從右北平以
西至上谷十餘邑為中部，從上谷以西至敦煌、烏孫二十餘邑為西部，
各置大人主領之，皆屬檀石槐。靈帝立，幽、并、涼三州緣邊諸郡
無歲不被鮮卑寇抄，殺略不可勝數。〔註15〕

但檀石槐的興起僅一世而亡，史載「光和中，檀石槐死，時年四十五，子
和連代立。和連才力不及父，亦數為寇抄，性貪淫，斷法不平，眾畔者半。……
自檀石槐後，諸大人遂世相傳襲。」〔註16〕

此後柔然的崛起之時，北魏尚未進入全盛時期，北魏興盛而柔然逐漸暗
弱；突厥興起之際，中原正值西魏（北周）與東魏（北齊）政權並立時期，隋
興盛之時，啟民可汗每年向隋朝貢；隋唐鼎革之際，突厥勢力空前強大，《新
唐書‧突厥傳》載：

隋大業之亂，始畢可汗咄吉嗣立，華人多往依之，契丹、室韋、
吐谷渾、高昌皆役屬，竇建德、薛舉、劉武周、梁師都、李軌、王世

---

〔註14〕范曄：《後漢書》卷 23《竇憲傳》，中華書局，1965 年，第 814 頁。

〔註15〕范曄：《後漢書》卷 90《烏桓鮮卑列傳》，中華書局，1965 年，第 2989～2990
頁。

〔註16〕范曄：《後漢書》卷 90《烏桓鮮卑列傳》，中華書局，1965 年，第 2994 頁。

　　充等倔起虎視，悉臣尊之。控弦且百萬，戎狄熾彊，古未有也。〔註17〕

　　其後唐朝國力恢復，歷經貞觀之治、開元盛世，掃滅東、西突厥汗國，再滅後突厥汗國，安史之亂、唐國力衰退、回鶻坐大。

　　從上述史實可看出，草原的游牧民族秩序與中原王朝糾葛極深，游牧民族秩序的興衰與漢王朝的盛衰為彼弱我強，彼強我弱之關係。其原因在於，強盛的中原王朝不會同時容忍一個強大的游牧帝國長期襲擾它，故而會想方設法地削弱游牧帝國，從力量對比而言，在長時段的和戰消耗中中原王朝對於游牧帝國更具體量優勢，故可以依靠國力將草原帝國拖垮。不能說中原王朝左右了草原游牧民族的秩序更新，而是說草原游牧民族的「新陳代謝」與中原王朝國力的興衰互相交叉，後者對前者的秩序更迭起到了極其重要的推動作用。

# 第二節　蒙古人終結中古游牧「新陳代謝」的原因

## 一、長期分裂與大一統的趨勢

　　1206 年成吉思汗統一蒙古草原，與此前諸多中古游牧民族政權一樣，成為草原霸主的蒙古人，繼續著前人的腳步向西進軍西域的農耕定居點，向南劫掠西夏、金朝。如果說此刻的蒙古人面臨著漢唐時代的中央大一統帝國，很可能蒙古人依舊會走上中古游牧民族「新陳代謝」的歷史循環，然而此時距離上一個統一的中央帝國唐朝滅亡 300 餘年，距離安史之亂之前的盛唐更是超過400 年。在中國傳統歷史疆域內分別有宋、金、西夏、西遼、大理、吐蕃諸部等割據政權。與魏晉南北朝時期的長期分裂相似，近四個世紀的分裂時期既有胡人漢化也有漢人胡化，各民族經歷了一個融合發展的時代，形成你中有我、我中有你、逐漸趨同，最終重新塑造了隋唐時代的多元包容的民族格局。《資治通鑒・唐記十四》載唐太宗語錄曰：「自古皆貴中華，賤夷、狄，朕獨愛之如一，故其種落皆依朕如父母。」〔註18〕正是隋唐時期各民族融為一家的體現。

　　經過 400 餘年的民族融合，宋、遼、西夏等很難說誰是最正統的華夏，各民族之間的差距逐漸縮小，重建大一統政治格局的經濟基礎、民族基礎、文化基礎已經逐漸形成，餘下的問題是由誰來推動這一歷史進程。最初蒙古

---

〔註17〕歐陽修等：《新唐書》卷 215《突厥傳上》，中華書局，1975 年，第 6028 頁。
〔註18〕《資治通鑒》卷 198《唐紀十四》，中華書局，1956 年，第 6247 頁。

人西征西遼、南下西夏時更多的是草原帝國「游牧民族統治的循環」的第一
階段，早期的征戰大多不注重對佔領地區的開發利用，基本屬於燒殺劫掠階
段，隨著蒙古人統治疆域的擴大，統治階級逐漸意識到「」。《元史・耶律楚
才傳》載：

> 太祖之世，歲有事西域，未暇經理中原，官吏多聚斂自私，貲
> 至鉅萬，而官無儲偫。近臣別迭等言：「漢人無補於國，可悉空其人
> 以為牧地。」楚材曰：「陛下將南伐，軍需宜有所資，誠均定中原地
> 稅、商稅、鹽、酒、鐵冶、山澤之利，歲可得銀五十萬兩、帛八萬
> 匹、粟四十餘萬石，足以供給，何謂無補哉？」帝曰：「卿試為朕行
> 之。」乃奏立燕京等十路徵收課稅使，凡長貳悉用士人，如陳時可、
> 趙昉等皆寬厚長者，極天下之選，參佐皆用省部舊人。辛卯秋，帝
> 至雲中，十路咸進廩籍及金帛陳于廷中……〔註19〕

從最初的簡單劫掠經濟利益，到統治攝取經濟利益，發展到制度、文化建
設，蒙古統治者，逐漸走出最初的野蠻游牧征服者狀態，承擔起了重建大一統
秩序的重任。《元史・耶律楚才傳》載：

> 且條便宜一十八事頒天下，其略言：「郡宜置長吏牧民，設萬戶
> 總軍，使勢均力敵，以遏驕橫。中原之地，財用所出，宜存恤其民，
> 州縣非奉上命，敢擅行科差者罪之。貿易借貸官物者罪之。蒙古、
> 回鶻、河西諸人，種地不納稅者死。監主自盜官物者死。應犯死罪
> 者，具由申奏待報，然後行刑。貢獻禮物，為害非輕，深宜禁斷。」
> 帝悉從之〔註20〕

又《元史・選舉志》載：

> 元初，太宗始得中原，輒用耶律楚材言，以科舉選士。世祖即
> 定天下，王鶚獻計，許衡立法，事未果行。至仁宗延祐間，始斟酌
> 舊制而行之，取士以德行為本，試藝以經術為先，士褒然舉首應上
> 所求者，皆彬彬輩出矣。〔註21〕

蒙元統治者完整地經歷了拉鐵摩爾所謂的「游牧民族統治的循環」四個階
段，在中國歷史上完成了第一次由少數民族入住中原建立大一統王朝的創舉。

---

〔註19〕脫脫等：《元史》卷146《耶律楚才傳》，中華書局，1976年，第3458頁。
〔註20〕脫脫等：《元史》卷146《耶律楚才傳》，中華書局，1974年，第3457頁。
〔註21〕脫脫等：《元史》卷81《選舉志》，中華書局，1974年，第2015頁。

由於元代沒有解決游牧政權的二元體制矛盾，導致元中後期數次皇權更迭都受草原政治、軍事力量所左右。即拉鐵摩爾指出的「游牧民族統治的循環」第四階段：

> 原來建立帝國的人，現在成了他們自己帝國的犧牲者，而另一些變得很像被征服者的人們，卻享受最大的利益。當佔有實際財富而沒有實權的一方與雖然貧乏卻掌有實權的一方之間的差異無法忍受時，這個混合的國家即告分裂，邊地游牧人就要在政治上「回到游牧制度去」。〔註22〕

蒙古人在中原的統治失敗，並未像之前的游牧民族那樣，或者西遷，或者主體融入中原漢地，而是成建制地退回了草原，重新「回到游牧制度去」。這一情況與以往的游牧民族都不同，甚至在一段時間之內，北元政權還在與明王朝重新爭奪中國的統治權。而蒙古人的重心重新回到草原，並保持較為強大的實力，杜絕了其他游牧民族席卷草原建立新的游牧秩序的可能。

明清兩代由於經濟基礎、生產生活結構的差異蒙古逐漸形成內外蒙古之分、清代對待蒙古依舊採用了大一統觀念，將草原上的蒙古人以盟旗制的形式固定下來，並逐步推進草原上的邊疆內地化治理，移動的草原游牧部族成了類似編戶齊民的半定居民。

## 二、草原文化、制度的積累

中古時代的游牧民族大多沒有自己的文字，如匈奴、東胡、鮮卑、柔然。有語言而無文字使得游牧民族的文化傳承極易中斷，能創立文字體系並用來推動文化積累的游牧民族將具有極大的文化優勢。例如，突厥人形成了自己的文字，突厥文字在日後的泛突厥化的突厥語族歷程中起到了重要作用，此後的諸多游牧民族的文字大多受到突厥文字的影響。此外，借鑒漢字而創立的西夏文字、契丹文字的西夏族、契丹人其創造的文明程度較之前的游牧民族也更為燦爛。需要說明的是文字的傳承並不代表文明不會中斷，只是有文字的游牧民族較之沒有文字的游牧民族其文化、制度的積累會更深厚。

此外，蒙古人較之前的游牧民族不同的是，其選擇了較為高階的藏傳佛教信仰，宗教信仰在一定程度上重塑並保護了其民族特性。蒙古人曾兩度信仰藏

---

〔註22〕〔美〕拉鐵摩爾著；唐曉峰譯：《中國的亞洲內陸邊疆》，江蘇人民出版社，2005年，第334頁。

傳佛教，在蒙元早期，蒙古人解除了基督教、伊斯蘭教、摩尼教、藏傳佛教、漢傳佛教等諸多宗教，基於蒙藏相近的地理環境及統治者的深思熟慮之後蒙元統治者最後選擇了藏傳佛教作為其宗教支持。拉鐵摩爾指出：

> 蒙古統治階級接受這種宗教，是想利用它來造成國家的統一，並團結蒙古民族以自別於漢族。他們希望把蒙古民族造成一個永久的統治階級，並擁有一個有組織的宗教的特許支持。……蒙古民族企圖以非中國的宗教，建立他們在中國的權力，但沒有成功。這也許是因為，那些外來宗教沒有一個能夠和中國官僚制度的嚴密而有力的規範相抗衡。〔註23〕

隨著元朝退回草原，草原又重新回到原有的游牧秩序當中，蒙古人自始至終沒有放棄其原始的薩滿教信仰，直到俺答汗時期，俺答汗有意識地扶持藏傳佛教信仰，最後在其和清代統治者的積極扶持之下，藏傳佛教成了蒙古人全民信仰，宗教重塑了蒙古人的民族特性，也能從經濟基礎上消弭蒙古人游牧—農耕二元體制帶來的內部分裂矛盾〔註24〕。

從制度層面上看，蒙元統治者在百餘年的統治過程中，包容並蓄。《元史》全書共 220 卷，其志就有 58 卷，足見其典章制度之複雜與完備較之之前的游牧民族政權不可同日而語。其典章制度的主體是吸收宋金兩朝所遺留下來的體制，在此基礎上形成了中央三省六部制、地方行省制的治理結構，北元時期上述制度依舊得以保留。

在法律制度層面，中原漢地斷理獄訟，基本上參用金《泰和律》定罪，再按一定的折代關係量刑，蒙元時代雖始終沒有頒布完備的法典，但在統治過程中，因時立制、臨事制宜而陸續頒發的各種單行法構成的格律類聚如《大元通制》《至正條格》都是具有法典性質的政書。

---

〔註23〕〔美〕拉鐵摩爾著；唐曉峰譯：《中國的亞洲內陸邊疆》，江蘇人民出版社，2005 年，第 52 頁。

〔註24〕拉鐵摩爾指出：「擁有產業的寺廟，可以使地處邊疆的具有混合經濟和社會的小邦，在其最重要的方面，獲得較為妥善的管理。寺廟以團體法人的資格取得產權，這比當時以其他方法整合移動性的游牧財產與定居的土地財產更加有效。它處於基於部落權力組織的家庭與基於地產、租佃及城市活動的家庭之間，並將它們聯繫起來。如果不是非家庭組織的寺廟提供了這種中間性的經濟規範，這兩種貴族家庭的戰爭足以使他們內部分裂。」〔美〕拉鐵摩爾著；唐曉峰譯：《中國的亞洲內陸邊疆》，江蘇人民出版社，2005 年，第 54 頁。

與此同時，游牧民族舊有的兵民合一體制，並逐漸發展成為千戶制、怯薛制等制度，較之以往的游牧民族具有更大的優勢，也是前人經驗積累的產物。雖然諸多漢制在蒙古人重返草原之後被遺棄，但其相關典章制度的積累為其民族發展保留了更多的歷史經驗。

## 三、世界帝國的共同歷史記憶

匈奴建立統一草原秩序後，後世千年凡有新的游牧民族建立草原秩序，大多類比匈奴人所取得的成績。例如，《後漢書・烏桓鮮卑列傳》載：「（鮮卑）因南抄緣邊，北拒丁零，東卻夫餘，西擊烏孫，盡據匈奴故地……」〔註25〕；《三國志・魏書・烏丸鮮卑東夷傳》載：「後鮮卑大人軻比能復制御群狄，盡收匈奴故地，自云中、五原以東抵遼水，皆為鮮卑庭。」〔註26〕《新唐書・回鶻傳》載：「頡利可汗之滅，塞隧空荒，夷男率其部稍東，保都尉楗山獨邏水之陰，遠京師纔三千里而贏，東室韋，西金山，南突厥，北瀚海，蓋古匈奴地也。」〔註27〕《新唐書・回鶻傳》載：「裴羅又攻殺突厥白眉可汗，遣頓啜羅達干來上功，拜裴羅左驍衛員外大將軍，斥地愈廣，東極室韋，西金山，南控大漠，盡得古匈奴地。」〔註28〕

以上史料中鮮卑的檀石槐、軻比能，薛延陀的夷男可汗；回鶻的骨力裴羅可汗等建立的草原秩序，史家所言，多以「盡據」「盡得」「盡收」古匈奴地類比，說明匈奴建立的草原秩序給中原王朝及後世的草原游牧民族留下了深刻的歷史烙印，成為草原輝煌歷史的文本記憶。

蒙古人在蒙元時代建立起溝通歐亞的世界性帝國，成為蒙古人引以為豪的輝煌歷史記憶，後世諸多游牧政權不管是否係真為成吉思汗的後裔，多攀附之。說明世界帝國的共同歷史記憶深深地嵌入游牧民族的血液之中，蒙古的四大汗國在後世的發展過程中經歷了一個突厥語化的過程，但他們仍然以黃金家族的後裔自居，並引以為豪。例如：

> 在蒙古人所佔領的一部分俄國，即欽察汗國中，只有四千左右真正的蒙古人，其餘屬於拔都的和貝兒克軍隊的都由突厥戰士組成。就是在「蒙古斯坦」，在由從前哈剌契丹帝國之地而變成的察合臺封

---

〔註25〕范曄：《後漢書》卷90《烏桓鮮卑列傳》，中華書局，1965年，第2989頁。
〔註26〕陳壽：《三國志》卷30《烏丸鮮卑東夷傳》，中華書局，1959年，第831頁。
〔註27〕歐陽修等：《新唐書》卷142《回鶻傳下》，中華書局，1975年，第6135頁。
〔註28〕歐陽修等：《新唐書》卷142《回鶻傳上》，中華書局，1975年，第6115頁。

地裏面，種族基本上也還是突厥種。〔註29〕

　　蒙古人的輝煌歷史吸納了諸多突厥語族的加入，與匈奴一樣，蒙古人最初也是一個各游牧部族的混合體，因為共同的輝煌歷史記憶，將他們深度捆綁融合在一起，北方草原所見諸部皆以蒙古人為號，草原成了蒙古人的草原，基本阻斷了其他名號的游牧民族重新崛起橫掃草原的可能。

　　此外沙俄的擴張使得其與清朝政府逐漸接壤，近代民族國家的形成逐漸限制了跨境游牧民族的移動，隨著近代資本主義的興起及世界體系的形成，游牧與農耕社會受到越來越緊迫的衝擊，草原的游牧民族不再具有生成新族群的地理、文化及制度環境，北方草原成為了蒙古人的草原。如同格魯塞指出的：

> 噶爾丹和策妄阿拉布坦，這些與成吉思汗精神一致，而又與路易十四同時代的人，即前一個時代的落伍者們，既要對付東戈壁的清朝的大炮，又要對付葉尼塞河畔俄國人的火器。這是 13 世紀與 18 世紀的碰撞，這種較量是不平等的。最後，一個蒙古帝國在它崛起的時候就衰落了，因為它是一個歷史上不合時代的帝國。〔註30〕

## 本章小結

　　中古游牧時代游牧民族秩序「新陳代謝」的生成與終結以草原歷史上兩個強大的游牧政權匈奴、與蒙古人的統一為界。匈奴人統一草原開啟了游牧秩序循環的起點，並為後世游牧秩序的建立樹立了範本，此後的草原游牧民族多參照匈奴人的經驗。除了匈奴人的道路示範之外，中古時代游牧民族自身經濟基礎及地理環境難以逾越的條件制約，中原王朝興衰歷史週期的互通影響，以及游牧—農耕二元秩序無法調和的矛盾導致文化無法穩定積累，上述四個原因共同構成中古游牧秩序「新陳代謝」的現象。中古時代草原游牧民族的興衰循環與中原王朝的朝代治亂循環互相影響，表現為游牧民族的盛衰並不與中原王朝的盛衰同步，而是呈現出彼強我弱，彼弱我強的交叉循環。

　　十三世紀的蒙古人崛起之際，恰逢周圍都是分裂格局的王朝政權，且大多

---

〔註29〕〔法〕勒內·格魯賽著，龔越譯：《蒙古帝國史》，北京：商務印書館，1996 年，第 279 頁。

〔註30〕〔法〕勒內·格魯賽著，藍琪譯：《草原帝國》，北京：商務印書館，1998 年，第 668 頁。

已經過了巔峰時期，故其能橫掃歐亞大陸。中古游牧時代新陳代謝循環的終結看似是被蒙古人意外地中斷，其實是近四百年中國分裂、民族融合的進程已經完成，已經具備了一定的統一基礎。蒙古人最初野蠻的殺戮、掠奪並未意識到自己會重塑華夏大一統的政治格局，當他們佔領的地區日益增大、統治的人口不斷增多，其不得不與農耕文明進行妥協，最終接納中原王朝傳統的政治架構，成為少數民族入主中原統治全中國的游牧政權。蒙元時代蒙古人的文化、政治、法律等制度較之前的游牧民族更為發達，其歷史積累及世界性的帝國記憶深深地嵌入蒙古人的血液之中，塑造了蒙古人的草原，明清時代的邊疆政策（明代封堵、清代分割固定疆域）杜絕了草原生成新的游牧民族勢力的可能，加之資本主義興起與全球體系時代的到來，也基本阻隔了境外游牧部族重新建立草原新秩序的可能，最終草原只留下蒙古人，近古游牧時代成了名副其實的蒙古人的時代。

# 第四章　漢武帝建元年間兩伐閩越原因考析——兼談武帝的平越策略

　　建元（前 140～前 135 年）是漢武帝使用的第一個年號，也是中國古代歷史上的第一個年號。武帝即位時年僅 16 歲，建元三年（前 138 年），閩越攻伐東越，朝廷內部關於是否出兵展開了一場討論，時年 18 歲的漢武帝果斷決策，出兵伐閩越，可謂初試牛刀。關於漢武帝第一次伐閩越的史事，《史記・東越列傳》載：

> 　　建元三年，閩越發兵圍東甌。東甌食盡，困，且降，乃使人告急天子。天子問太尉田蚡，蚡對曰：「越人相攻擊，固其常，又數反覆，不足以煩中國往救也。自秦時棄弗屬。」於是中大夫莊助詰蚡曰：「特患力弗能救，德弗能覆；誠能，何故棄之？且秦舉咸陽而棄之，何乃越也！今小國以窮困來告急天子，天子弗振，彼當安所告愬？又何以子萬國乎？」上曰：「太尉未足與計。吾初即位，不欲出虎符發兵郡國。」乃遣莊助以節發兵會稽。〔註1〕

　　太尉田蚡認為，越人常常互相攻擊，反覆無常，加上越地不屬中央管轄。根據以往的慣例，朝廷最多從中調解，用兵勞民傷財，故而反對用兵。中大夫莊助則針鋒相對，認為小國兵窮且告急，道義上應當出兵。武帝很贊同莊助的觀點，責備田蚡短視，遣莊助以節發會稽兵伐閩越。這是武帝登基以來首次用

　　　　　　　　　　　　　　　　　　　　　　　　　　　　　

〔註 1〕司馬遷：《史記》卷 114《東越列傳》，中華書局，1959 年，第 2980 頁。

武，用武的結果是：「未至，閩越引兵而去。東甌請舉國徙中國，乃悉舉眾來，處江淮之間」〔註2〕。雖然沒有直接和閩越交戰，但武帝小試牛刀，為武帝朝五十多年的用兵開疆拓土大業正式掀開帷幕。

到了公元前 135 年，時年武帝 21 歲。由於閩越擊南越，南越求援，武帝決定第二次出兵伐閩越。《史記·東越列傳》載：「至建元六年，閩越擊南越。南越守天子約，不敢擅發兵擊而以聞。上遣大行王恢出豫章，大農韓安國出會稽，皆為將軍。兵未逾嶺，閩越王郢發兵距險。」〔註3〕後來由於閩越王郢的弟余善與閩越國丞相、宗族謀誅殺郢。獻頭顱謝罪，漢武帝遂詔罷兩將兵，曰：「郢等首惡，獨無諸孫繇君醜，乃使郎中將立醜為越繇王，奉閩越先祭祀。」〔註4〕而閩越國作亂的二號人物余善由於在國內威行於國，國民多屬，並沒有得到懲罰，史載：

> 余善已殺郢，威行於國，國民多屬，竊自立為王。繇王不能矯
> 其眾持正。天子聞之，為余善不足復興師，曰：「余善數與郢謀亂，
> 而後首誅郢，師得不勞。」因立余善為東越王，與繇王並處。〔註5〕

第二次伐閩越同樣出兵未直接交戰，但迫於漢軍的壓力，閩越王更迭，並分出閩越東越互相牽制，可謂是不戰而屈人之兵的勝利。

那麼剛繼大位不久的漢武帝為何兩次拿閩越開刀？兩伐閩越又有何意義？建元年間武帝兩伐閩越，與元鼎（前116～前111 年）年間平定兩越有何關係，又有何不同？本文試圖從武帝個人抱負、淮南王劉安因素，以及漢王朝與諸越的民族關係三個方面展開分析論證。自武帝兩伐閩越後，武帝就如何平定越地逐漸形成一定的策略，下文詳細分析。

## 第一節　羽翼未豐：漢武帝初涉政治

武帝初繼位時，祖母竇氏為太皇太后，掌握實權。《漢書·儒林傳》載：「竇太后又好黃老術，故諸博士具官待問，未有進者。」〔註6〕此時的武帝還生存在竇太后權力的陰影之下。武帝初登大寶時，很想一施雄才抱負，馬上實

〔註2〕司馬遷：《史記》卷 114《東越列傳》，中華書局，1959 年，第 2980 頁。
〔註3〕司馬遷：《史記》卷 114《東越列傳》，中華書局，1959 年，第 2981 頁。
〔註4〕司馬遷：《史記》卷 114《東越列傳》，中華書局，1959 年，第 2981 頁。
〔註5〕司馬遷：《史記》卷 114《東越列傳》，中華書局，1959 年，第 2981～2982 頁。
〔註6〕班固：《漢書》卷 88《儒林傳》，中華書局，1962 年，第 3592 頁。

行新政，遵行儒術。《史記‧孝武本紀》載：

> 元年，漢興已六十餘歲矣，天下乂安，薦紳之屬皆望天子封禪
> 改正度也。而上鄉儒術，招賢良，趙綰、王臧等以文學為公卿，欲
> 議古立明堂城南，以朝諸侯。草巡狩封禪改曆服色事未就。會竇太
> 后治黃老言，不好儒術，使人微伺得趙綰等奸利事，召案綰、臧，
> 綰、臧自殺，諸所興為者皆廢。〔註7〕

《史記‧魏其武安侯列傳》載：

> 及建元二年，御史大夫趙綰請無奏事東宮。竇太后大怒。乃罷
> 逐趙綰、王臧等，而免丞相、太尉。以柏至侯許昌為丞相，武強侯
> 莊青翟為御史大夫。魏其、武安由此以侯家居。〔註8〕

武帝的「建元新政」由於竇太后的強烈反對，沒過多久，所興的政策皆被廢除
了。御史大夫趙綰上書武帝言勿將政事稟奏給太皇太后，竇太后得知後大怒，
找藉口將趙綰、郎中令王臧下獄，其後二人自殺；丞相竇嬰、太尉田蚡均被免
職；竇太后還任用推崇黃老之學的許昌為丞相，青翟為御史大夫。可以說建元
年間武帝羽翼未豐，很難有大的作為。

　　漢武帝的手腳被束縛，從第一次發兵閩越的命令中就可以看出彌端。《史
記‧東越列傳》載：「吾初即位，不欲出虎符發兵郡國。乃遣莊助以節發兵會
稽。會稽太守欲距不為發兵，助乃斬一司馬，諭意指，遂發兵浮海救東甌。」
〔註9〕武帝不從朝廷出虎符調兵，而以天子節命莊助（嚴助）調動會稽郡的兵
力，本身就不符合規矩，所以時任會稽太守拒不發兵，嚴助在斬殺一司馬之後，
才得以調動會稽兵將浮海救援東甌。

　　漢初近 70 年時間裏，幾代君王均推崇「無為而治」的黃老思想，除削除
異姓王國、平定叛亂外很少用兵，遑論對外征伐。此時竇太后又掌握實權，崇
尚黃老之學，所以武帝手中根本無兵可用。武帝出此險招，足以說明其膽識過
人，巧妙地避開了竇太后的干擾，在用兵一事上小試牛刀。

　　到了建元六年（前 135 年），武帝第二次伐閩越時，情況已經不可同日而
語了。是年五月丁亥，竇太后崩。當年八月，閩越興兵攻伐南越國，南越國求
援，武帝「遣大行王恢將兵出豫章、大司農韓安國出會稽擊之，未至，越人殺

---

〔註7〕司馬遷：《史記》卷 12《孝武本紀》，中華書局，1959 年，第 452 頁。
〔註8〕司馬遷：《史記》卷 107《魏其武安侯列傳》，中華書局，1959 年，第 2843 頁。
〔註9〕司馬遷：《史記》卷 114《東越列傳》，中華書局，1959 年，第 2980 頁。

郢降，兵還。」與此同時開始推崇儒術，《史記·孝武本紀》載：「後六年，竇太后崩。其明年，上徵文學之士公孫弘等。」〔註10〕

自竇太后去世之後，武帝沒了束縛，終於可以放開手腳施展雄才大略了。所以聽聞閩越對南越用兵，正中下懷，便直接調動軍隊征伐閩越了。與此同時，武帝派唐蒙開始經略西南夷，為平定諸越作前期準備。《漢書·西南夷傳》載：

> 蒙乃上書說上曰：「南越王黃屋左纛，地東西萬餘里，名為外臣，實一州主也。今以長沙、豫章往，水道多絕，難行。竊聞夜郎所有精兵，可是十餘萬，浮船牂柯江，出其不意，此制越一奇也。誠以漢之強，巴蜀之饒，通夜郎道，為置吏，易甚。」上許之。乃拜蒙為郎中將，將千人，食重萬餘人，從巴蜀筰關入，遂見夜郎侯多同。蒙厚賜，喻以威德，約為置吏，使其子為令。〔註11〕

但是縱觀整個建元年間，此時盪平諸越的時機尚未成熟。北方有強敵匈奴不時侵擾漢境，諸越政權還有一定實力，國內的王國問題還沒有得到最終解決。再加上武帝初掌大權，威望還沒完全樹立起來。面對錯綜複雜的政局，武帝的第二次伐閩越還帶有敲山震虎的考量，直接把矛頭指向了淮南王劉安，順便敲打地方諸侯王國。

## 第二節　敲山震虎：削弱淮南王劉安勢力

淮南王劉安（前179～前122），漢高祖劉邦之孫，淮南厲王劉長之子，劉安於公元前164年獲封淮南王，前後經營淮南國達32年之久，此時的淮南國較其父劉長之時，封地已經小了很多。《史記·淮南衡山列傳》載：

> 孝文十六年，徙淮南王喜復故城陽。上憐淮南厲王廢法不軌，自使失國蚤死，乃立其三子：阜陵侯安為淮南王，安陽侯勃為衡山王，陽周侯賜為廬江王，皆復得厲王時地，參分之。東城侯良前薨，無後也。〔註12〕

武帝繼位時，劉安已經經營淮南國14年之久，若以武帝第二次伐閩越計算，治淮南近二十年，可謂樹大根深。淮南王長期以來心懷異志，早在七國之亂時，吳王劉鼻就曾經遣使勸反淮南三國。《史記·淮南衡山列傳》載：

---

〔註10〕司馬遷：《史記》卷12《孝武本紀》，中華書局，1959年，第452頁。
〔註11〕班固：《漢書》卷95《西南夷兩粵朝鮮傳》，中華書局，1962年，第3839頁。
〔註12〕司馬遷：《史記》卷118《淮南衡山列傳》，中華書局，1959年，第3081頁。

孝景三年，吳楚七國反，吳使者至淮南，淮南王欲發兵應之。
其相曰：「大王必欲發兵應吳，臣原為將。」王乃屬相兵。淮南相已
將兵，因城守，不聽王而為漢；漢亦使曲城侯將兵救淮南：淮南以
故得完。吳使者至廬江，廬江王弗應，而往來使越。吳使者至衡山，
衡山王堅守無二心。孝景四年，吳楚已破，衡山王朝，上以為貞信，
乃勞苦之曰：「南方卑濕。」徙衡山王王濟北，所以褒之。及薨，遂
賜諡為貞王。廬江王邊越，數使使相交，故徙為衡山王，王江北。
淮南王如故。〔註13〕

七國之亂時，淮南三國態度不一：衡山王堅守無二心，獲得嘉獎；廬江王觀望
局勢，暗中連越以自保，又數使使相交，故徙為衡山王，以斷其異志；唯獨淮
南王劉安欲響應，因其相將兵不從，淮南國才得以保全。

　　平安度過七國之亂的劉安並沒有因此收斂。史載：「淮南王安為人好讀書
鼓琴，不喜弋獵狗馬馳騁，亦欲以行陰德拊循百姓，流譽天下。時時怨望屬王
死，時欲畔逆，未有因也。」〔註14〕到了武帝繼位之後，淮南王異志不改。《史
記·淮南衡山列傳》載：

及建元二年，淮南王入朝。素善武安侯，武安侯時為太尉，乃
逆王霸上，與王語曰：「方今上無太子，大王親高皇帝孫，行仁義，
天下莫不聞。即宮車一日晏駕，非大王當誰立者！」淮南王大喜，
厚遺武安侯金財物。陰結賓客，拊循百姓，為畔逆事。〔註15〕

此事在武帝初伐閩越的前一年，淮南王入朝，太尉田蚡關於武帝若去世之後，
天子之位非安當誰的話讓淮南王欣喜若狂，於是暗中發力。此時年輕的武帝即
使還不知道劉安異志，但隨著年齡及政治經驗的增長，肯定會提防長期坐大的
王國問題。更何況劉安聲名滿譽、多得百姓擁護。

　　武帝初伐閩越之時，竇太后尚在，劉安本人又好黃老之學，深得竇太后的
賞識。由於竇太后的原因，武帝只是派了嚴助（莊助）以天子節領會稽郡兵士
伐閩越，故而劉安並沒有上書反對。此時的劉安認準了朝廷大權在竇太后手
中，武帝伐閩越對其沒有實質性威脅，所以並不慌張。

　　武帝第二次伐閩越，已然大權在握，屯兵邊境，欲對閩越用兵。劉安上書

〔註13〕司馬遷：《史記》卷118《淮南衡山列傳》，中華書局，1959年，第3081～3082
　　　　頁。
〔註14〕司馬遷：《史記》卷118《淮南衡山列傳》，中華書局，1959年，第3082頁。
〔註15〕司馬遷：《史記》卷118《淮南衡山列傳》，中華書局，1959年，第3082頁。

勸諫武帝勿伐閩越，諫書長達 2000 多字。在諫書中劉安從施行王道、越地地形複雜、越人風俗迥異、動兵勞民傷財、秦始皇窮兵黷武不能徹底征服越地等多個方面，闡釋了伐閩越得不償失。最後劉安說道：「臣安幸得為陛下守藩，以身為障蔽，人臣之任也。邊境有警，愛身之死而不畢其愚，非忠臣也。臣安竊恐將吏之以十萬之師為一使之任也！」〔註16〕大意是有臣安為武帝守邊境，肯定會鞠躬盡瘁云云。

劉安此番上書其實是夾雜私貨的，他不希望漢軍屯邊，因為這對他來說是巨大的威脅。武帝用兵意圖也很明顯，一是武帝施展武功，一是敲山震虎，敲打地方諸侯王國。二伐閩越之時，漢兵並未逾南嶺，「適會閩越王弟余善殺王以降。漢兵罷。上嘉淮南之意，美將卒之功，乃令嚴助諭意風指於南越。」〔註17〕嚴助歸來，又命助攜上諭告知淮南說：

> 皇帝問淮南王：使中大夫玉上書言事，聞之。朕奉先帝之休德，夙興夜寐，明不能燭，重以不德，是以比年凶災害眾。夫以眇眇之身，託於王侯之上，內有飢寒之民，南夷相攘，使邊騷然不安，朕甚懼焉。今王深惟重慮，明太平以弼朕失，稱三代至盛，際天接地，人跡所及，咸盡賓服，藐然甚慚。嘉王之意，靡有所終，使中大夫助諭朕意，告王越事。〔註18〕

嚴助傳達上諭的意圖時說道：「今者大王以發屯臨越事上書，陛下故遣臣助告王其事。王居遠，事薄邀，不與王同其計。朝有闕政，遺王之憂，陛下甚恨之。」〔註19〕為了以示對淮南王劉安的尊敬，嘉許劉安的上書，武帝特地派遣嚴助（嚴助與劉安相交甚好）傳達了興師屯兵邊境的意圖，以及沒來得及和淮南王劉安商量的歉意。嚴助進一步解釋道：

> 閩王以八月舉兵於冶南，士卒罷倦，三王之眾相與攻之，因其弱弟余善以成其誅，至今國空虛，遣使者上符節，請所立，不敢自立，以待天子之明詔。此一舉，不挫一兵之鋒，不用一卒之死，而閩王伏辜，南越被澤，威震暴王，義存危國，此則陛下深計遠慮之所出也。事效見前，故使臣助來諭王意。〔註20〕

---

〔註16〕班固：《漢書》卷64《嚴助傳》，中華書局，1962年，第2785頁。
〔註17〕班固：《漢書》卷64《嚴助傳》，中華書局，1962年，第2786頁。
〔註18〕班固：《漢書》卷64《嚴助傳》，中華書局，1962年，第2786頁。
〔註19〕班固：《漢書》卷64《嚴助傳》，中華書局，1962年，第2787頁。
〔註20〕班固：《漢書》卷64《嚴助傳》，中華書局，1962年，第2788頁。

嚴助帶來的武帝口諭讓劉安誠惶誠恐，連忙稱謝曰：「雖湯伐桀，文王伐崇，誠不過此。臣安妄以愚意狂言，陛下不忍加誅，使使者臨詔臣安以所不聞，誠不勝厚幸！」〔註21〕

漢武帝與淮南王劉安你來我往的謙遜姿態，絕非君臣之間的其樂融融。竇太后去世之後，武帝剛剛掌握實權就興兵遠征攻伐，本身就有顧慮，怕引起邊越諸王的猜忌和疑慮。而劉安更是小心翼翼，生怕武帝屯兵東南，所以極力勸諫。待到武帝不費一兵而「閩王伏辜，南越被澤，威震暴王，義存危國」時，武帝及時撤兵，已經達到了敲山震虎的目的。所以嚴助向劉安解釋道：

> 今者，邊又言閩王率兩國擊南越。陛下為萬民安危久遠之計，使人諭告之曰：『天下安寧，各繼世撫民，禁毋敢相併。』有司疑其以虎狼之心，貪據百越之利，或於逆順，不奉明詔，則會稽、豫章必有長患。且天子誅而不伐，焉有勞百姓苦士卒乎？故遣兩將屯於境上，震威武，揚聲鄉，屯曾未會，天誘其衷，閩王隕命，輒遣使者罷屯，毋後農時。〔註22〕

嚴助提到武帝是擔心閩越國「貪據百越之利」，趁機坐大，使得會稽、豫章郡留有長患。所以才興師屯東南邊境，現在不戰而屈人之兵，就遣使罷屯，毋後農時。淮南王心裏的抱負瞬時落下了。

第二次伐閩越的結局是：「助由是與淮南王相結而還。上大說。」〔註23〕武帝此時的實力與威望還不足以拿王國問題開刀，但已經達到了敲山震虎的目的。即削弱了百越諸部，又有效地震懾了淮南王劉安及地方王國，從而有效地防止了二者勾結坐大。

## 第三節　防患未然：抑制閩越國坐大

秦漢時期的百越諸部一直處於局部政權統一階段，各部相互攻伐，維持一種制衡。百越諸部並沒有直接對中原王朝構成威脅，但常常和地方諸侯王國勾結，很是讓漢王朝頭疼。如果百越內部出現強有力政權，聯合乃至統一諸越的話，無疑對漢王朝構成很大的威脅，這也是漢武帝不願看到的結果。所以嚴助曰：「有司疑其以虎狼之心，貪據百越之利，或於逆順，不奉明詔，則會稽、

---

〔註21〕班固：《漢書》卷64《嚴助傳》，中華書局，1962年，第2789頁。
〔註22〕班固：《漢書》卷64《嚴助傳》，中華書局，1962年，第2787～2788頁。
〔註23〕班固：《漢書》卷64《嚴助傳》，中華書局，1962年，第2789頁。

豫章必有長患。」

　　事實上，在呂后執政時期，南越國隨著實力的強大，嚴重威脅到邊越諸侯王國的安危。並因此與漢王朝交惡，引發軍事衝突。《史記・南越列傳》載：

> 高后時，有司請禁南越關市鐵器。……於是佗乃自尊號為南越武帝，發兵攻長沙邊邑，敗數縣而去焉。高后遣將軍隆慮侯灶往擊之。會暑濕，士卒大疫，兵不能逾嶺。歲餘，高后崩，即罷兵。佗因此以兵威邊，財物賂遺閩越、西甌、駱，役屬焉，東西萬餘里。乃乘黃屋左纛，稱制，與中國侔。〔註24〕

直到文帝時，趙佗乃「去帝制黃屋左纛。遂至孝景時，稱臣，使人朝請。然南越其居國竊如故號名，其使天子，稱王朝命如諸侯。」〔註25〕可見地方諸侯王國與漢王朝都不希望出現一個強大的越地政權。

　　秦漢時期百越各部人口眾多，從人口總量上來說，遠超過了北方的匈奴。對於百越族群的數量，沒有一個精確的數字。通過前文根據《漢書・地理志》關於百越地區人口數字的統計所製《西漢越地人口統計表》〔註26〕，可對南方的百越族群數量做出相對合理的估計。據表可知，西漢時期，越地各郡縣的人口總數360餘萬，在西漢時期，該地的漢人還不是很多，南方地區的主體人口基本以百越部落為主。據此推算，秦、西漢時期百越諸部的人口總數可能在250萬左右。這個人口數字大致兩倍於匈奴，若單純以人口計，越地動員出數十萬軍隊並非不可能。受制於地形阻隔和部落分野，百越地區的軍事動員能力有限，但如果百越出現一個強大的政權，將會嚴重威脅漢朝在南方的統治，同時也會在南部形成一定的國防壓力。

　　關於秦漢時期百越的軍事動員能力，可參見本書上編第四章「百越軍事動員能力」小節所製《秦漢時期百越兵力記錄統計表》。據表分析，百越各部具備一定的軍事實力。建元年間，南越國衰落，閩越做大，攻擊東甌和南越，顯示出較強的實力。以兵力計，閩越國最多可能動員十萬眾，東越數萬眾，南越國亦不下五萬眾，加上西甌、駱越諸部，大致符合吳王劉濞所言：「寡人素事南越三十餘年，其王諸君皆不辭分其兵以隨寡人，又可得三十萬」〔註27〕，以

---

〔註24〕司馬遷：《史記》卷113《南越列傳》，中華書局，1959年，第2969頁。
〔註25〕司馬遷：《史記》卷113《南越列傳》，中華書局，1959年，第2970頁。
〔註26〕參見本書第四章「匈奴軍事動員能力小節」。
〔註27〕班固：《漢書》卷35《荊燕吳傳》，中華書局，1962年，第1909頁。

及劉安關於「越甲卒不下數十萬，所以入之，五倍乃足」〔註28〕的說法。如果結合到一塊，很可能形成比較大的威脅，故而分裂的百越諸部對漢王朝十分有利。漢初七十年，諸侯王反者，多勾結外族。居北方反叛者多連匈奴，而割據南方反叛者多結百越。若閩越做大，統一諸越，再連結南部的漢朝封國，不但王國問題就會變得棘手起來，平定諸越的困難也會大大增加。

　　事實上，漢初地方諸侯國就曾多次與越地暗通款曲，相倚為強。《史記·吳王劉濞列傳》記載：「七國之發也，吳王悉其士卒，發二十餘萬人。南使閩、東越，東越亦發兵從。」〔註29〕吳王劉濞兵敗後他的兩個兒子子華、子駒也「亡走閩越」。而廬江王也因為「邊越，數使使相交，故徙為衡山王」。後來淮南王密謀叛亂時想到的策略也是南通勁越，不行再「急走越耳」。《史記·淮南衡山列傳》載：

　　　　王問伍被曰：「吾舉兵西鄉，諸侯必有應我者；即無應，奈何？」
　　　被曰：「南收衡山以擊廬江，有尋陽之船，守下雉之城，結九江之浦，
　　　絕豫章之口，彊弩臨江而守，以禁南郡之下，東收江都、會稽，南
　　　通勁越，屈彊江淮間，猶可得延歲月之壽。」王曰：「善，無以易此。
　　　急則走越耳。」〔註30〕

　　年輕的武帝出於防患於未然的考量，決心對閩越用兵。雖然沒有畢功於一役，但是最終不戰而使閩越國二分，客觀上削弱了強勢的閩越政權，同時在諸越之間樹立了漢王朝的權威。這樣的成就對於時年 22 歲的武帝來說，是相當了不起的。所以嚴助評價說：「此一舉，不挫一兵之鋒，不用一卒之死，而閩王伏辜，南越被澤，威震暴王，義存危國，此則陛下深計遠慮之所出也。」此時的漢武帝已經脫胎換骨成了英明賢主，在朝廷內外樹立起了自己的權威。

## 第四節　武帝平越策略的形成及其實踐

　　漢武帝在思考如何平定越地之時其實借鑒參照了秦統一過程中對百越的用兵策略。始皇在派遣王翦平楚之時，已經對東南越地進行了掃蕩，置會稽郡、

---

〔註28〕班固：《漢書》卷 64《嚴助傳》，中華書局，1962 年，第 2781 頁。
〔註29〕班固：《漢書》卷 35《荊燕吳傳》，中華書局，1962 年，第 1910 頁。
〔註30〕司馬遷：《史記》卷 118《淮南衡山列傳》，中華書局，1959 年，第 3092～3093頁。

閩中郡〔註31〕。《史記·白起王翦列傳》載：

> 荊數挑戰而秦不出，乃引而東。翦因舉兵追之，令壯士擊，大
> 破荊軍。至蘄南，殺其將軍項燕，荊兵遂敗走。秦因乘勝略定荊地城
> 邑。歲餘，虜荊王負芻，竟平荊地為郡縣。因南征百越之君。〔註32〕

《史記·始皇本紀》載：「二十五年，大興兵，使王賁將，攻燕遼東，得
燕王喜。還攻代，虜代王嘉。王翦遂定荊江南地；降越君，置會稽郡。」〔註
33〕《史記·東越列傳》載：「閩越王無諸及越東海王搖者，其先皆越王句踐之
後也，姓騶氏。秦已併天下，皆廢為君長，以其地為閩中郡。」〔註34〕秦軍平
定於越、閩越較為順利的原因在於，進軍閩越一路的秦軍補給線相對較短，後
勤上更為接近新征服的楚地，且於越、閩越地與中原往來更密切，不似嶺南的
西甌、南越與內地交往較少。

《淮南子·人間訓》載秦滅六國數年後，始皇命將領北逐匈奴，南征百越：

> 秦皇挾錄圖，見其傳曰：「亡秦者胡也。」因發卒五十萬，使蒙
> 公、楊翁子將，築脩城，西屬流沙，北擊遼水，東結朝鮮，朝鮮，樂
> 浪。中國內郡輓車而餉之。又利越之犀角、象齒、翡翠、珠璣，乃
> 使尉屠睢發卒五十萬，為五軍，一軍塞鐔城之領，一軍守九疑之塞，
> 九疑在零陵。一軍處番禺之都，一軍守南野之界，一軍結餘干之水，
> 三年不解甲弛弩，使監祿無以轉餉，又以卒鑿渠而通糧道，以與越
> 人戰，殺西嘔君譯籲宋。而越人皆入叢薄中，與禽獸處，莫肯為秦
> 虜。相置桀駿以為將，而夜攻秦人，大破之，殺尉屠睢，伏屍流血
> 數十萬。乃發適戍以備之。〔註35〕

〔註31〕楊帆、趙志強認為：二十三年（前224年），王翦與裨將蒙武率領六十萬大軍伐
　　　　楚；二十四年（前223年），破荊軍，項燕自殺；二十五年（前222年），王翦
　　　　平定楚江南地，時為越王的無諸來降，其後，秦以楚江南地設立會稽郡，並進
　　　　而平定全部楚地。滅楚任務完成後，王翦又率領一支偏師征討了楚地外圍的「百
　　　　越」，但未至嶺南，未曾征伐南越；二十六年（前221年），廢「越王」無諸和
　　　　搖（搖或為「閩王」）為「越君」、「閩君」，以其地置閩中郡；三十三年（前214
　　　　年），蒼梧郡尉屠睢（尉徒唯）擊南越，設立南海、桂林、象郡。王翦南征百越
　　　　之君與《淮南子人間訓》所載秦征百越分別為二事。參見楊帆、趙志強：《王翦
　　　　南征與閩中郡的設立》〔J〕.西南大學學報（社會科學版），2015年，第3期。
〔註32〕司馬遷：《史記》卷73《白起王翦列傳》，中華書局，1959年，第2341頁。
〔註33〕司馬遷：《史記》卷6《秦始皇本紀》，中華書局，1959年，第234頁。
〔註34〕司馬遷：《史記》卷114《東越列傳》，中華書局，1959年，第2979頁。
〔註35〕何寧：《淮南子集釋》，中華書局，1998年版，第1288～1290頁。

　　始皇在南平百越之時選擇五路出擊，秦軍的五路攻擊方向中第一、二路進擊西甌，第三、四、五路進攻南越，其結果是攻打西甌、南越的軍隊慘敗。此次秦人征伐越地失敗的很重要原因就是後勤補給問題，其後「使監祿無以轉餉，又以卒鑿渠而通糧道，以與越人戰，殺西嘔君譯籲宋」，靈渠的開鑿使得秦軍的後勤問題得到很大的改善，加之越人與秦軍曠日持久的消耗戰逐漸不支，公元前214年秦軍再征南越，平定越地。《史記・始皇本紀》載：「三十三年，發諸嘗逋亡人、贅壻、賈人略取陸梁地，為桂林、象郡、南海，以適遣戍。……三十四年，適治獄吏不直者，築長城及南越地。」

　　上述過程中，秦軍先是王翦掃蕩百越外圍與中原聯繫較為密切的於越、閩越地，其後進軍後勤更遠的嶺南越地，其過程先近後遠，先易後難，雖然第二階段付出的代價更大，但是最終平定越地。武帝在制定平越策略之時肯定有參考借鑒秦代平越故事，但在具體的實操過程中，原本計劃的先閩越後南越策略，因為南越國的叛亂給予漢軍可乘之機，故實際歷史進程是漢軍執行了先定南越而後平閩越的策略。

　　前文述及，建元年間武帝初伐閩越的起因是東越求救，漢初東越、閩越、南越三國以東越地狹國弱，《史記・東越列傳》載：

> 漢擊項籍，無諸、搖率越人佐漢。漢五年，復立無諸為閩越王，王閩中故地，都東冶。孝惠三年，舉高帝時越功，曰閩君搖功多，其民便附，乃立搖為東海王，都東甌，世俗號為東甌王。後數世，至孝景三年，吳王濞反，欲從閩越，閩越未肯行，獨東甌從吳。及吳破，東甌受漢購，殺吳王丹徒，以故皆得不誅，歸國。吳王子子駒亡走閩越，怨東甌殺其父，常勸閩越擊東甌。〔註36〕

　　建元三年，漢軍未至而閩越引兵去。東甌懼怕閩越再次攻擊，於是「請舉國徙中國，乃悉舉眾來，處江淮之閒」〔註37〕，自此東甌不費一兵一卒而定。元光（前134～前129）年間及之後很長一段時間，武帝將精力轉移到對漢王朝威脅最大的匈奴身上，與此同時武帝著手徹底解決王國問題。因為相較百越而言，匈奴時常南下劫掠漢地，而百越之間的內鬥一不損害中原王朝利益，而來其內耗有助於消弭其自身力量，武帝完全可以伺機而動。故建元六年二伐閩越後的二十餘年間武帝並不急於平定越地，這也吸取了秦代南北兩線作戰損

〔註36〕司馬遷：《史記》卷114《東越列傳》，中華書局，1959年，第2979～2989頁。
〔註37〕司馬遷：《史記》卷114《東越列傳》，中華書局，1959年，第2980頁。

耗過大的教訓，《淮南子‧人間訓》談及始皇南北用兵之時：

> 當此之時，男子不得脩農畝，婦人不得剟麻考縷，羸弱服格於
> 道，大夫箕會於衢，病者不得養，死者不得葬。於是陳勝起於大澤，
> 奮臂大呼，天下席卷而至於戲。劉、項興義兵隨，而定若折槁振落，
> 遂失天下。禍在備胡而利越也。欲知築脩城以備亡，不知築脩城之
> 所以亡也；發適戍以備越，而不知難之從中發也。〔註38〕

武帝在反擊匈奴之時並未完全摒棄平越策略，還派唐蒙等人經略西南夷，為日後平定越地增加砝碼，《史記‧西南夷列傳》載：

> 蒙乃上書說上曰：「南越王黃屋左纛，地東西萬餘里，名為外臣，
> 實一州主也。今以長沙、豫章往，水道多絕，難行。竊聞夜郎所有
> 精兵，可得十餘萬，浮船牂柯江，出其不意，此制越一奇也。誠以
> 漢之彊，巴蜀之饒，通夜郎道，為置吏，易甚。」上許之。〔註39〕

當一切就緒之後，武帝就著手平定諸越的戰爭。而這個時候的百越諸部，內無一個強大的領導核心，外無之前可以互相倚靠勾結的強勢諸侯王國，加之長期內耗，故迅速地被漢王朝各個擊破。

公元前113年，南越明王趙嬰齊崩，其子趙興繼位，樛氏為太后，趙興與太后上書願歸附漢朝，引起以丞相呂嘉為首的本土士族的不滿，由是南越國爆發政治危機，為漢朝平定南越提供契機，公元前112年，正式拉開平越戰爭的序幕，《漢書‧五行志》載：「武帝元鼎五年秋，蛙與蝦蟆群鬥。是歲，四將軍眾十萬征南越，開九郡。」〔註40〕《史記南越列傳》詳細記載了平定南越的過程：

> 元鼎六年冬，樓船將軍將精卒先陷尋陝，破石門，得越船粟，
> 因推而前，挫越鋒，以數萬人待伏波。伏波將軍將罪人，道遠，會
> 期後，與樓船會乃有千餘人，遂俱進。樓船居前，至番禺。建德、
> 嘉皆城守。樓船自擇便處，居東南面；伏波居西北面。會暮，樓船
> 攻敗越人，縱火燒城。越素聞伏波名，日暮，不知其兵多少。伏波
> 乃為營，遣使者招降者，賜印，復縱令相招。樓船力攻燒敵，反驅
> 而入伏波營中。犁旦，城中皆降伏波。呂嘉、建德已夜與其屬數百

---

〔註38〕何寧：《淮南子集釋》，中華書局，1998年版，第1290～1291頁。
〔註39〕司馬遷：《史記》卷116《西南夷列傳》，中華書局，1959年，第2994頁。
〔註40〕班固：《漢書》卷27《五行志中之下》，中華書局，1962年，第1430頁。

人亡入海，以船西去。伏波又因問所得降者貴人，以知呂嘉所之，遣人追之。以其故校尉司馬蘇弘得建德，封為海常侯；越郎都稽得嘉，封為臨蔡侯。蒼梧王趙光者，越王同姓，聞漢兵至，及越揭陽令定自定屬漢；越桂林監居翁諭甌駱屬漢：皆得為侯。戈船、下厲將軍兵及馳義侯所發夜郎兵未下，南越已平矣。

公元前 111 年，武帝著手平定閩越，關於武帝平定閩越的過程，詳見《史記·東越列傳》載：

> 至元鼎五年，南越反，東越王余善上書，請以卒八千人從樓船將軍擊呂嘉等。兵至揭揚，以海風波為解，不行，持兩端，陰使南越。及漢破番禺，不至。是時樓船將軍楊僕使使上書，願便引兵擊東越。上曰士卒勞倦，不許，罷兵，令諸校屯豫章梅領待命。元鼎六年秋，余善聞樓船請誅之，漢兵臨境，且往，乃遂反，發兵距漢道。號將軍騶力等為「吞漢將軍」，入白沙、武林、梅嶺，殺漢三校尉。……元封元年冬，咸入東越。東越素發兵距險，使徇北將軍守武林，敗樓船軍數校尉，殺長吏。樓船將軍率錢唐轅終古斬徇北將軍，為御兒侯。自兵未往。故越衍侯吳陽前在漢，漢使歸諭余善，余善弗聽。及橫海將軍先至，越衍侯吳陽以其邑七百人反，攻越軍於漢陽。從建成侯敖，與其率，從繇王居股謀曰：「余善首惡，劫守吾屬。今漢兵至，眾彊，計殺余善，自歸諸將，儻幸得脫。」乃遂俱殺余善，以其眾降橫海將軍……〔註41〕

公元前 110 年漢武帝徹底平定了越地，為絕後世隱患，遷閩越民於江淮間，遂虛其地。《漢書·武帝紀》載：

> （元鼎六年）秋，東越王余善反，攻殺漢將吏。遣橫海將軍韓說、中尉王溫舒出會稽，樓船將軍楊僕出豫章，擊之。（元封元年）東越殺王余善降。詔曰：「東越險阻反覆，為後世患，遷其民於江淮間。」遂虛其地。〔註42〕

與此同時，武帝還攜滅諸越之餘威，一鼓作氣，擊破西南諸夷，進而徹底解決了南方諸蠻的問題。《漢書·西南夷傳》載：

> 及至南粵反，……遂平南夷為牂柯郡。夜郎侯始倚南粵，南粵

〔註41〕司馬遷：《史記》卷 114《東越列傳》，中華書局，1959 年，第 2982～2983 頁。
〔註42〕班固：《漢書》卷 6《武帝紀》，中華書局，1962 年，第 189～190 頁。

已滅，還誅反者，夜郎遂入朝，上以為夜郎王。南粵破後，及漢誅
且蘭、邛君，並殺莋侯，冉駹皆震恐，請臣置吏，以邛都為粵巂郡，
作都為沈黎郡，冉駹為文山郡，廣漢西白馬為武都郡。元封二年，
天子發巴、蜀兵擊滅勞深、靡莫，以兵臨滇。滇王始首善，以故弗
誅。滇王離西夷，滇舉國降，請置吏入朝，於是以為益州郡，賜滇
王王印，復長其民。〔註43〕

可以說，武帝在建元年間兩伐閩越之時，就已經有了要一統南方百越、諸
蠻的構想，而兩次用兵閩越為最終解決百越問題打下了良好的基礎。武帝在平
定百越各部的過程中，高瞻遠矚，步步為營。從初伐閩越的小試牛刀，到經略
西南夷斷南越倚靠，再到敲山震虎，敲打地方王國，進而到防患百越坐大，最
後到了時機、條件均成熟之時著手徹底平定南方百越、諸蠻，這一過程中顯示
出漢武帝卓越的軍事才能和戰略眼光。

# 本章小結

本章從武帝的小試牛刀、對劉安敲山震虎、防患閩越國做大等三個維度探
討了武帝在建元年間的伐閩越策略。在竇太后的掌權期間，武帝面對的政治局
面極為複雜，其新政受到了竇太后的壓制，導致新政改革無法順利實施。然而
武帝並未因此而氣餒，而是通過耐心等待，至竇太后去世，其迅速擺脫了竇太
后的影響，展現出他在政治策略和耐心方面的卓越能力。

在處理淮南王劉安的策略上，武帝通過第二次伐閩越，成功地削弱了淮南
王的勢力，並以此為契機鞏固自身的統治，同時防止了其統治早期劉安潛在的
叛亂風險。這一過程中，武帝展現了其高超的政治機敏和戰略眼光，有效地利
用外交和軍事手段，達到了其政治目的。

建元年間武帝兩伐閩越策略的成功，提升了自己的威望，也為後來的平定
諸越提供了思路。其平越策略在吸取秦代征百越的教訓之上採取先匈奴後百
越、坐山觀虎鬥、靜待其變、積極經略西南夷以斷南移依靠等策略，最終以最
小的代價平定越地並順勢招撫西南夷，這一過程中展示了武帝在軍事戰略上
的遠見，也體現了他具有高度政治智慧。

---

〔註43〕班固：《漢書》卷95《西南夷兩粵朝鮮傳》，中華書局，1962年，第3841～3842
頁。

# 第五章　百越南移：史實演進與文本敘事的概念互動

　　「百越」是中華民族共同體歷史的重要組成部分，先秦秦漢時期，隨著華夏民族的向南發展與越文化的式微，「百越」逐漸南移。其南移在史實中表現為從江淮向江南的收縮，再到向嶺南的退卻，最終與中原華夏文化水乳交融。該史實在文本中的映像表現為百越的概念從具體的「越」到籠統的「百越」的提出；其指代從「楊、漢之南」向「九嶷之南」的推進；其稱謂從「以族為名」到「因地為名」的嬗變。華夏文化的南擴史實演進與史料的文本敘述之間共同構成了「百越南移」的概念互動，這一概念互動亦是中華民族多元一體發展歷史的注腳。

　　「百越」是先秦秦漢時期中原王朝對我國東南地區諸多少數民族先民的統稱，是一個以越文化為紐帶的眾多部族合稱的概念。「百越」一詞的最早文獻出處是《呂氏春秋·恃君篇》的「揚、漢之南，百越之際」[註1]。在史籍記載中，百越的概念時而具體，時而模糊，有時指揚、漢之際，有時指浙江以南，有時又變成了五嶺以南。造成以上情況的原因在於，歷史進程中的「百越」是一個變動的概念，它有其自身產生、發展與演變的過程。百越的文本概念變化是隨著百越文化興衰的史實不斷變化的。

　　通過對史實的梳理和對史料的分析，我們可以明顯看出先秦至秦漢時期百越文化與華夏文化的多元融合互動——作為生存空間的「百越之地」與作

---

〔註 1〕許維適：《呂氏春秋集釋》，中華書局，2009 年版，第 545 頁。

為文化範疇的「百越」在漫長的歷史過程中經歷了一個逐漸南移的過程。「百越之地」的南移在史實中表現為百越勢力範圍的由北向南收縮；在文本中則表現為「百越」一詞文本概念的嬗變——其指代範圍逐漸向南縮小。在這個不斷南移的歷史進程中，中原王朝的地理「邊疆」不斷向南發展，隨著對越地的開發治理，越文化逐漸被納入華夏文化的歷史進程中，文化邊界與地理邊疆得到統一，最終形成固定意義上的中原王朝南部邊疆。這一史實集中反映了各民族共同開拓遼闊疆域、各民族共同書寫悠久歷史的中華民族共同體發展歷程。

# 第一節　越人勢力的「南移」史實回顧

前文提及目前學界關於「百越」一詞範疇的界定存在三種說法：「泛越百越說」「東南嶺南百越說」「五嶺以南百越說」，其他「百越」定義大多根據上述三種說法略有增刪。本文的「百越」範疇主要採用「東南嶺南百越說」，該說從文化意義上定義「百越」的族群概念，與傳統的文獻記載相吻合，直接契合了古代中原王朝對於「百越」的認知〔註2〕。前文提及蒙文通在《越族古居「揚子江以南整個地區」辨》及《百越民族考》兩文中指出「古代百越唯居東南沿海暨嶺南之地」，「百越民族略可分為吳越（包括東越、閩越）、南越、西甌、駱越四族。」該說契合傳世文獻中百越的文本記載，本章主要以此為範圍展開探討。

## 一、強「越」逐鹿中原

作為「越人」中發展最早、文化最繁榮的吳越地區，曾經產生過兩個強大的越族政權——吳國（句吳）和越國（於越）。吳、越國兩個越族政權曾先後參與到華夏爭霸的政治秩序當中，成為諸夏政權的南方主要隱患之一。《史記·楚世家》載：「吳王夫差強，陵齊、晉，來伐楚。」〔註3〕《史記·越王句踐世家》載：「句踐已平吳，乃以兵北渡淮，與齊、晉諸侯會於徐州，致貢於周。……當是時，越兵橫行於江、淮東，諸侯畢賀，號稱霸王。」〔註4〕句吳和於越以

---

〔註2〕李章星：《秦漢匈奴與百越民族文化比較研究》，陝西師範大學碩士學位論文，2015年。
〔註3〕司馬遷：《史記》卷40《楚世家》，中華書局，2014年版，第1719頁。
〔註4〕司馬遷：《史記》卷41《越王句踐世家》，中華書局，2014年版，第1746頁。

長江下游為核心，勢力東臨大海，西至長江中游，南達福建腹地，北至江淮一線。春秋時期，越人的強勢使黃河中下游的諸夏政權對越人有著較強烈的認識。如《管子·輕重甲第八十》載桓公曰：「天下之國，莫強於越，今寡人欲北舉事孤竹、離枝，恐越人之至，為此有道乎？」〔註5〕在以往的有關「春秋五霸」的幾種說法中，其中有四種涉及吳或越〔註6〕，尤其是句踐開創的霸業持續了近一個多世紀，在戰國中期以前，於越一直是一支不可輕視的力量。《墨子·非攻下》曰：「今天下好戰之國，齊、晉、楚、越。」〔註7〕即戰國中期時人對於越國國力認識的例證。

## 二、越人退據東南

墨子所言的好戰之國有四——齊、晉、楚、越。齊、晉在北方，楚國與越國在南方。楚、越作為在南方長期存在的兩大政權，彼此之間經常互相征伐，勢力此消彼長。公元前306年，越王無彊欲「興師北伐齊，西伐楚，與中國爭強」〔註8〕，時值威王治齊，派使者勸說越王以楚國分兵在列國爭霸之際，其國內空虛可圖，引誘越國伐楚，越王無彊從齊使之計，正中楚人下懷，楚威王興兵滅越。《史記·越王句踐世家》載：「楚威王興兵而伐之，大敗越，殺王無彊。盡取故吳地至浙江，北破齊於徐州。而越以此散，諸族子爭立，或為王，或為君，濱於江南海上，服朝於楚。」〔註9〕楚威王滅越對於越造成重大打擊，由於無彊被殺時沒有指定繼承人，其子孫爭立，致使越國迅速分崩瓦解，分裂為許多對楚不具威脅的小政權，從而出現諸越臣服於楚的局面。

越國極盛時期，其勢力範圍可達山東半島南部，楚越一役之後，於越人的勢力範圍收縮至今浙江、江西、福建等地區，長江以北的越人或南返，或逐漸融入華夏族及楚人之中。自此，諸越部族形成了退據東南的局面，此後近百年間越人的政治活動在史籍中少有提及，黃河中下游的諸夏政權對諸越部族的認識漸生隔閡。

---

〔註5〕黎鳳翔撰，梁運華整理：《管子校注》，中華書局，2004年版，第1416頁。
〔註6〕分別是《荀子·王霸》：齊桓公、晉文公、楚莊王、吳王闔閭、越王句踐；《漢書注·諸侯王表》：齊桓公、晉文公、秦穆公、宋襄公、吳王夫差；《白虎通·號篇》：齊桓公、晉文公、秦穆公、楚莊王、吳王闔閭；《四子講德論》：齊桓公、晉文公、秦穆公、楚莊王、越王句踐。
〔註7〕吳毓江撰，孫啟治點校：《墨子校注》，中華書局，1993年版，第219～220頁。
〔註8〕司馬遷：《史記》卷41《越王句踐世家》，中華書局，2014年版，第1748頁。
〔註9〕司馬遷：《史記》卷41《越王句踐世家》，中華書局，2014年版，第1751頁。

## 三、嶺南為百越

　　楚滅越之後，在故吳地設立了吳郡〔註 10〕，曾經屬於越文化最繁榮腹地的吳越核心地區逐漸被納入新興的郡縣體制當中，形成楚越交融的文化格局。其後不過百年，秦始皇一掃六合，派王翦率師平定吳越，降越君，置會稽郡，將越民遷徙到江淮地區。《越絕書·越絕外傳記吳地傳》載：「烏程、餘杭、黝、歙、無湖、石城縣以南，皆故大越徙民也。秦始皇帝刻石徙之。」〔註 11〕通過遷徙平原地帶的越民後，再遷入中原軍民的方式，吳越地區的人口結構發生重大變化，越人的生存空間被進一步壓縮南移〔註 12〕。

　　隨後，秦軍繼續向南挺進，原來臣服於楚國的閩越王無諸和越東海王搖主動歸附秦國。《史記·東越列傳》載：「秦已併天下，皆廢為君長，以其地為閩中郡。」〔註 13〕秦將其地置為閩中郡，仍由無諸統治。郡縣制的實施與中原軍民的南遷加速了百越之地的民族融合，南方的平原、丘陵地帶逐漸華夏化，越人的勢力範圍逐漸退居到崇山峻嶺之中，成為魯西奇定義的「內地的邊緣」族群〔註 14〕。

　　五嶺以北的越人部落被納入郡縣體制之後，秦人將目光投向五嶺以南的地區。嶺北之地的諸越部族或遷徙或俯首稱臣，或被郡縣治所以點帶面的控制，不再構成威脅。故而秦人口中的「百越」特指尚未平定的五嶺以南地區的西甌與駱越各部。例如《史記·淮南衡山列傳》載：「（始皇）又使尉佗逾五嶺攻百越。」〔註 15〕賈誼《過秦論》言：「（始皇）南取百越之地，以為桂林、象郡，百越之君俯首繫頸，委命下吏。」〔註 16〕賈誼、劉安所處的時代去秦不過數十年，其口語中皆以五嶺以南為百越之地，客觀地反映了在中原王朝的不斷推進下，百越人的勢力範圍被壓縮逐漸南移。

　　秦人視五嶺以南為百越的最主要原因並不是因為其被征服的最晚，而是因為平定該地的代價巨大。《淮南子·人間訓》載：

---

〔註 10〕鄭炳林：《秦漢吳郡會稽郡建置考》，《蘭州大學學報》，1988 年，第 03 期。

〔註 11〕袁康撰；李步嘉校釋：《越絕書校釋》，北京：中華書局，2013 年，第 36 頁。

〔註 12〕李磊：《吳越邊疆與皇帝權威：秦始皇三十七年冬巡會稽史事鉤沉》，《學術月刊》，2016 年，第 10 期。

〔註 13〕司馬遷：《史記》卷 114《東越列傳》，中華書局，2014 年版，第 2979 頁。

〔註 14〕魯西奇：《內地的邊緣：傳統中國內部的「化外之區」》，《學術月刊》，2010 年，第 05 期。

〔註 15〕司馬遷：《史記》卷 118《淮南衡山列傳》，中華書局，2014 年版，第 3086 頁。

〔註 16〕司馬遷：《史記》卷 48《陳涉世家》，中華書局，2014 年版，第 1963 頁。

乃使尉屠睢發卒五十萬，為五軍，……以與越人戰，殺西嘔君
譯籲宋。而越人皆入叢薄中，與禽獸處，莫肯為秦虜。相置桀駿以
為將，而夜攻秦人，大破之，殺尉屠睢，伏屍流血數十萬。〔註17〕

秦人平定諸越，越往南其補給線越長，初涉五嶺以南地區損失慘重，後經
過長足的準備，在公元前214年派任囂、趙佗等將領平定了嶺南諸越，設置南
海、桂林、象郡三郡。雖然始皇最終平定了嶺南諸越，但由於損失慘重，這一
事件長期成為始皇窮兵黷武的反面教材，如上文提及的淮南王劉安上書與賈
誼的《過秦論》就專門對始皇南取百越之地的舉動進行批判。五嶺以南為百越
之地的觀點因始皇平越的舉動得到強化，其後世人多沿用觀點。如《宋史·世
家四》載：「且足下以英明之姿撫百越之眾，北距五嶺，南負重溟，籍累世之
基，有及民之澤，眾數十萬表裏山川，此足下所以慨然而自負也。」〔註18〕

從春秋後期的強越爭雄到戰國時代越人退居東南，再到秦漢之際的「嶺南
為百越」變遷的史事，可以看到南方百越部族的指代不斷南移，而這一南移的
歷史進程在史籍文本中有很具體的體現與映像。

## 第二節　文本嬗變：「越」「百越」概念指代的南移與消亡

### 一、從「越」到「百越」

在文獻中，「越」「越人」概念的提出來源甚早。《左傳·哀公七年》載：
「越，方外之地，刻發文身之民也」〔註19〕，又如《莊子·逍遙遊》云：「宋
人資章甫而適諸越，越人斷髮文身，無所用之」〔註20〕。相較「越」「越人」
的概念，「百越」一詞相對晚出，目前最早的文獻記載是《呂氏春秋·恃君篇》
曰：「揚、漢之南，百越之際」〔註21〕，臣瓚《漢書·地理志》注曰：「自交趾
至會稽七八千里，百越雜處，各有種姓」〔註22〕。此處的「百越」是對東南地
區眾多越人部落的統稱，「百越」一詞是一個他者視野的稱謂，並非自稱。為

---

〔註17〕何寧：《淮南子集釋》，中華書局，1998年版，第1289～1290頁。
〔註18〕脫脫：《宋史》卷481《世家四》，中華書局，1977年版，第13922頁。
〔註19〕楊伯峻：《春秋左傳注》，中華書局，1981年版，第1641頁。
〔註20〕郭慶藩：《莊子集釋》，中華書局，1961年版，第31頁。
〔註21〕許維遹：《呂氏春秋集釋》，中華書局，2009年版，第545頁。
〔註22〕班固：《漢書》卷28《地理志下》，中華書局，1962年版，第1669頁。

了便於描述，除了以族為名之外，中原人還以地為名來稱呼東南地區的諸越部族，如《呂氏春秋》曰：「東南為揚州，越也」〔註23〕故而合稱「揚越」。

文獻中一直以具體的「越」為名的情況到了戰國末期發生變化，「百越」一詞開始頻繁出現。〔註24〕其主要原因在於楚滅越之後，「越以此散，諸族子爭立，或為王，或為君，濱於江南海上」。即越國的分崩離析致使越人部族分散為多個各自為政的小政權，這些小政權在楚國的制約下均不突出，故而中原的華夏諸政權以「百越」代之。「百越」之「百」當為虛詞，或言其眾，一方面客觀描述了楚滅越之後越地諸越部族的無序與渙散狀態，另一方面也是對整個東南地區諸多族群的統稱。

從具體的「越」到籠統的「百越」稱謂的變化，其實反映了戰國中後期越人族群勢力範圍不斷收縮南移的史實。

## 二、從「楊、漢之南」到「九嶷之南」

《呂氏春秋·恃君篇》中提及四方之無君者時，提及了百越之際的範圍：「揚、漢之南，百越之際，敝、凱諸、夫風、餘靡之地，縛婁、陽禺、驩兜之國，多無君」，關於「楊、漢之南」高誘注曰：「揚州漢水南」，蒙文通亦指出漢水南為楚地，此漢水應當不是楚人發源的漢江流域，蒙氏認為「楊漢」當是揚州境內的漢水，即鄱陽湖以南的贛江水系〔註25〕。春秋時期漢水與長江交匯處以南廣大區域仍屬於楊越屬地〔註26〕，只是隨著楚國的擴張才逐漸蠶食，故高誘說可成立。說明在吳越時期，被稱為「越」的族群廣泛分佈在我國東南地區，其最北到達江淮一帶。

隨著楚人勢力的擴張，楊越故地被不斷蠶食，於越政權為楚所滅，越人勢力衰退南移，故有《史記·貨殖列傳》中的「浙江南則越」〔註27〕一說。浙江

〔註23〕許維遹：《呂氏春秋集釋》，中華書局，2009 年版，第 278 頁。

〔註24〕魯西奇認為：《呂氏春秋》、《戰國策》以及《史記·吳起列傳》所見之「百越」，當是戰國後期楚人對其南境及更南地區的土著人群的稱謂，可備為一說。參見魯西奇：《「越」與「百越」：歷史敘述中的中國南方「古族」》，《東吳歷史學報》，2014 年，第 32 期。

〔註25〕蒙文通：《越史從考》，人民出版社，1983 年版。

〔註26〕參見譚其驤主編：《中國歷史地圖集（第一冊）》春秋時期「楚吳越組圖」，第 29～30 頁。

〔註27〕司馬遷：《史記》（修訂版）卷 129《貨殖列傳》，中華書局，2014 年版，第 3965 頁。

當指錢塘江，越亡後諸子流散，此時指代的範圍從江淮一線退向東南沿海一帶。《史記·貨殖列傳》載：「九疑、蒼梧以南至儋耳者，與江南大同俗，而揚越多焉。番禺亦其一都會也，珠璣、犀、玳瑁、果、布之湊。」〔註28〕以上材料都說明，百越一詞的地理指向最初是整個東南地區，而不僅僅局限在後世的五嶺以南地區。

秦初對未平定的五嶺以南地區的諸越部族名以「百越」之後，「百越」一詞在地理指向上產生了新的內涵。不論是司馬遷筆下的「（始皇）又使尉佗逾五嶺攻百越」，還是賈誼上書中的「南取百越之地，以為桂林、象郡」，表明至少在西漢前期的「百越」新的地理內涵已經開始凸顯。後世的記述多沿用了百越為五嶺以南的說法。如《晉書·王鑒傳》載：「而百越鴟視於五嶺，蠻蜀狼顧於湘漢」〔註29〕。又《韓愈集·送竇從事序》：「逾甌閩而南，皆百越之地」〔註30〕。上述文本都將百越限定在五嶺以南地區。說明作為地理概念的百越之地從「楊、漢之南」「浙江之南」推移到了「九嶷以南」。

### 三、「百越」概念的消亡

秦逾五嶺攻百越之後，中原王朝對越地的認識逐漸深入。秦漢交替之際無暇顧及邊地，百越諸部得以整合，形成了「南越」〔註31〕「東越」「閩越」「東甌」等政權，「百越」一詞的使用頻率開始下降。對越地各個部族的直接稱呼頻繁出現，這些詞彙在漢武帝時期開始成為主流〔註32〕。如《史記·南越列傳》載：「高后時，有司請禁南越關市鐵器」〔註33〕，又如《史記·東越列傳》載：「元鼎五年，南越反，東越王余善上書，請以卒八千人從樓船將軍擊呂嘉

---

〔註28〕 司馬遷：《史記》（修訂版）卷129《貨殖列傳》，中華書局，2014年版，第3965～3966頁。

〔註29〕 房玄齡：《晉書》卷71《王鑒傳》，中華書局，1974年版，第1889頁。

〔註30〕 韓愈：《韓昌黎文集校注》，上海古籍出版社，2014年版，第265頁。

〔註31〕 魯西奇認為：「南越」即南方之越，漢初沿用楚、秦之人對嶺南土著的稱謂。先秦時期楚人謂其國境之南的諸多蠻為「越」，秦人南下後將楚人稱呼其南境及其更南地區地土著人群的稱謂「越」，擴展用於嶺南地區土著人群身上。參見魯西奇：《「越」與「百越」：歷史敘述中的中國南方「古族」》，《東吳歷史學報》，2014年，第32期。

〔註32〕 李章星：《漢武帝建元年間兩伐閩越原因試析》，《陝西歷史博物館館刊（第23輯）》，三秦出版社，2016年版，第37頁。

〔註33〕 司馬遷：《史記》（修訂版）卷113《南越列傳》，中華書局，2014年版，第3595頁。

等。」而地理意義上五嶺以南的百越，由於南越國的建立，一般多使用南越而不是原來的百越。

到了東漢時期，距離諸越被滅已一個多世紀，提起百越故地，一般不再使用「百越」一詞，多以「江南」代之。如《漢書·地理志》云：「江南地廣，或火耕水耨。民食魚稻，以漁獵山伐為業，果蓏蠃蛤，食物常足。」〔註34〕班固時代，百越故地直接用江南一詞取代，體現了該地區「越文化」色彩的消退和江南地區的開發。而這一地區在司馬遷時代還用「楚越之地」命名，如《史記·貨殖列傳》載：「楚越之地，地廣人稀，飯稻羹魚，或火耕而水耨」。百年之間稱謂的變化，直接反映了「越」「百越」概念被逐漸淡化。

而到了范曄所處的南北朝時代，在實行了數百年的郡縣制的影響下，當年的「蠻夷」之地已經成為郡縣之地。提及百越故地之時，已經很難找到「越文化」的痕跡，而是以州郡地域名稱謂越眾。如《後漢書·馬援傳》載：「援將樓船大小二千餘艘，戰士二萬餘人，進擊九真賊徵側餘黨都羊等。」〔註35〕《三國志·吳書·陸遜傳》載：「會丹楊賊帥費棧，受曹公印綬。扇動山越，為作內應。權遣遜討棧，棧支黨多，而往兵少。遜乃益施牙幢，分布鼓角，夜潛山谷間，鼓譟而前，應時破散。遂部伍東三郡，強者為兵，羸者補戶，得精卒數萬人。」〔註36〕對於百越故地的稱謂從以族為名到因地為名的變化，表明中原王朝已經將這些地區完全視為華夏範疇之中，只是這一地區的百越遺民在一定時段依舊視為化外之民，「百越」的概念在歷史的發展中逐漸消亡，變成史家基於共同文化特徵歸納總結的「歷史文化人群」的文本概念〔註37〕。

〔註34〕班固：《漢書》卷28《地理志下》，中華書局，1962年版，第1666頁。
〔註35〕范曄：《後漢書》卷24《馬援傳》，中華書局，1965年版，第839頁。
〔註36〕陳壽：《三國志》卷58《陸遜傳》，中華書局，1959年版，第1344頁。
〔註37〕魯西奇指出：作為「史稱族名」的「越」或「百越」，包括中古時代廣大東南地區或南方地區的諸種土著人群，是基於共同文化特徵的總概與歸納。它雖然也反映了當時人的政治文化劃分，但卻並無現實的政治劃分為根據（《隋書》、《通典》所描述的「南蠻」、「古百越」、「百越」，大部分均已「同之齊人」，不再具有政治身份界定的意義）；它雖然也以某些共同的文化特徵作為將南方土著人群與華夏區分開來的依據，反映了華夏士人對於南方土著人群的「異己感」，但這種「異己感」實際上已並不強烈，更像是一種歷史觀念的遺存，而非現實感受與觀念。因此，「史稱族名」所涵蓋並據此界定的人群，在根本上是一種「歷史文化人群」，是史家出於文化理念，對歷史人群分布格局的總概性認識。參見魯西奇：《「越」與「百越」：歷史敘述中的中國南方「古族」》，《東吳歷史學報》，2014年，第32期。

# 第三節　百越南移：華夏的擴大與邊疆的鞏固

## 一、夷夏之辨與文化邊疆

　　春秋戰國時期，黃河中下游的諸夏政權以中原自居，產生了以華夏禮義為標準的族群分辨觀念。《論語・八佾篇》曰：「夷狄之有君，不如諸夏之亡也。」〔註38〕《春秋左傳・成公四年》云：「非我族類，其心必異。」〔註39〕《孟子・滕文公章句上》曰：「吾聞用夏變夷者，未聞變於夷者也。」〔註40〕區分華與夷的界線並不是地理邊界，而是是否採用華夏禮儀，正如韓愈《原道》一文所言：「諸侯用夷禮，則夷之；進於中國，則中國之。」〔註41〕這也是中華文明「大一統」文化作為深入中華民族血脈的共同社會理想和政治價值的體現，其最終目的是實現「協同內外，天下一家」。

　　受到黃河下游繁榮的華夏文化的影響，吳、越兩個越族政權積極學習華夏文化。《春秋左傳・成公七年》：「巫臣請使於吳，晉侯許之。吳子壽夢說之，乃通吳於晉。以兩之一卒適吳，舍偏兩之一焉。與其射御，教吳乘車，教之戰陳，教之叛楚。」〔註42〕《吳越春秋》載：「（句踐）使陳音教士習射於北郊之外，三月，軍士皆能用弓弩之巧。」〔註43〕

　　雖然吳、越兩國都曾積極參與到諸夏政權的爭霸進程中，然而黃河流域的諸夏政權仍視吳、越為「蠻夷」，在言語中多流露著對越文化的蔑視。如《尸子・廣澤篇》載：「夫吳越之國，以臣妾為殉，中國聞而非之，怒則以親戚殉一言。」〔註44〕諸夏政權有時也會征伐四夷以示威德，如前文引《國語・齊語》載：「即位數年，東南多有淫亂者，萊、莒、徐夷、吳、越，一戰帥旗三十一國。」由於華夷之辨的觀念，吳、越地區在春秋至戰國中期之前始終沒能被直接納入華夏的範圍當中，越人成為華夏文化眼中的「蠻夷」，越文化與華夏文化的交界地帶即華夏文化彼時的「邊疆」。

---

〔註38〕程樹德：《論語集釋》，中華書局，1990 年版，第 147 頁。
〔註39〕楊伯峻：《春秋左傳注》，中華書局，1981 年版，第 818 頁。
〔註40〕焦循：《孟子正義》，中華書局，1987 年版，第 393 頁。
〔註41〕韓愈：《韓昌黎文集校注》，上海古籍出版社，2014 年版，第 19 頁。
〔註42〕楊伯峻：《春秋左傳注》，中華書局，1981 年版，第 834～835 頁。
〔註43〕趙曄撰，劉曉東等點校：《吳越春秋》，齊魯書社，2000 年版，第 88～89 頁。
〔註44〕尸佼撰，汪繼培輯：《二十二子・尸子》（浙江書局輯刊影印本），上海：上海古籍出版社，1985 年版，第 372 頁。

## 二、大一統擴張與「邊疆」南移

　　春秋戰國時期，民族融合不斷深入，漢族的前身華夏族正在逐漸形成。戰國中後期，同樣被視為「蠻夷」的楚國滅掉越國，至始皇統一六國時期，楚地變成了華夏族的腹地之一，其中也包含了楚人經營已久的吳、越地區。此時的閩越、嶺南一帶的越地成了「邊疆」的前沿。

　　閩越受到吳、越文化的影響，其發展進程比嶺南地區更快，秦人在沒有大動干戈的情況下順利地平定了上述地區，並在此設置郡縣。此時，秦人眼中的「百越」只剩下五嶺以南地區眾多更為陌生且未平定的越人部族。劉安和賈誼上書中的「百越」都是以嶺南諸越部族為「百越」的文本概念。「百越」一詞的地理涵蓋範圍的縮小，直接反映了華夏文化發展過程中地理邊疆不斷向南推進的歷史史實。

　　部族意義上的「百越」在漢武帝之後逐漸消失。《漢書・五行志》載：「武帝元鼎五年秋，蛙與蝦蟆群鬥。是歲，四將軍眾十萬征南越，開九郡。」〔註45〕又《漢書・武帝紀》載：「（元封元年）東越殺王余善降。詔曰：『東越險阻反覆，為後世患，遷其民於江淮間。』遂虛其地。」〔註46〕武帝平定越地直接打破了原有的「邊疆」概念，越地從田蚡口中「自秦時棄弗屬」〔註47〕變成了桂林、象郡、南海等。百越故地先後被納入大一統帝國的郡縣制體制之中，一個清晰的地理「邊疆」正在逐漸形成。

## 三、「百越」的消亡與邊疆的強化

　　地理邊疆的迅速推進並不意味著文化邊界的即時跟進，平定諸越之後「邊疆」的鞏固是一個長時段的過程。始皇開五嶺之後仍面臨「北有長城之役，南有五嶺之戍」〔註48〕的局面。隨著強秦的崩潰，百越政權逐漸恢復到被平定之前的狀態。劉安在上書時談及「自漢初定已來七十二年，吳越人相攻擊者不可勝數，然天子未嘗舉兵而入其地也」〔註49〕的狀況，恰恰說明漢初「邊疆」的鞏固並非一蹴而就的。

---

〔註45〕班固：《漢書》卷27《五行志》，中華書局，1962年版，第1430頁。
〔註46〕班固：《漢書》卷6《武帝紀》，中華書局，1962年版，第189～190頁。
〔註47〕司馬遷：《史記》（修訂版）卷114《東越列傳》，中華書局，2014年版，第3610頁。
〔註48〕司馬遷：《史記》卷89《張耳陳餘列傳》，中華書局，2014年版，第2573頁。
〔註49〕班固：《漢書》卷64《嚴助傳》，中華書局，1962年版，第2777頁。

　　武帝徹底平定諸越之後，同樣面臨如何鞏固「邊疆」的問題。班固曰：「務欲廣地，南戍五嶺，北築長城，以備胡、越」〔註50〕。百越政權消亡後，越地民眾對於郡縣治理並不配合，儋耳、珠崖郡兩地「其民暴惡，自以阻絕，數犯吏禁，吏亦酷之，率數年壹反，殺吏，漢輒發兵擊定之。自初為郡至昭帝始元元年，二十餘年間，凡六反叛。」〔註51〕由於越民剽悍難以節制，故而中央政府賦予邊地州郡長官較大的權力和權威。《晉中興書》載：「漢武時，南平百越，始置交阯、九真、日南、合浦、南海、鬱林、蒼梧，凡七郡。立交阯刺史。以州邊遠，山越不賓，宜加威重，故刺史輒假節，七郡皆加鼓吹。」〔註52〕

　　雖然越地民風彪悍，民俗迥異，但是由於長時段的向百越故地輸入中原的生產技術與方式，加之中原「移民」長時間對該地區的開發與治理，昔日的百越後裔逐漸融入當時蓬勃發展的漢民族當中，百越文化只在偏遠的山地地帶得以保留。《後漢書·衛颯傳》載：

> 政有名蹟，遷桂陽太守。郡與交州接境，頗染其俗，不知禮則。颯下車，修庠序之教，設婚姻之禮。期年間，邦俗從化。……南陽茨充代颯為桂陽。亦善其政，教民種殖桑柘麻紵之屬，勸令養蠶織屨，民得利益焉。〔註53〕

　　《後漢書·任延傳》亦云：「九真俗以射獵為業，不知牛耕，民常告糴交址，每致困乏。延乃令鑄作田器，教之墾闢。田疇歲歲開廣，百姓充給。」〔註54〕魯西奇指出：

> 至三國時，孫吳大規模征討「山越」，將散居於廣大南方山區的「越人」（「山越」）強行納入王朝國家的控制體系中；隋唐之世，隨著王朝國家對南方地區控制力的不斷加強，特別是「教化」的逐步展開，越來越多的「越人」被動或主動地「同化」為「漢人」。這樣，「越」作為一個古老的民族乃逐漸消失，其主體部分被「漢族」所「同化」，成為各地「漢族」的重要來源；其留居山區或偏遠地區的部分越人，則發展成為今之壯、布依、黎、水、侗、佘、傣等少數民

〔註50〕班固：《漢書》卷27《五行志》，中華書局，1962年版，第1472頁。
〔註51〕班固：《漢書》卷64《賈捐之傳》，中華書局，1962年版，第2830頁。
〔註52〕李昉：《太平御覽》卷567《樂部五》，中華書局，1960年，第2562頁。
〔註53〕范曄：《後漢書》卷76《衛颯傳》，中華書局，1965年版，第2459～2460頁。
〔註54〕范曄：《後漢書》卷76《任延傳》，中華書局，1965年版，第2462頁。

族。〔註55〕

　　經過數百年的開發治理，百越的部族概念逐漸消亡，百越故地的越文化色彩在趨於淡化，華夏文化開始佔據主導地位，華夏文化的文化邊界與地理邊疆逐漸底色一致，最終形成了穩固的南部邊疆，這一歷史進程也成為中華民族多元一體發展歷程的注腳。

# 本章小結

　　綜上所述，通過對史實的分析，我們可以清晰地看出「百越」逐漸南移的過程。首先，越人最初的勢力範圍遠及江淮地區，並積極向黃河中下游擴張影響。其後，隨著其勢力衰微，國滅族散，退據長江以南的東南沿海地帶。再而，秦朝大一統政權將「邊疆」推進至五嶺一線，嶺北諸越被納入郡縣制軌道。最後，雖然經過數十年的反覆，在漢武帝時期，五嶺南北的諸越被平定，百越故地皆被納入大一統郡縣體制之中。

　　上述史實在史料文本中的映像為：其一，從具體的「越」到籠統的「百越」概念的提出。其二，百越指代從「楊、漢之南」「浙江之南」向「九嶷之南」的推進，即江淮——江南——嶺南的發展脈絡。其三，百越的稱謂從「以族為名」到「因地為名」的變化。文本概念的嬗變直接反映了百越諸部族勢力的消退，以及「百越」南移的史實。

　　「百越」南移敘述的另一面是中原華夏文化的不斷向南推進與發展。先秦秦漢時期的「百越」南移現象是華夏文化外溢的表現。在此過程中，伴隨著中原政權向南部的發展，在對越地輸入中原的生產方式、禮儀文化之後，原來的百越故地逐漸成了華夏文化的新「邊疆」。經過數百年大一統郡縣體制的治理，華夏文明在南部的文化邊界與地理邊疆逐漸統一。

　　「百越南移」集中反映了史實演進與文本敘事的概念互動，也是古代各民族共同開拓了遼闊疆域、共同書寫中華民族歷史、共同創造中華民族多元一體歷史進程的生動寫照。

---

〔註55〕魯西奇：《「越」與「百越」：歷史敘述中的中國南方「古族」》，《東吳歷史學報》，2014年，第32期。

# 餘　論

　　先秦秦漢時代的匈奴與百越族群，分別為中國古代北方與南方族群的代表，其與中原華夏族群的交流同為中華民族多元一體格局中的多元部分。費孝通指出：「中華民族作為一個自覺的民族實體，是在近百年來中國和西方列強對抗中出現的，但作為一個自在的民族實體則是幾千年的歷史過程所形成的。」〔註1〕先秦秦漢時代匈奴、百越與中原王朝之間的關係互動是中華民族交往交流交融史的重要組成部分，「『三交』史屬於中國民族關係史的一個重要（或主旨）面向，但即使如此，它涉及的內容也十分豐富多彩，譬如各民族之間的政權建設、軍事征戰、移民實邊、和親通婚、經濟發展、商貿往來、屯墾互市、思想文化、宗教傳播、社會生活等方面，都是它關注和研究的對象。」〔註2〕他們之間的交往交流交融的歷史過程正是作為中華民族「自在」民族實體的體現。

　　通過對秦漢時期匈奴與百越族群的文化差異比較展開專題研究。地理環境在南北族群及中原華夏族群發展的過程中起到了重要作用，其差異奠定了各自的生產、生活方式、族群發展道路及格局。隨著秦代大一統政權的出現，刺激了作為「他者」的匈奴政權的產生，即國家政權的出現強化了彼此之間的界限，刺激了「民族」共同體的形成，同為進入鐵器時代的匈奴在秦漢之際開

---

〔註1〕費孝通：《中華民族多元一體格局》〔J〕.北京大學學報（哲學社會科學版），
　　　　1989年，第4期。
〔註2〕李鴻賓：《我對「中華民族交往交流交融史」的認識和理解──兼談〈中華民
　　　　族交往交流交融史〉編纂之意涵與特點》〔J〕.中華民族共同體研究，2023年，
　　　　第5期。

始建立起屬於自己的草原游牧秩序，並由此開啟了我國古代歷史上游牧與農耕近兩千年的衝突融合的歷史。這一過程既有中古游牧時代「新陳代謝」式的游牧政權更迭，也有近古游牧中蒙古人入主中原建立大一統王朝甚至建立歐亞歷史秩序的歷史，直至工業化時代的到來，農耕與游牧的衝突融合讓位於中華民族與外來侵略者鬥爭之間的矛盾，古代游牧歷史徹底終結。

而南方的百越族群由於生產力時代的落後、山川河網地理環境的阻隔及內部發展的不平衡，先秦秦漢時代經歷了一個逐漸南移的歷史過程，這一南移的過程不是物理意義上的驅趕，而是民族融合的發展。秦漢時代百越地區只有實力有限的地方部族政權，加之與中原農耕文明在生活生產方式層面並無本質區別，百越地區主動或被動地接受先進生產力的外溢，隨著秦漢時代平定百越諸部，在納入郡縣制管理及先進生產方式輸入的雙重作用下，東南地區在文化邊疆與地理邊疆上逐漸底色合一，這一過程也適用於西南地區，只不過西南相對東南在歷史進程上更為綿長。隨著近千年的民族交往交流交融過程，至隋唐時代，「百越」已經成了歷史文本中的記憶族群。

秦漢時期中原王朝在對待匈奴與百越二者的態度，也反映了二者道路分野的大趨勢。中原王朝從鞏固大一統體制的視角出發，認為應該北逐匈奴，南定百越，經過戰爭實踐中原王朝認識到北方的匈奴得其地不足守，因而戰爭、互市、和親、招撫等策略多管齊下。而對東南的百越諸部，雖然短期內得其地不足補其利，但經過長期的郡縣化治理過程，該地區逐漸與中原趨同，並為日後江南的開發及經濟中心的南移打下基礎。總體而言「天下常備匈奴而不憂百越者」說明秦漢時代南北兩大族群其後發展的道路已經奠定基本格局。

秦漢時代，中原王朝與邊疆地區之間的文化互動及各民族之間交往交流交融的歷史是各民族共同開拓了遼闊疆域、共同書寫中華民族歷史、共同創造中華民族共同體歷史進程的生動寫照。

# 參考文獻

## 一、古籍文獻

### （一）正史

1.〔漢〕司馬遷：《史記》〔M〕.北京：中華書局，1959 年。

2.〔漢〕班固：《漢書》〔M〕.北京：中華書局，1962 年。

3.〔晉〕陳壽：《三國志》〔M〕.北京：中華書局，1959 年。

4.〔宋〕范曄：《後漢書》〔M〕.北京：中華書局，1965 年。

5.〔唐〕房玄齡等：《晉書》〔M〕.北京：中華書局，1974 年。

6.〔梁〕沈約：《宋書》〔M〕.北京：中華書局，1974 年。

7.〔北齊〕魏收：《魏書》〔M〕.北京：中華書局，1974 年。

8.〔唐〕令狐德棻：《周書》〔M〕.北京：中華書局，1971 年。

9.〔唐〕魏徵：《隋書》〔M〕.北京：中華書局，1973 年。

10.〔唐〕李延壽：《南史》〔M〕.北京：中華書局，1975 年。

11.〔唐〕李延壽：《北史》〔M〕.北京：中華書局，1974 年。

12.〔五代〕劉昫：《舊唐書》〔M〕.北京：中華書局，1975 年。

13.〔宋〕歐陽修：《新唐書》〔M〕.北京：中華書局，1975 年。

14.〔宋〕司馬光：《資治通鑒》〔M〕.北京：中華書局，1956 年。

15.〔元〕脫脫等：《遼史》〔M〕.北京：中華書局，1974 年。

16.〔明〕宋濂等：《元史》〔M〕.北京：中華書局，1976 年。

## （二）其他傳世文獻

1. 〔周〕尹文撰，王愷鑾校證：《尹文子校正》〔M〕.上海：商務印書館，1934年。

2. 〔宋〕李昉：《太平御覽》〔M〕.北京：中華書局，1960年。

3. 〔清〕郭慶藩：《莊子集釋》〔M〕.北京：中華書局，1961年。

4. 朱佑曾：《逸周書集訓校釋》〔M〕.臺北：臺灣商務印書館，1968年。

5. 〔唐〕張鷟：《朝野僉載》〔M〕.北京：中華書局，1979年。

6. 〔漢〕韓嬰撰，許維遹校釋：《韓詩外傳集釋》〔M〕.北京：中華書局，1980年。

7. 〔晉〕張華撰，范寧校：《博物志校證》〔M〕.北京：中華書局，1980。

8. 楊伯峻：《春秋左傳注》〔M〕.北京：中華書局，1981年。

9. 〔周〕尸佼撰，汪繼培輯：《二十二子·尸子》（浙江書局輯刊影印本）〔M〕.上海：上海古籍出版社，1985年。

10. 〔宋〕馬端臨：《文獻通考》〔M〕.北京：中華書局，1986年。

11. 〔清〕孫詒讓撰：《周禮正義》〔M〕.北京：中華書局，1987年。

12. 〔漢〕劉向撰，向宗魯校證：《說苑校證》〔M〕.北京：中華書局，1987年。

13. 〔清〕孫希旦撰：《禮記集解》〔M〕.北京：中華書局，1989年。

14. 〔宋〕羅泌：《路史》（四部備要）〔M〕.北京：中華書局，1989年。

15. 〔漢〕王充撰，黃暉校釋：《論衡校釋》〔M〕.北京：中華書局，1990年。

16. 〔漢〕劉向集錄，何建章注：《戰國策注釋》〔M〕.北京：中華書局，1990。

17. 〔漢〕恒寬撰，王利器校注：《鹽鐵論校注》〔M〕.北京：中華書局，1992年。

18. 吳毓章點校：《墨子校注》〔M〕.北京：中華書局，1993年。

19. 〔周〕韓非撰，王先慎集解：《韓非子集解》〔M〕.北京：中華書局，1998年。

20. 〔漢〕劉安撰，何寧集釋：《淮南子集釋》〔M〕.北京：中華書局，1998年。

21. 〔清〕王士禎撰：《五代詩話》〔M〕.北京：人民文學出版社，1998年。

22. 李學勤主編：《周禮注疏》（十三經注疏）〔M〕.北京：北京大學出版社，1999年。

23. 李學勤主編：《尚書正義》（十三經注疏）〔M〕.北京：北京大學出版社，1999年。

24. 〔宋〕周去非撰，揚武泉校：《嶺外代答校注》〔M〕.北京：中華書局，1999年。

25. 〔漢〕賈誼撰，閻振益，鍾夏校注：《新書校注》〔M〕.北京：中華書局，2000年。

26. 〔漢〕趙曄撰，劉曉東等點校：《吳越春秋》〔M〕.濟南：齊魯書社，2000年。

27. 〔漢〕許慎撰，臧克和王平新訂：《說文解字新訂》〔M〕.北京：中華書局，2002年。

28. 徐元誥撰；王樹民、沈長雲點校：《國語集解》〔M〕.北京：中華書局，2002年。

29. 〔北魏〕酈道元撰，陳橋驛校證：《水經注校證》〔M〕.北京：中華書局，2007年。

30. 〔漢〕劉熙撰；〔清〕畢沅疏證；〔清〕王先謙補；祝敏徹、孫玉文點校：《釋名疏證補》〔M〕.北京：中華書局，2008年。

31. 許維遹：《呂氏春秋集釋》〔M〕.北京：中華書局，2009年。

32. 〔漢〕袁康撰；李步嘉校釋：《越絕書校釋》〔M〕.北京：中華書局，2013年。

33. 〔唐〕韓愈：《韓昌黎文集校注》，上海古籍出版社，2014年。

34. 〔清〕伊桑阿等撰；關志國，劉宸緯校點：《大清會典·康熙朝》〔M〕.南京：鳳凰出版社，2016年。

## 二、考古資料

1. 安志敏：《干欄式建築的考古研究》〔J〕.考古學報，1963年，第2期。

2. 田廣金：《桃紅巴拉的匈奴墓發掘報告》〔J〕.考古學報，1976年，第1期。

3. 福建省博物館：《閩侯縣石山遺址第六次發掘報告》〔J〕.考古學報，1976年，第1期。

4. 浙江省文管會：《河姆渡遺址第一期發掘報告》〔J〕.考古學報，1978年第1期。

5. 廣東省博物館等：《廣東曲江石峽墓葬發掘簡報》〔J〕.文物1978年，第6期。

6. 田廣金，郭素新：《內蒙古阿魯柴登發現的匈奴遺物》〔J〕.考古，1980年，

第 4 期。

7. 牟永抗：《紹興 306 號戰國墓發掘簡報》〔J〕.文物，1984 年，第 1 期。

8. 廣州象崗漢墓發掘隊：《西漢南越王墓發掘初步報告》〔J〕.考古，1984 年，第 8 期。

9. 福建省博物館：《福建閩侯黃土崙遺址發掘簡報》〔J〕.文物 1984 年，第 4 期。

10. 江蘇省丹徒考古隊：《江蘇丹徒北山頂春秋墓發掘報告》〔J〕.東南文化 1988 年，第 Z1 期。

11. 烏恩：《寧夏同心倒子敦匈奴墓地發掘報告》〔J〕.考古學報，1988 年，第 3 期。

12. 青海省文物考古研究所：《上孫家寨漢晉墓》〔M〕.北京：文物出版社，1993 年。

13. 李逸友，魏堅：《內蒙古文物考古文集》（第 1 輯）〔C〕.北京：中國大百科全書出版社，1994 年。

14. 內蒙古自治區文物考古研究所編：《內蒙古文物考古文集》（第 2 輯）〔C〕.北京：中國大百科全書出版社，1997 年。

15. 劉成基，吳海貴：《廣東廣寧縣龍嘴崗戰國墓》〔J〕.考古，1998 年，第 7 期。

16. 陝西省考古研究所，榆林地區文物管理委員會：《神木大保當——漢代城址與墓葬發掘報告》〔M〕.北京：科學出版社，2001 年。

17. 內蒙古自治區文物考古研究所編：《內蒙古文物考古文集》（第 3 輯）〔C〕.北京：科學出版社，2004 年。

18. 廣西壯族自治區博物館編：《廣西考古文集》〔C〕.北京：文物出版社，2004 年。

19. 廣西壯族自治區文物工作隊編：《廣西考古文集：紀念廣西考古七十週年專集》（第二輯）〔C〕.北京：科學出版社，2006 年。

20. 揚琮，林繁德：《福建浦城縣管九村土墩墓群》〔J〕.考古，2007 年，第 7 期。

21. 王奇志，王永鳳，張浩林等：《江蘇丹徒鎮四腳墩土墩墓第二次發掘簡報》〔J〕.考古，2007 年，第 10 期。

22. 廣西文物考古研究所編：《廣西考古文集》（第三輯）〔C〕.北京：文物出

版社，2007 年。

23. 劉侃：《紹興西施山遺址出土文物研究》〔J〕.東方博物，2009 年，第 2 期。

24. 單月英：《匈奴墓葬研究》〔J〕.考古學報，2009 年，第 1 期。

25. 王光明，許長生：《南京江寧陶吳春秋時期大型土墩墓發掘簡報》〔J〕.東南文化，2009 年，第 3 期。

26. 杭濤，盛之瀚：《江蘇金壇裕巷土墩墓群一號墩的發掘》〔J〕.考古學報，2009 年，第 3 期。

27. 楊正宏，王克飛：《江蘇句容鵝毛崗 1 號土墩墓發掘簡報》〔J〕.江漢考古，2013 年，第 2 期。

28. 陳小春，郝順利：《安徽南陵龍頭山西周土墩墓群發掘簡報》〔J〕.文物，2013 年，第 10 期。

29. 張德芳、韓華：《居延新簡集釋（六)》〔M〕.蘭州：甘肅文化出版社，2016 年。

## 三、專著

1. 羅香林：《中夏系統中之百越》〔M〕.北平：獨立出版社，1943 年。

2. 羅香林：《百越源流與文化》〔M〕.臺北：國立編譯館，1955 年。

3. 林惠祥：《中國民族史》〔M〕.商務印書館，上海：1936 年。

4. 王國維：《觀堂集林》〔M〕.北京：中華書局，1959 年。

5. 馬長壽：《北狄與匈奴》〔M〕.北京：三聯書店，1962 年。

6. 林幹：《匈奴史》〔M〕.呼和浩特：內蒙古人民出版社，1977 年。

7. 譚其驤主編：《中國歷史地圖集》〔M〕.北京：中國地圖出版社，1982 年。

8. 蒙文通：《越史從考》〔M〕.北京：人民出版社，1983 年。

9. 林幹：《匈奴通史》〔M〕.北京：人民出版社，1986 年。

10. 林幹：《匈奴史料彙編》（上、下冊）〔M〕.北京：中華書局，1988 年。

11. 陳國強、蔣炳釗、吳綿吉、辛土成：《百越民族史》〔M〕.北京：中國社會科學出版社，1988 年。

12. 蔣炳釗，吳綿吉，辛土成：《百越民族文化》〔M〕.上海：學林出版社，1988 年。

13. 宋蜀華：《百越》〔M〕.長春：吉林教育出版社，1989 年。

14. 何光岳：《百越源流史》〔M〕.南昌：江西教育出版社，1989 年。

15. 徐松石：《粤江流域人民史》〔M〕.上海：上海書店，1990 年。

16. 江應梁：《中國民族史》〔M〕.北京：民族出版社，1990 年。

17. 廣西壯族自治區博物館編：《廣西銅鼓圖錄》〔M〕.北京：文物出版社，1991 年。

18. 陳明芳：《中國懸棺葬》〔M〕.重慶：重慶出版社，1992 年。

19. 李德洙主編：《中國少數民族文化史》〔M〕.瀋陽：遼寧人民出版社，1994 年。

20. 夏建中：《文化人類學理論學派：文化研究的歷史》〔M〕.北京：中國人民大學出版社，1997 年。

21. 蔣延瑜：《古代銅鼓通論》〔M〕.北京：紫禁城出版社，1999 年。

22. 翁獨健：《中國民族關係史綱要》〔M〕.北京：中國社會科學出版社，2001 年。

23. 楊建新主編：《中國西北少數民族史》（秦、西漢卷）〔M〕.北京：民族出版社，2003 年。

24. 武沛：《匈奴史研究》〔M〕.北京：民族出版社，2005 年。

25. 馬利清：《原匈奴匈奴歷史與文化的考古學探索》〔M〕.呼和浩特：內蒙古大學出版社，2005 年。

26. 田廣金：《北方文化與匈奴文明》〔M〕.南京：鳳凰出版社，2005 年。

27. 蔣炳釗主編：《百越文化研究》〔M〕.廈門：廈門大學出版社，2005 年。

28. 楊建新：《中國少數民族通論》〔M〕.民族出版社，北京：2005 年。

29. 林幹：《突厥與回紇史》〔M〕.內蒙古人民出版社，2007 年。

30. 林幹：《中國古代北方民族通論》〔M〕.呼和浩特：內蒙古人民出版社，2007 年。

31. 林幹：《中國古代北方民族史新論》〔M〕.呼和浩特：內蒙古人民出版社，2007 年。

32. 陳序經：《匈奴史稿》〔M〕.北京：中國人民大學出版社，2007 年。

33. 崔明德：《兩漢民族關係思想史》〔M〕.北京：人民出版社，2007 年。

34. 馮天瑜，楊華，任放主編：《中國文化史》〔M〕.北京：高等教育出版社，2007 年。

35. 馬健，余太山：《匈奴葬儀的考古學探索：兼論歐亞草原東部文化交流》〔M〕.蘭州：蘭州大學出版社，2011 年。

36. 王明珂：《游牧者的抉擇：面對漢帝國的北亞游牧部族》〔M〕.上海：上海人民出版社，2018 年。

37. 〔蘇〕W.M.麥高文著，章巽譯：《中亞古國史》〔M〕.北京：中華書局，1958 年。

38. 〔法〕拉法格：《唯心史觀和唯物史觀》〔M〕.上海：三聯書店，1965 年。

39. 〔美〕摩爾根：《古代社會》〔M〕.北京：商務印書館，1971 年。

40. 〔德〕卡爾·馬克思，〔德〕弗里德里希·恩格斯；中共中央馬克思恩格斯列寧斯大林著作編譯局編譯：《馬克思恩格斯全集第 46 卷（上）》〔M〕.人民出版社，1979 年。

41. 〔日〕羽田亨著，耿世民譯：《西域文化史》〔M〕.烏魯木齊：新疆人民出版社，1981 年。

42. 〔英〕卡爾·桑德斯著，寧嘉風譯：《人口問題——人類進化研究》〔M〕.北京：商務印書館，1983 年。

43. 〔英〕愛德華·泰勒著，連樹聲譯：《原始文化》〔M〕.上海：上海文藝出版社，1992 年。

44. 〔英〕崔瑞德，魯唯一編：《劍橋中國秦漢史》〔M〕.北京，中國社會科學出版社，1992 年。

45. 〔德〕卡爾·馬克思、〔德〕弗里德里希·恩格斯；中共中央馬克思恩格斯列寧斯大林著作編譯局編譯《馬克思恩格斯選集》第 1、2 卷，北京：人民出版社，1995 年。

46. 〔法〕勒內·格魯賽著，龔越譯：《蒙古帝國史》，北京：商務印書館，1996 年。

47. 〔法〕勒內·格魯賽著，藍琪譯：《草原帝國》〔M〕.北京：商務印書館，1998 年。

48. 〔美〕拉鐵摩爾著；唐曉峰譯：《中國的亞洲內陸邊疆》〔M〕.江蘇人民出版社，2005 年。

49. 〔美〕狄宇宙著；賀嚴、高書文譯：《古代中國與其強鄰：東亞歷史上游牧力量的興起》〔M〕.中國社會科學出版社，2010 年。

50. 〔法〕涂爾幹著，渠東、汲喆譯：《宗教生活的基本形式》〔M〕.北京：商務印書館，2011 年。

51. 〔英〕弗雷澤著，趙陽譯：《金枝》〔M〕.合肥：安徽人民出版社，2012 年。

52. 〔日〕宮崎市定著；焦堃、瞿柘如譯：《宮崎市定中國史》〔M〕.杭州：浙江人民出版社，2015 年。

## 四、學術論文

1. 凌純聲：《中國古代海洋文化與亞洲地中海》〔J〕.海外雜誌（臺），1954年，第 3 期。

2. 馬長壽：《論匈奴部落國家的奴隸制》〔J〕.歷史研究，1954 年，第 5 期。

3. 林幹主編：《匈奴史論文選集 1919～1966》〔C〕.內蒙古自治區革命委員會，1977 年。

4. 林幹：《近六十年（1919～1980）國內研究匈奴的概況》〔J〕.民族研究通訊，1981 年，第 4 期。

5. 潘雄：《「百越」僅指五嶺以南古代土著考》〔J〕.貴州文史叢刊，1982 年，第 2 期。

6. 徐桓彬：《「斷髮紋身」考》〔J〕.民族研究，1982 年，第 4 期。

7. 百越民族史研究會編：《百越民族史論集》〔C〕.北京：中國社會科學出版社，1982 年。

8. 蒙文通：《百越民族考》〔J〕.歷史研究，1983 年，第 1 期。

9. 百越民族史研究會編：《百越民族史論叢》〔C〕，南寧：廣西人民出版社，1985 年。

10. 林幹：《建國三十五年來古代北方民族史研究的回顧與展望》〔J〕.北方文物，1985 年，第 3 期。

11. 林幹：《近六十餘年（1919～1984）國內突厥史研究評述》〔J〕.民族研究，1985 年，第 6 期。

12. 黃增慶：《如何理解「百越」共同文化習俗》〔J〕.中南民族學院學報（社會科學版），1986 年，S1 期。

13. 林華東：《吳越的舟楫與航海》〔J〕.廣西民族研究，1988 年，第 3 期。

14. 鄭炳林：《秦漢吳郡會稽郡建置考》，《蘭州大學學報》，1988 年，第 03 期。

15. 仲偉民：《地理環境：一個可變的量──論人類社會初期地理環境的決定作用》〔J〕.河北學刊，1989 年，第 1 期。

16. 林幹：《外國學者研究匈人和匈奴述評（上）》〔J〕.內蒙古大學學報（哲學社會科學版），1989 年，第 4 期。

17. 林幹：《外國學者研究匈人和匈奴述評（下）》〔J〕.內蒙古大學學報（哲學社會科學版），1990 年，第 1 期。

18. 彭世獎：《百越人與中國稻作文化》〔J〕.古今農業，1991 年，第 1 期。

19. 雷廣正：《「百越」族團與華夏族團的淵源關係》〔J〕.貴州民族研究，1992 年，第 3 期。

20. 陳江：《「泛越文化」與「原越文化」》〔J〕.廣西民族研究，1993 第 3 期。

21. 哈薩：《淺析清朝治蒙政策的根源及演變》〔J〕.內蒙古電大學刊，1994 年，第 1 期。

22. 辛土成：《論百越社會經濟的發展和特點》〔J〕.中國經濟史研究，1995 年，第 1 期。

23. 烏蘭托婭：《論匈奴人的衣食住行》〔J〕.北方文物，1996 年，第 4 期。

24. 袁祖亮：《略論冒頓單于時期的匈奴人口》〔J〕.南都學壇，1998 年，第 4 期。

25. 林正同：《百越農業經濟初探》〔J〕.古今農業，1999 第 1 期。

26. 葉文憲：《古史分期新說述評》〔J〕.中國史研究動態，2000 年，第 1 期。

27. 蔣炳釗：《百年回眸——20 世紀百越民族史研究概述》〔C〕.百越史研究會編：《百越文化研究——中國百越民族史學會第十二次年會暨百越文化國際學術研討會論文集》（中國·福建·武夷山，2004 年）。

28. 王文光：《百越民族史整體研究述論》〔C〕.百越史研究會編：《百越文化研究——中國百越民族史學會第十二次年會暨百越文化國際學術研討會論文集》（中國·福建·武夷山，2004 年）。

29. 阿其圖：《論析匈奴在中國北方游牧經濟文化形成中的奠基性歷史貢獻》〔J〕.內蒙古師範大學學報（哲學社會科學版），2004 年，第 4 期。

30. 張景明：中國北方游牧民族飲食文化研究〔D〕.中央民族大學博士學位論文，2004 年。

31. 武沐：《對匈奴收繼婚制度的再探討》〔J〕.中國邊疆史地研究，2005 年，第 1 期。

32. 陳勇：《〈史記〉所見「胡」與「匈奴」稱謂考》〔J〕.民族研究，2005 年，第 6 期。

33. 尚新麗：《西漢時期匈奴人口數量變化蠡測》〔J〕.人口與經濟，2006 年，第 2 期。

34. 賈衣肯：《匈奴西遷問題研究綜述》（上、下）〔J〕.中國史研究動態，2006年，第9、10期。

35. 何天明：《中國古代北方草原文化的連續性與階段性——對本區域文化歷史分期的思考》〔C〕.《中國・內蒙古第三屆草原文化研討會論文集》，（內蒙古・鄂爾多斯，2006年）。

36. 袁祖亮：《東漢時期匈奴族的人口》〔J〕.南都學壇，2007年，第1期。

37. 尹偉強：《古代中亞及我國西北農牧經濟文化區的劃分——兼論歷史上西北游牧民族經濟文化類型的演變》〔J〕.貴州師範大學學報（社會科學版），2007年，第5期。

38. 趙欣、原海兵：《匈奴、鮮卑的人種學研究綜述》〔J〕.2008年，第1期。

39. 馬立清：《匈奴人的髮型與髮殉考》〔J〕.內蒙古社會科學（漢文版），2009年，第5期。

40. 閻海霞：《匈奴發展史研究》〔D〕.蘭州大學博士學位論文，2010年。

41. 魯西奇：《內地的邊緣：傳統中國內部的「化外之區」》〔J〕.學術月刊，2010年，第05期。

42. 陸勤毅，吳春明主編：《百越研究（論文集）》（第2輯）〔C〕.合肥：安徽大學出版社，2011年。

43. 李章星：《中國古代「象兵」沿革考》〔J〕.河北北方學院學報，2014年，第6期。

44. 魯西奇：《「越」與「百越」：歷史敘述中的中國南方「古族」》〔J〕.東吳歷史學報，2014年，第32期，

45. 王子今：《馬援樓船軍擊交阯九真與劉秀的南海經略》〔J〕.社會科學戰線，2015年，第5期。

46. 萵根高娃、王佳：《北方游牧民族歷史體系研究》〔J〕.內蒙古社會科學（漢文版），2015年，第4期。

47. 楊帆、趙志強：《王翦南征與閩中郡的設立》〔J〕.西南大學學報（社會科學版），2015年，第3期。

48. 王興鋒：《百年來匈奴族歷史地理研究綜述》〔J〕.唐都學刊，2016年，第5期。

49. 李磊：《吳越邊疆與皇帝權威：秦始皇三十七年冬巡會稽史事鈎沉》，《學術月刊》，2016年，第10期。

50. 汪振興：《論 1860 年八里橋之戰清軍的失敗》〔J〕.甘肅廣播電視大學學報，2017 年，第 3 期。

51. 張鈺銘：《匈奴法制及相關問題研究綜述》〔J〕.職大學報，2018 年，第 1 期。

52. 劉鴻亮：《圖像史視野中的「通州八里橋之戰」》〔C〕.姜萌、騰樂主編：《中國公共史學集刊》（第三集），北京：中國社會科學出版社，2020 年。

53. 張浩：《中國歷史分期與進化史觀》〔J〕.文史天地，2020 年，第 8 期。

54. 舒展：《兩漢時期匈奴侵漢的季節特徵芻議——結合氣候與政治的再認識》〔C〕.徐衛民、王永飛主編：《秦漢研究》第十七輯，西北大學出版社，2022 年。

55. 劉壯壯：《漢唐間北方游牧社會中的農耕邑居及其社會演進研究》〔J〕.中國邊疆史地研究，2023 年，第 4 期。

56. 崔明德、崔紅霞：《滿蒙聯姻與中華民族共同體意識的鞏固》〔J〕.煙台大學學報（哲學社會科學版），2023 年，第 3 期。